乌江船工

一部口述史

THE BOATMEN of WUJIANG: An Oral History

陶少华 著

四川人民出版社

图书在版编目（CIP）数据

乌江船工：一部口述史／陶少华著. -- 成都：四川人民出版社，2024.12. -- ISBN 978-7-220-13903-1

Ⅰ. K828.1

中国国家版本馆 CIP 数据核字第 20240TE551 号

本书为国家社科基金一般项目结题成果"乌江流域各民族船工口述史研究（批准号：19BMZ064）"，由四川旅游学院资助出版。

WUJIANG CHUANGONG

乌江船工

陶少华　著

出 版 人	黄立新
责任编辑	赵　静　荆　菁
封面设计	李其飞
版式设计	李其飞
责任印制	周　奇

出版发行	四川人民出版社（成都市三色路 238 号）
网　　址	http：//www. scpph. com
E-mail	scrmcbs@ sina. com
新浪微博	@ 四川人民出版社
微博公众号	四川人民出版社
发行部业务电话	（028）86361653　86361656
防盗版举报电话	（028）86361653
排　　版	四川看熊猫杂志有限公司
印　　刷	四川华龙印务有限公司
成品尺寸	143 mm×210 mm
印　　张	14. 5
字　　数	300 千
版　　次	2024 年 12 月第 1 版
印　　次	2024 年 12 月第 1 次印刷
书　　号	ISBN 978-7-220-13903-1
定　　价	86. 00 元

序 言：
采集乌江船工口述史料的创新研究新著

　　四川旅游学院硕士生导师、三级教授陶少华博士，长期在"西南文化"区域生活、求学、研究，工作。尤其是在乌江边生活、学习、工作，熟悉乌江流域情况，热爱这条母亲河，心存深厚的感情。少华曾长期在乌江流域做多民族文化旅游的田野调查，关注、思考和研究乌江流域多民族文化旅游等问题，前后长达二十余年。

　　2019 年 7 月中旬，少华君立项了国家社科基金项目《乌江流域各民族船工口述史研究》，闻知这一喜讯，我特地发信息以示祝贺。不想到了 2023 年秋季，少华找到我，说顺利获得了他第二个国家社科基金项目的立项，同时，《乌江流域各民族船工口述史研究》已经顺利结项后，希望能够帮忙联系出版的单位。闻知这一消息，除了啧啧称奇、热烈祝贺之外，我推荐了四川人民出版社这一全省的重要出版单位。2024 年 12 月 25 日，少华将修改过的已经结题的成果一厚册《乌江船工：一部口述史》书稿递交给我，一个国家社科基金一般项目的结题成果，竟然厚达 448 页，约 40 余万言。除了惊讶赞许之外，在一读为快的心情驱使下，我连续三日展卷阅读，心中的感受，不吐不快。现谈谈我粗读后的三点体会。

一

　　大西南的著名天险乌江，古称巴江、延江、黔江、枳江、涪水，作为长江上游南岸最大支流、贵州省的最大水系与最重要的水上通道、贵州省"母亲河"，乌江发源于云贵高原乌蒙山脉东麓的威宁县盐仓镇营硐村石缸洞，流域跨越现今黔、云、渝、鄂四省区共四十六县市，从源头东流，横贯贵州中北部，至思南北向，从沿河县出黔入渝，流经酉阳县、彭水县、武隆县，于涪陵城区汇入长江，全长 1050 公里。乌江蜿蜒曲折，接纳百川，形成了一个庞大的水系。流域是全国著名的喀斯特地区，被誉为"古生物王国"，出产丰富，人口 1666 万人，历代以来生活着汉、苗、布依、土家、壮、侗、彝、瑶、仡佬、回、蒙古等十几个民族，是"西南文化"的重要地区之一，民族文化丰富多彩，历史文化积淀深厚。

　　国家社科基金项目《乌江流域各民族船工口述史研究》结题完成的结晶《乌江船工：一部口述史》，选取了乌江源头贵州威宁县石缸洞至乌江河口涪陵（即乌江汇入长江处）这一全地段，进行了科学选点，进行了较为系统、全面的科学研究。

　　所谓"船工"，是书界定为乌江流域范围内一定时期以木船运输为主要生计来源的人，包括了乌江运货的木船的纤夫、水手、木质渡船上的船工、利用小木船打渔和装柴的船工、制造木船的水木匠等，由于来自汉、土家、苗等多个民族，故课题名称定为"各民族船工"，此次出版时易为现名。

由于乌江流域，大小支流甚多，流域区域宽广，流量充沛，流态稳定，矿产资源丰富，两岸人口众多，不少江段通航，是长江上游名副其实的"黄金水道"，因此，课题组主持人少华君率领课题组，选取了约40位船工为访谈对象，努力地立足民族学"深描"的方法，同时采用历史学、社会学等多学科的理论与方法，进行了面对面、生产与生活现场的"口述史"访谈，访谈过程进行同步录像、录音，并拍摄相关的痕迹照片。此后，进行了船工口述的音频、视频资料辑录，并整理为文字资料。

在乌江船工"故事"的基础上，是书进行了"口述史研究"，即以口述史资料为主，参以其他文献的多学科理论与方法的综合研究。从时段上，是书划分为1949年解放前、1949年解放至1978年改革开放、1978年改革开放以后等三个阶段；从地域上，涵盖了从起源到汇入长江的整个范围、上中下游；从结构上，全书由主体五章，以及绪论（交代研究背景、文献述评与研究问题、研究内容与研究意义、理论机制、研究方法与过程等）、乌江流域及其航运发展概况、结论与讨论（包括这一研究的基本结论，讨论及后续研究等）、参考文献等部分组成。

正文五章（第三章到第七章），是本书的主体部分，主要阐释了船工的生存环境、生计与生活状况（船老板、船上的船工、管事、桡头、打渔船工等具体分工；家族传承的行业技艺）、民族关系（如多民族通婚及相互的文化认可）、社会关系（如袍哥）以及传承和创造的文化等重要内容；既有纵向的乌江船工社会生活等方面在 1949 年以前、949 年至改革开放初、改革开放后等不同历史阶段的变迁史，也有横向的船工社会生活史的丰富内涵，利于读者加深对于乌江船工的认知与了解。

二

本书是一部将论文写在祖国大地上的专著，展现了西南文化的多彩与丰富内涵。

少华为了完成本课题，先后二十余次前往乌江流域采访，扎实地完成了口述史记录和田野考察笔记，合计对于苏吉成、冉茂吉、冉崇辉（土家族）、朱海龙、杨达文（苗族）、田永权、黎华安、罗学成、冉茂生、冉启顺、冉启才（土家族）、石本明、刘官儒、彭祖荣、田茂祥（土家族）、田宝荣、彭永禄等 40 位老船工，进行了较为严谨、规范的口述史采访。采访所得的原始记录，可以归纳为乌江船工生平、航运环境、生计和生活、民族关系、社会关系和文化等六个方面，共 6 本 70 多万字。

"世间三大苦了嘛，打渔、拉船、磨豆腐"等众多口述文字，民间乡土气息扑面而来，体现了乌江船工三者有其二（打渔、拉船）的职业艰辛；而"我们当时拉纤，就是用篾索索，用那个篾索索拤到起、穿起。那阵，我还穿不来，穿都是就叫别个教我囊个穿咯。解放了过后，才有了搭布儿，拉嘛就熟悉了啥，搭布儿拉起那些，反正就挎半边肩膀咯。一般来说的话，拉船就是一个船十个人，一帮船八个，最多十个的，那种都少得很。解放了才是十个的多些，都是舵笼子才十个，解放前都是八个一组。拉船是十五个，然后船上前驾长、后驾长、打二篙的、劈舵的、烧火的，十五个拉船的话，拉船的拉完船了沿到上去，还要拖纤藤、抬腕、扯结尾这些。但是拉滩不同，最后拉滩就是一帮帮下的，八个船一起，或者是滩头四个船一起"等众多口述文字，体现了乌江船工的职业生涯片段，体现了船工的独特技艺。

此外，还有多幅田野考察时与苏吉成、冉崇辉（土家族）、杨达文（苗族）、等老船工的合影照片或者单独工作照，以及船工们演唱民歌《三板船儿下了河》等生产、生活的视频，合计 666G 的容量。这些船工口述的精彩内容、充满乌江气息的《鼓劲朝前奔》《下河攒劲来行船》《踏平乌江个个滩》等"乌江船工号子"、《三板船儿下了河》等民歌的丰富内容，具有浓浓的乡土味。口述史的内容反映了船工生活坚定向前的坚毅精神、辞别亲人的不舍之情、永别伤亡事故中遇难的工友的悲怆之情等方方面面，民歌《三板船儿下了河》等民间文艺作品体现了船工面对艰辛工作的生活情趣与乐观态度。值得一提的是，该书的口述史操作方法，借鉴了定宜庄《口述史读本》等多部专著的指导，完全按照目前口述史研究的基本流程进行，上述扎实的基础工作，为进一步相关理论阐释，奠定了基础。

三

本书亦是国内迄今为止较早地系统收集、整理和研究河流流域纤夫为主的传统木船老船工口述史的力著。

少华为了完成是书，不计寒暑，不惧危险，前往乌江船工生活的第一线，面对尚且健在的最后一批纤夫为主的老船工，进行了口述史的"抢救性"采访，让老船工们在有生之年将他们当年的拉纤"故事"记录下来，绝大多数船工所讲述的生产与生活故事，是此前未为任何文献所记载者，因此，这一基础性的"口述史"文献，便于流传后世，就具有重大的文献价值。

在此基础上，是书进行的文献的辑录和多学科的综合研究，这是一个由感性到理性、由浅入深、由非专业到专业的逐步探索过程。全书的理论阐述，从生态环境、生计与生活、民族关系、社会关系以及习俗与文化等五个维度，科学剖析，得出了对于船工社会生活的综合认识，则具有重要的学术价值。

乌江流经地区以喀斯特地貌为主，河流深切，河面窄狭，河流十分弯曲，一年四季河流流量变化大，河流落差大而形成众多的激流险滩，兼之江中明礁、暗礁密布，分布不规则，千百年给乌江船工拉纤行船带来了极大的阻碍，经常造成船毁人亡的悲剧，号称"乌江天险"。本书聚焦重庆境内的乌江段，这一188公里的乌江航道就有220个险滩，以滩多滩险而著称，如武隆县羊角碛滩是乌江干流上最长最险的陡滩之一，素有"滩中之王""羊角十里长滩"之称。因此，"乌江船工"工作之艰苦危险，生活之艰辛困苦，他们自己有切身的体会与感悟，这亦体现在本书的口述史采访之中。作为采访的对象，本书相关的多位乌江纤夫，都是跨世纪老者，最年轻者55岁，绝大多数年逾七旬，或者八旬（如2021年采访时已经85岁的船工冉启才，2021年采访时已经86岁的船工张德厚）甚至最长者采访当年已经93岁，采访不久就去世了。他们的一生，都经历了不同的社会制度，因此，通书全书，可以看到船工在经历了多个历史时期之后，亲身感受到了社会主义制度的优越性，看到了祖国日益变大变强，他们在访谈之间，透露出对于乌江航道流急、滩多、谷狭、荒芜的从容不惧（如船工冉茂兴平静回顾昔年在乌江惊涛骇浪的船工故事等）与回顾"船工"人生的多种滋味，对于中国共产党英明领导的拥护，对于社会主义制度的热爱，对于国家民族政策的认可，对于当今晚年幸福生活的珍惜。

通过对40名船工的口述史研究，可以清楚地看到，乌江船工在中国共产党领导下，在新中国的发展变化最为迅速，进步最为显著；乌江船工在新中国和改革开放以后，更加增强了对于伟大祖国、中华民族、中华文化、中国共产党、中国特色社会主义的认同，更加铸牢了中华民族共同体意识。将乌江船工口述史研究与中华民族共同体意识结合起来，有利于推动铸牢乌江流域各民族的中华民族共同体意识，可谓是全书的突出特点之一。

因此，本书既是一部抢救性的口述史力作，具有重要的文献采集、整理、保存的文献学意义；全书系统全面，新见迭出，更是一部具有重要学术创见的创新之作，在以铸牢中华民族共同体意识为主线的当今，本书还具有经世致用的重要现实借鉴意义。

　　读罢《乌江船工：一部口述史》一书，掩卷静思一下，书中对于乌江船工历史三阶段的划分、口述史料的真实性审核等技术问题的处理、"西南文化"区域不同流域船工的历时性与共时性的比较研究等，或许还有进一步探究努力的空间。虽然如此吹毛求疵，但是纵观全书而言，瑕不掩瑜，是书的学术贡献是显而易见的。

　　大西南的重要天然屏障之一的乌江，以"天险"而著名；笔者相信，《乌江船工：一部口述史》一书，将以其独有的原始文献记载、有特征的理论归纳与阐述，而在学术界产生自己独有的反响。

　　百岁人生，志存高远的少华君距离一半都还差几年。在延迟退休政策已经实施的当今中国，少华距离"遥不可及"的退休，还有二十春。学有所成且闻名遐迩的少华君，正处于年富力强的学术研究黄金期，我祝愿少华在学术研究上有更加辉煌的未来，我相信这一点。

王　川

甲辰年冬月廿八日，于成都东郊

目　录

前　言

　　对某一流域的船工口述史进行系统研究，在国内并不多见。本书以乌江为案例，对尚且健在的、以推桡拉纤为主的木船船工做系统的口述史资料收集、整理和研究：理论方面，从广义文化的角度，以呈现口述史资料的方式来系统研究、保护乌江船工文化；实践方面，提炼出乌江船工精神，并进一步探讨乌江船工文化和乌江船工精神与铸牢中华民族共同体意识之间的关系。

　　乌江中下游通航河段，河流落差大、滩多、水急，号称"天险"乌江，尤其是千百年来人力拉船上水航运极度危险、艰辛，船工劳作的行业特征十分明显。所以，选择乌江船工为案例做船工口述史研究就颇具代表性。

　　以国内外的口述史理论和方法为指导，笔者从乌江源头——石缸洞，至乌江河口——涪陵，选取了40位左右的人员为访谈对象。他们的年龄为50余岁至90余岁，绝大多数是乌江木船航运时期推桡拉纤的船工，这是"自观"角度的口述；也有几位是乌江老船工的子女、亲戚、邻居等，他们的年龄相对较小，这是"他观"角度的口述。总的来说，乌江船工口述史研究将船工界定为乌江流域内，一定时期主要依靠木船为主要生计来源的人，具体包括在乌江运货的木船的纤夫和水手等、木质渡船上的船工、利用小木船打渔和装柴的船工、制造木船的水木匠等。

在研究方法上，本书兼顾"人类学"与"口述史"的学科归属和学术规范。乌江流域生活着多个民族，乌江船工也多数是少数民族，因此诞生于这一地区的船工文化带有浓烈的民族文化特色。乌江船工口述史则主要以船工口述史资料的方式呈现，分别从环境、生计与生活、民族关系、社会关系、习俗与文化等五个方面进行整理、研究，这些是人类学学科特性的体现。此外，本书在研究中体现了"史""论"结合的史学特征，船工口述的都是过去船工文化的史料，将这些口述史资料放入1949年以前、1949年至改革开放、改革开放以后三个时间段，进行纵向比较、分析，以探寻历史的进步性和社会主义的先进性。

船工口述史资料的内容可以归纳为船工生平、航运环境、生计和生活、民族关系、社会关系、文化六个方面。每一位船工的生平就是一本航运文化史书，他们主要以拉船这种生计方式为主线口述生平，船工们通过不同时期环境的比较，体会到社会的不断进步和祖国的强大，深刻感悟到祖国由站起来到富起来，再到强起来的发展变化过程。乌江船工的航运环境状况在1949年以后改善特别明显。船工口述史展示了乌江的航道、纤道、绞关设施、信号台站等的历史变迁，尤以中华人民共和国成立后变化最为迅速，变化幅度最大，这得益于人民政府的正确领导和国家的科技进步。

乌江船工的生计和生活经历了一个不断提升的变迁过程。

船工们的生计方式也在不断改变、进步，如舵笼子船改造成功，劳动强度逐步减轻，运输物资越来越丰富，收入不断增加等，船工们的生计水平不断提升。此外，船工们的衣、食、住等生活质量也不断提高，改革开放后仍然健在的乌江老船工过上了幸福的晚年生活，且船工生计多元化。船工们的生计水平和生活质量提升最迅速的阶段是在中华人民共和国成立以后，这主要是因为国家的日益富强和社会的快速进步。

此外，包括乌江船工在内的乌江流域各族人民拥护民族团结的政策，积极投身于建设中华民族命运共同体的实践活动。乌江流域各族人民之间历来团结、友好相处，1949年以前，在乌江流域，官、匪、兵、船老板等各方互相勾结，共同压榨剥削船工，船工们则团结、互助，共同对付各种恶势力。1949年以后，我国建立了社会主义新型民族关系，乌江流域各族人民之间更加平等、团结、互助、和谐。改革开放以后，乌江流域与全国各族人民的友好交往、交流、交融更频繁，交往范围更大。乌江流域各族人民团结、互助、友好的民族关系特征，与我国各族人民建立友好民族关系的原则一脉相承，也是铸牢中华民族共同体意识的重要思想元素之一。

乌江船工参与并经历了乌江流域社会关系的发展、变化。1949年以后，船工成了社会主义国家的主人，船工与管理部门、轮船公司、船工等建立了新型、平等的社会主义社会关系。改革开放后，贫困船工得到国家扶贫政策帮扶，禁渔措施对打渔船工造成多方面影响，老船工们有互助养老、子女养老、国家养老等多种养老方式，除少数渡船船工等仍在乌江用木船谋生外，就业年龄范围内的船工和船工后代在全国各地从事各种各样的职业，建立全新的市场经济劳动关系。乌江船工们由1949年以前相对固化的、单一的、被动的社会关系，变为1949年以后新型的社会主义劳动关系，再到改革开放后的市场经济的人际关系，总体趋势呈现为由单一到多元、由被动到主动、由固化到开发的不断进步发展的演进脉络。乌江船工等乌江流域各族人民在经济、文化等方面为铸牢中华民族共同体意识奠定了良好的基础，乌江流域各族人民正与全国人民一道努力建设包容性更强、凝聚力更大的中华民族命运共同体。

乌江船工创造和传承了乌江船工文化及乌江船工精神。乌江船工文化包括红色文化、船工号子、信仰祭祀、衣食住行等民俗文化、节日文化、旅游文化等类型，乌江航运文化具有鲜明的民族文化特色。乌江船工文化的总体特征可概括为爱国、勤劳、勇敢、团结、拼搏、向善等内涵，这些文化创造者秉持的是互助、团结、勇敢、坚毅的船工精神。航运文化是中华文化的一部分，是铸牢中华民族共同体意识的积极元素。因此，我们要研究乌江船工文化等乌江流域众多类型的历史文化，进一步铸牢中华民族共同体意识。

第一章

绪　论

本章将对乌江流域船工口述史研究的相关背景、文献述评、研究问题、研究所使用的理论、研究方法与过程、研究的内容框架和研究意义等相关问题，进行综合论述，为后续乌江船工口述史研究提供理论视角，做好铺垫。

第一节　研究背景、文献述评与研究问题

研究背景所阐释的内容可为乌江船工口述史研究提供一个宏阔的视野，从文献的阐述与评论中则可推演出乌江船工口述史研究的必要性与重要性。

一、研究背景

非物质文化遗产保护和利用、口述史和中华民族共同体意识的相关研究，是开展乌江船工研究的理论背景和学术背景。

（一）非物质文化遗产保护和利用研究如火如荼

1997年，联合国教科文组织通过了建立"人类口头和非物质遗产代表作"的诀议，这是非物质文化遗产概念出现的开端。之后，包括中国在内的全球各个国家和地区，大规模、

深入地开展非物质文化遗产研究。其实，非物质文化遗产概念的内涵和外延与"民间传统文化"比较接近，这在我国历史上并不是十分新鲜的概念。在我国绵延不绝的数千年历史文化中，各民族、各地区的人民创造、传承、发展了丰富多样的民间传统文化。我国的民间传统文化无论在数量还是质量上，都处于世界领先地位，如各地、各民族的民间音乐、民间舞蹈、民间歌曲、民间绘画、民间戏曲、民间工艺品等。

乌江流域各民族的非物质文化遗产也同样丰富多彩，这些非物质文化遗产主要源于汉族、苗族、土家族、彝族等民族的互相学习和创造，如傩戏、吊脚楼营造技艺、摆手舞等。其中，与乌江船工文化密切相关的非物质文化遗产保护工作也在积极开展，如思南县乌江船工号子已被列入贵州省非物质文化遗产保护名录。

乌江流域的非物质文化遗产研究在如火如荼地开展的同时，也存在一些需要完善的地方：对非物质文化遗产的关注和研究需要加强；延续几千年的以乌江纤夫为代表的乌江船工文化研究亟须加快进度，以保护和保存这一最后的"绝响"；目前对于包括乌江船工文化研究在内的整个乌江文化研究，以文化精英和工作人员为研究主体，民间文化组织和相关人士参与的程度和所起的作用都有待提升。此外，包括乌江船工文化在内的乌江文化研究的非学术化倾向和过度功利化倾向值得关注，要让乌江船工文化遗产保护获得足够的动力，但莫让乌江船工文化遗产过度功利化[1]。

---

① 方良：《莫让"非遗"功利化》，《中国戏剧》2012 年第 6 期。

（二）口述史研究方兴未艾

我国有着悠久的口述史传统，从先秦的官府采风到秦汉史家的史迹实考，再到采集民间歌谣与民俗故事，均表明我国存在悠久民间传说与口头传说的历史传统。这种口述史传统为我们接纳西方现代口述史研究方式奠定了深厚的基础。西方现代口述史从 20 世纪 80 年代广泛传播之后，出现了方兴未艾的良好势头。①

运用口述史研究乌江流域文化已经出现了一些成果，主要在文化史研究领域，如水木匠营造技艺的访谈与整理研究，以及乌江流域各种非物质文化遗产的收集、整理与研究。其中相对运用较多的是乌江船工号子研究，乌江船工号子多采纳尚且健在的船工口述或者现场演唱的内容为文本，如《思南民族文化丛书——乌江船工号子》就是其中的佼佼者。②船工号子与船工劳作结合紧密，具有表演性、表现力和吸引力。此外，船工号子在文化与旅游市场中也彰显了巨大的市场号召力，如位于乌江岸边的著名旅游目的地——武隆，打造了以乌江船工文化为主的大型山水实景演出，已成为景区的主打文化旅游项目且蜚声中外。

而将口述史理论与方法运用于整个乌江流域船工文化的研究，仍然做得不够全面、深入和细致。如相关研究中，关

---

① （美）唐纳德·里奇编；宋平明，左玉河译：《牛津口述史手册》，北京：人民出版社，2016 年，序言第 1 页。

② 思南县土家学研究会编：《思南民族文化丛书——乌江船工号子》，北京：中国文史出版社，2014 年。

于船工艰险的航运环境、生计生活状况与生计转换、民族关系与社会关系的特征与发展脉络、船工的精神生活与祭祀活动等研究范畴，还需要做更多、更细的研究工作。

对机动船普及之前，在乌江流域拉纤、推桡的最后一批老船工口述史资料的收集、整理和研究，可以全面记录和展示乌江流域民族地区的航运文化全貌。因此，这一研究工作具有紧迫性且意义重大。

（三）中华民族共同体意识研究成为学界关注的焦点

在 2014 年召开的中央民族工作会议上，习近平总书记在会议中提出坚持打牢中华民族共同体的思想基础。在党的十九大上，习近平总书记正式提出铸牢中华民族共同体意识，并且将铸牢中华民族共同体意识这一理论写入党章。此后，习近平总书记还在多个会议和场合反复强调了铸牢中华民族共同体意识的内涵、意义。

中华民族共同体就是以历史上积淀而成的以中华民族为基础形成的以共善生活为价值导向、具备共同复兴关怀的中国国民聚合实体。① 就是中华人民共和国国民在确认彼此生存发展的共性条件与历史基础上，秉持共善价值规范与能动维护意愿的复兴凝聚心态。中华民族共同体意识的铸牢路径主要包括：各族人民认知互动的满意性提升与归属感形成、各族人民价值信念的意义性提升与关怀感形成、各族人民行

---

① 李吉星：《铸牢中华民族共同体意识》，云南省社会科学网，2021-9-15。http://www.sky.yn.gov.cn/xsyj/zgsd/7062470132654941937.

为意愿的自觉性提升与使命感形成、要素关联优化与中华民族共同体意识的交融统一。① 而需要铸牢的中华民族共同体意识的内涵则主要包括：国情家底意识、历史主流意识、政治法治意识、团结合作意识、共同发展意识、共建共享意识六种意识。②

在新时期，铸牢中华民族共同体意识将成为我国民族工作主题和主线。我国民族学界对这一理论做了诸多理论阐释，也做了许多实践推动工作。各地区各民族也不断挖掘、总结、提炼出许多铸牢中华民族共同体意识的历史经验、典型案例，而且不断深化这一概念的理论研究，丰富其理论内涵。有研究者已经探讨了明清时期的政治制度、经济制度、移民与教育对增强乌江流域各民族的国家认同和作为中华民族共同体成员的意识发挥了积极作用③；探讨了乌江流域的各个民族融入中华民族共同体的历史进程、策略、格局与状态，并分析了相关的影响因素④。上述关于乌江流域中华民族共同体意识的研究成果中，更加注重理论化、宏观和中观层面的论述。而乌江船工是这一区域历史上最大的航运从业人员，他们的中华民族共同体意识的形成历程、表征、动因等问题的

---

① 青觉，徐欣顺：《中华民族共同体意识：概念内涵、要素分析与实践逻辑》，《民族研究》2018 年第 6 期。

② 哈正利，杨胜才：《中华民族共同体意识基本内涵探析》，中国社会科学网，2021 - 1 - 2，http://www. cssn. cn/mzx/201710/t20171017_3670716. shtml.

③ 马率帅：《明清时期乌江流域民族关系影响因素研究》，《云南民族大学学报》（哲学社会科学版）2020 年第 4 期。

④ 马率帅，李良品：《从"边地"到"一体"：乌江流域各民族融入中华民族共同体的历史进程》，《民族学刊》2021 年第 3 期。

研究目前还很少见。对于乌江航运史的研究，在已有文献、实物证据之外，挖掘尚且健在的最后一批老船工的口述史对于研究乌江船工的中华民族共同体意识无疑具有重要的价值。

二、文献述评

本研究所运用的相关理论述评在理论介绍部分进行系统研究。而给船工下一个比较准确的定义，是对此研究进行文献述评的前提。"船工"一词有两个意思：一是船夫，二是制造木船的工人。而词典对"船夫"的解释是在木船上工作的人①。据此，本研究将船工界定为：在乌江流域内，主要依靠木船为主要生计来源的人，以人力为木船前行动力，具体包括乌江货运木船的纤夫和水手、木质渡船上的船工、利用小木船打鱼的船工、制造木船的水木匠等。

（一）关于船工文化的记录和研究

关于号子及船工号子，研究者界定了它们的内涵。号子，也称劳动号子，是劳动者在长期的物质生产过程中集体创造的一种与劳动过程紧密结合的歌曲形式。号子音乐的形态比较原始自然，很少经过艺术加工，情绪健康、朴素，节奏粗犷、有力。"喊号子"一般形成"一喊一应"两部分，喊的是一个人，应和的是全体。喊的人喊得嘹亮、有力，应和的人整齐、合拍。船夫号子喊得好，意为声、音、气、力四个

---

① 中国社会科学院语言研究所词典编辑室编：《现代汉语词典》（第5版），北京：商务印书馆，2005年，第211页。

方面应用得好。船夫们在与江水、险滩的搏斗中，必须依靠集体力量，统一指挥，协调行动。船工号子在长年累月的劳动中就自然产生了。号子要"喊在脚心上，喊在桡子上"，使船夫们用得上劲，也鼓舞干劲。①

1. 国外关于船工的记录和研究

俄国伏尔加河上的船工在欧洲乃至在全世界都具有典型性和代表性。伏尔加河是欧洲最长的河流，也是俄国运量最大的河流，其河流上的纤夫在船舶实现机器动力之前一直存在，伏尔加河上的纤夫形象，就是19世纪50年代俄国组织专家考察流域水文特征和纤夫生活状况的反映。其在19世纪也有马匹用纤绳拉船的历史记载。伏尔加河的传统水运商品主要为粮食、盐、铁、农产品、工业原料等。即使到了1912年，俄国内河中的非蒸汽船、小船和木排占了该国所有河流运量的95%，这些船舶主要依靠人力牵引。19世纪末至20世纪初，俄国有数十万水运工人②。伏尔加河是俄国欧洲部分最大的河流，在19世纪初统计的河长3350俄里③内，其通航的支流将近40条。在18世纪下半期到19世纪初，俄国的内河船只虽然可以利用风力、水流和马等作为动力，但船只行进基本靠人力劳动。纤夫是船运的主要劳动者，其数量庞大，18世纪中晚期河运中的船工分别约为10万和20万人；19世纪初期伏尔加河流域的纤夫约为40万人，而其国内所

---

① 袁玥：《峡江船工号子研究》，《文艺争鸣》2017年第7期。

② 张广翔：《伏尔加河大宗商品运输与近代俄国经济发展（1850—1913）》，《历史研究》2017年第3期。

③ 1俄里≈1.0668千米。

有河流的纤夫约为 60 万人；后来随着使用马拉货船、绞盘，以及蒸汽牵引的拖轮，导致纤夫人数减少。①

船工在内河行船主要依靠航道。荷德两国为整治开发莱茵河投入巨大的力量，并取得很高的效益。19 世纪 60 年代前，荷兰的鹿特丹虽然拥有河海直达河口港的天然优势，但由于三角洲河床经常改道，使其至北海间 30 公里的直线航距迂回绕远达 150 公里以上。1866—1872 年，荷兰花了 6 年时间凿穿海岸沙丘，建成从鹿特丹港至荷兰角长 33 公里、深 15 米的新航道，并于 1885 年对其加深，使莱茵河有了最便捷的且不易淤积的深水出海通道，从而把内陆腹地更牢固地纳入其影响范围，取得了优于其他北海港口的地位。第二次世界大战后，荷兰又修成阿姆斯特丹-莱茵河等人工运河，构成了北以阿姆斯特丹为中心、南以鹿特丹为中心的四通八达、纵横交错的内河航运网，包括天然河流 1310 公里，人工河道 2070 公里，密度之高世所罕见。德国对莱茵河的治理方针以航运为主，因段制宜，兼顾其他，并将河流整治与流域经济区的开发紧密结合，融为一体。从 19 世纪末到二战前，德国通过开挖人工航道，把全国所有河流联结起来，形成覆盖全国的内河航道网，并且将所有海港、主要工业区和消费中心纳入内河船运网之内，实现了干支直达，河海联运。② 莱茵河在 1815 年以前属于原始航道阶段，以人工挖掘和筑坝为

①　张广翔，范璐祎：《18 世纪下半期至 19 世纪初欧俄水运与经济发展——以伏尔加河-卡马河水路为个案》，《贵州社会科学》2012 年第 4 期。
②　章金罗：《欧洲三大河流的内河运输》，《中学地理教学参考》1999 年第 4 期。

主，并在上游消除岔道和完成浮岛治理；其时无专业管理部门，国家间制定了相关法令共同开发，主要满足盐、贵重金属等的运输需求，前期主要为帆船，后期为轮船。密西西比河在 1830 年以前属于原始航道阶段，主要针对防洪、筑堤、航道疏浚、绕急滩进行治理，设立了全美河流开发建设的主要管理机构，完成社会较大需求量后，后期逐渐出现汽轮。①

国外著名航海家的冒险航行、探险活动，主要利用船工的人力或借助风力等作为动力驱使船舶航行，留存下来许多关于船工记录和研究的资料。1492—1502 年，意大利航海家哥伦布 4 次横渡大西洋，开启赴美洲探险、殖民之旅；1497—1504 年，意大利航海家亚美利加 3 次去美洲探险，确认哥伦布发现的是"新大陆"；1497 年，葡萄牙航海家达·伽马绕过好望角到达东方，成为横渡印度洋的第一人；1519—1522 年，葡萄牙航海家麦哲伦带领船队历经艰辛完成环球航行，同行的船员约为 240 人，返回西班牙时仅幸存 18 人。② 这些征服海洋的先驱带领众多的船员，在 15—16 世纪揭开了人类征服海洋史上崭新的一页。③

2. 国内关于船工的记录和研究

国内关于船工及船工号子的研究近年来逐渐增多，尤其从各个不同的学科和视角研究船工口述史的成果越来越多。

① 刘清，曾旭虹：《国内外内河航道发展阶段对比分析》，《水运工程》2014 年第 1 期。
② D. Buisseret, The Oxford Companion to World Exploration, Vol. 2, Oxford, New York: Oxford University Press, 2007, p. 5.
③ 邹振环：《晚清航海探险史研究中的郑和》，《学术研究》2005 年第 12 期。

第一，研究者多以长江流域的船工号子为研究对象①，研究学科主要涉及音乐学②、历史学③、文学④、文化学与人类学⑤、旅游学⑥等，研究内容涉及船工号子的起源、艺术特征、历史文化价值、衰落的原因、保护与利用等。一些研究者的看法包括：号子起源于行船劳作，其特征是音乐与劳动结合、套曲组歌结构和一领众唱方式，船工号子具有历史文化、艺术发展、学术研究、文化市场开发等价值，静态保护措施包括普查、整理归档等，动态保护举措包括培养传承人、文化产业化、民俗活动；⑦ 从历史到当前的生存语境的变迁是船工号子衰落的根源；⑧ 船工号子具有结合民俗等民间性特征，以及凝结民族智慧等地方性特色，审美价值主要是自然美、阳刚美、和谐美；⑨ 等。

第二，关于船工参加革命活动的记录与研究。1935 年，

---

① 凡春喜，谈海红：《澧水船工号子的音乐艺术与文化内涵研究》，《音乐创作》2016 年第 9 期。

② 谢云秀：《永宁河船工号子的音乐艺术特征》，《四川戏剧》2010 年第 5 期。

③ 任云仙：《1952~1953 年江西省水上民主改革研究》，《当代中国史研究》2019 年第 6 期。

④ 盛梅：《盐船调》，《戏剧文学》2019 年第 12 期。

⑤ 赵永康：《历史上的川江船工与木船》，《中华文化论坛》2016 年第 11 期。

⑥ 刘佳昊，戴学锋：《民间自组织在景区治理中的作用研究——以白洋淀船工自组织为例》，《旅游学刊》2019 年第 9 期。

⑦ 袁玥：《峡江船工号子研究》，《文艺争鸣》2017 年第 7 期。

⑧ 刘高扬：《巴渠船工号子的生存语境与文化内涵》，《天府新论》2014 年第 5 期。

⑨ 陈世扬：《论澧水船工号子的艺术特征与审美价值》，《中国音乐》2013 年第 3 期。

37 名滇川籍各民族船工在皎平渡 7 天 7 夜运送数万名红军将士渡过金沙江，顺利完成战略大转移；① 1950 年，政府对当年为躲避敌人迫害而流落他乡的 20 多名老船工进行逐一寻访，并送回安顺场妥善安置，彭德怀元帅在 1965 年专程到四川看望、慰问老船工帅士高等人。② 抗战时期，船工积极支援，如宁化 34 名船工运送军需物资③。在解放战争中，船工积极参加渡江战役④，运送百万大军渡过长江⑤。不少老船工的回忆录被收集在各地的文史资料和相关文献里⑥。

第三，关于船工参加社会主义建设的记录与研究。新中国成立后，船工们积极参与祖国的建设事业：初期船工运送黄河水利工程物资⑦，20 世纪 60 年代船工协作治理黄河⑧，改革开放后苗族等各民族船工在旅游船上服务⑨，部分船工当选人大代表且积极为民建言⑩，1998 年抗洪抢险中船工搜

---

① 陈国勇：《云南船工帮助红军抢渡金沙江》，《百年潮》2018 年第 4 期。
② 沙平：《彭德怀与四川船工帅士高》，《四川统一战线》2011 年第 2 期。
③ 佚名：《宁化船工的抗战生涯》，《珠江水运》2015 年第 18 期。
④ 杨国山，张海林：《渡江战役中的无为县船工动员研究》，《安徽史学》2015 年第 5 期。
⑤ 韩希梁：《渡江船工群英谱》，《党史天地》1999 年第 5 期。
⑥ 张朝满，刘邦琨：《毛主席在金沙江畔——访老船工张朝满》，《党史纵览》2016 年第 5 期。
⑦ 纪书台：《为完成溢水堰工程而奋斗的船工们》，《新黄河》1952 年第 4 期。
⑧ 胡一三：《潼关水文站船工协作精神好》，《黄河建设》1965 年第 8 期。
⑨ 周祖君，谢添：《会山苗胞当上漂流船工》，《今日海南》2001 年第 10 期。
⑩ 陈梅旺：《女船工的代表情》，《人民政坛》2000 年第 9 期。

救转移灾民①等。

第四，运用艺术和学术作品记录船工的生活和经历。例如，获得上海电视节大奖的纪录片《船工》，记录了老船工一家三代人在世纪之交三峡工程建设和蓄水期间的生存状态和情感震荡；② 有的作品探究了黄河船工、渡口、河路在 20 世纪经历的巨大社会变迁；③ 也有作品描绘一位苦难船工在 1949 年以后成为正式工人，再到改革开放后退休并实现了作家梦的光辉生命历程；④ 还有作品介绍川江上的船工生活、航道设施、物产与运输、船舶与劳作、船工生活⑤，以及船工的技术分工、执掌及其劳动⑥等。

第五，1405—1433 年郑和七下西洋，首开洲际航海的创举，其中有诸多关于船工的记录和研究内容。郑和下西洋时船舰最多达 200 余艘，包括力士、书算平、铁锚、搭林、民稍等船务人员在内有 27000 余人⑦，其历时之长、次数之多、行程之远、船舶之巨、规模之宏壮、影响之深远，堪称世无

---

① 陈远鹏：《抗洪英雄之韩集船工支援搜救队——搜救转移 400 多灾民》，《小康》2016 年第 19 期。

② 姚松平，朱军华：《传达心灵的感动——纪录片〈船工〉创作手记》，《电视研究》2005 年第 12 期。

③ 岳谦厚，吕轶芳：《河路·渡口·船工——偏关黄河关河口渡社会变迁的历史人类学考察》，《山西档案》2014 年第 2 期。

④ 方娟：《八旬船工的作家梦》，《公民导刊》2008 年第 3 期。

⑤ 邓晓：《川江流域的物产、木船与船工生活》，《重庆师范大学学报（哲学社会科学版）》2005 年第 4 期。

⑥ 赵永康：《历史上的川江船工与木船》，《中华文化论坛》2016 年第 11 期。

⑦ 林荃：《郑和下西洋的基本条件与科技保障》，《回族研究》2017 年第 3 期。

其匹。①

（二）关于乌江船工文化的记录与研究

乌江流域恶劣的自然条件使乌江异常险峻，号称"天险"，其船工文化研究值得关注。笔者对乌江流域文化的关注和探究已经有 20 余载。2006 年，笔者对酉阳县清泉乡以下的乌江流域做了第一次田野调查，对乌江流域文化有了更直接的接触和更深刻的认识。乌江船工口述史拟在长期收集整理文献资料的前提下，在前人已有的研究成果基础上，探讨如何进一步拓展和深化对乌江船工的研究。乌江船工口述史的船工是指在传统的木船上以人力为主进行劳作的船运人员，尤其是纤夫。

1. 乌江船工文化研究的主要内容

值得一提的是，位于乌江口与长江交汇处的长江师范学院成立了乌江流域研究中心，高校的专家和当地众多本土学者热衷于乌江流域历史文化研究，申请了大量的课题，出版了众多相关的专著和论文，这里成为乌江流域研究的重镇。关于乌江船工的研究成果主要涉及如下几个方面的内容。

（1）乌江船工与船舶、航运业

①乌江船工与船舶

以木船为主的乌江传统船舶是乌江船工劳作时的主要使用工具，二者是相互依存的关系。乌江传统木质船舶种类众

---

① 范金民：《睦邻友好的杰出使者——郑和》，《中国民族》2005 年第 5 期。

多，从已有的记载来看主要有 10 余种。乌江流域各民族人民在远古时期即开始利用竹筏、木排作为航行工具，一直延续至今。巴人先祖廪君时代的土船即是一种陶船，分布于清江和四川盆地东部边缘的峡江地带。① 据此推测，乌江流域在战国时代有此种船舶航行。秦时的太白船即大舶船，是木板结构的大型单体船。② 南宋绍兴六年（1136 年）为赶运军粮，官府提议收集乌江上游漂木并就近采集木料，于黔等地打造官舟以弥补私船的不足，此为乌江有官船记录之始。③ 蛇船主要航行于乌江支流郁江等河段，窄而长，故名。④ 乌江特有的歪尾船创制于清前期，被英籍随军记者欧文誉为扬子江上的三种怪船之一⑤，该船特点是"用厚木板，左偏其尾。掌舵立于船顶，以巨桨做舵，长几等于船。取眺望远而转折灵变，其船谓之厚板船"⑥。道光年间，沿河县船民丁大用驾驶歪尾船至四川涪陵，开贵州乌江船舶航行下游的先

① 王绍荃主编：《四川内河航运史》（古、近代部分），成都：四川人民出版社，1989 年，第 5—7 页。

② 王绍荃主编：《四川内河航运史》（古、近代部分），成都：四川人民出版社，1989 年，第 21 页。

③ 夏鹤鸣、廖国平主编：《贵州航运史》（古、近代部分），北京：人民交通出版社，1993 年，第 50 页。

④ 彭水县志编撰委员会：《彭水县志》，成都：四川人民出版社，1998 年，第 323 页。

⑤ 夏鹤鸣、廖国平主编：《贵州航运史》（古、近代部分），北京：人民交通出版社，1993 年，第 165 页。

⑥ 刘冰清、田永红编著：《乌江文化概览》，武汉：崇文书局，2008 年，第 27 页。

例。① 贵州境内乌江河段潮砥至龚滩段行驶歪尾船；潮砥以上行驶麻雀尾船，尾部窄长上翘，船首部呈撮箕形，底部平坦；潮砥至新滩之间还有架子船，载重 5—20 吨②。长江干支流的舵笼子船也驶入了乌江，1957 年 6 月，乌江潮砥运输社在舵笼子船的基础上，又研制成新的"蛇船"，载重 25 吨。③ 1959 年境内乌江河段贵州有 33 艘木质船使用了风帆，打破了在乌江不能使用风帆的传统观念。④ 1941 年重庆民生公司"生存"轮从涪陵上驶试航至江口，1948 年武原公司潜水汽轮试航至羊角碛，是为乌江机动船的先声。⑤

　　传统的木船在船工操作下，方可在乌江安全航行，主要有两种方式：第一，拉纤、划桨、撑篙等人力直接作用于木船，使之前行；第二，绞滩，以人力或畜力借助其他工具拉船上陡滩。首先，人力绞关机。1956 年冬至 1957 年春，涪陵轮船公司在武隆小角邦成功安设第一台人力绞关机，随后在乌江全面推广，至 1958 年底共安装 12 台，使乌江涪陵至彭水段拉滩工人由 1200 人减少为 572 人。其次，畜力绞关机。从 1959 年始将人力绞关改为黄牛拖带绞关，每台绞关机

　　① 夏鹤鸣，廖国平主编：《贵州航运史》（古、近代部分），北京：人民交通出版社，1993 年，第 115 页。
　　② 廖国平主编：《贵州航运史》（现代部分），北京：人民交通出版社，1999 年，第 70—71 页。
　　③ 廖国平主编：《贵州航运史》（现代部分），北京：人民交通出版社，1999 年，第 75 页。
　　④ 廖国平主编：《贵州航运史》（现代部分），北京：人民交通出版社，1999 年，第 152 页。
　　⑤ 王绍荃主编：《四川内河航运史》（现代部分），成都：四川人民出版社，2000 年，第 47 页。

配6—8头黄牛，全江共在羊角、鹿角等地建20处绞关机，绞滩工人由843人减少为496人，此举虽节约劳力，但黄牛的饲养、管理等带来一些新问题。再次，机动、电动绞滩。由于人力、畜力绞滩力不胜任，会发生船只后退打张和翻船死人事故，加之船舶不断增加，1962年在武隆羊角碛安装了第一台电动绞滩机，随后于1967年前在涪陵至龚滩的乌江全江段陆续安装了电动、机动绞滩机，此时的绞滩工人缩减为136人。①

木船的发展过程是由简单到复杂、由低级到高级，即由人力拉纤、盘滩到利用蓄力、风帆等减轻人的劳动强度，再到最后木质、竹质船舶变为钢铁船舶，机械动力完全代替人力行船，传统人力推动木质、竹质船舶行船的方式走向终结。船工是推动乌江船舶建造材质、船舶结构变化和船舶运行方式变革的重要力量。

②乌江船工与航运业

船工是乌江航运业的创造者和推动者。秦灭巴蜀以后，司马错造太白船万艘，先后取枳（今涪陵），再溯舟巴涪水（今乌江）取黔中②，而后向东攻楚之核心。这是乌江远程运输的最早记载。

直到民国初年，川江轮船兴起后，除长江干线对民间木

① 王绍荃主编：《四川内河航运史》（现代部分），成都：四川人民出版社，2000年，第145—148页。
② 王绍荃主编：《四川内河航运史》（古、近代部分），成都：四川人民出版社，1989年，第20—25页。

船影响的范围比较小，乌江流域的物资仍主要靠木船运输。① 至抗战前夕，经由乌江输入的主要是盐，输出的主要是桐油、生漆、五倍子、柏油和鸦片等。② 抗战期间，乌江是食盐、军用物资等川湘黔水陆联运的主要通道。③ 贵州支援抗战的1000多万斤军粮，也经由乌江运往四川等地。④

新中国成立后，在"大跃进"与调整时期，贵州境内乌江河段兴办拖驳运输，1958年建成木质拖轮，1958—1960年乌江思南船厂陆续建造了60艘拖轮和驳船。在随后的两三年的航行过程中，不断出现拖驳船只过滩时的航运安全事故，导致乌江航运公司亏损数十万元。⑤

③乌江船工与船舶制造工业

乌江船工与船舶制造工业是间接的互动关系，船舶材质、构造、功能等方面的改进都可以间接从船工那里得到反馈信息。乌江古代的船舶制造业少有记载。在国民经济恢复和"一五"期间，贵州乌江船舶修造也实现了集体化。沿河县航管站把乌江沿岸的造船工匠组织起来，变成船舶修造大组，生产效率显著提高。同期，乌江思南等地木船运输社组建为

① 王绍荃主编：《四川内河航运史》（古、近代部分），成都：四川人民出版社，1989年，第208页。

② 夏鹤鸣，廖国平主编：《贵州航运史》（古、近代部分），北京：人民交通出版社，1993年，第157—160页。

③ 夏鹤鸣，廖国平主编：《贵州航运史》（古、近代部分），北京：人民交通出版社，1993年，第187—188页。

④ 夏鹤鸣，廖国平主编：《贵州航运史》（古、近代部分），北京：人民交通出版社，1993年，第201—203页。

⑤ 廖国平主编：《贵州航运史》（现代部分），北京：人民交通出版社，1999年，第89—91页。

本社或本港服务的船舶修造厂（组）。思南木船运输合作社的造船组试制以汽车引擎为动力的拖轮，于1958年8月建成投产，是贵州省内自制机动船迈出的第一步。[①]

1958年，思南造船厂成立，其间仍然建造一些木质船舶。1961年，沿河分厂由思南造船厂划出，属乌江航运分局领导，改为船舶修理所，承担分局的船舶修理任务。"大跃进"时期，成立沿河木船修造社和德江（潮砥）木船修造社。此外，"大跃进"期间，乌江木帆船技术出现改良高潮，改良了歪尾船和梢船，试制了浅梭船，制成了转叶舵。[②]

④乌江船工的艰辛生活

乌江船工多是农民，为生活所迫下河拉船为生，社会地位极其低下，被称为"水爬虫""桡贩子""扯船子"等。乌江河道弯曲，滩多、水浅、流急、槽窄，船工从事复杂艰辛的劳动，随时都有丧命的危险，乌江每年都有一些纤工跌入河中溺亡，他们被称为"死去没有埋的人。"[③]

"大跃进"与调整时期，贵州省内航运以木帆船为主，贵州乌江木帆船的从业人员在困难时期大部分回家务农，专业船员也有部分弃航归农，许多船只因无劳动力而停航。

[①] 廖国平主编：《贵州航运史》（现代部分），北京：人民交通出版社，1999年，第3—74页。

[②] 廖国平主编：《贵州航运史》（现代部分），北京：人民交通出版社，1999年，第152页。

[③] 王绍荃主编：《四川内河航运史》（古、近代部分），成都：四川人民出版社，1989年，第331页。

1960 年，乌江就减员新招收的学工数百人。①

乌江船工不断总结出许多行船技巧以减轻劳动强度。如下水航行用划桨推进，用前梢和后梢（亦称橹）控制方向，也有用撑篙前进并控制方向的，但仅限于支流小河。稍大的船舶过险滩需集中几个船的船民搬梢，逐个放下，称为"换综"。"换综"时由经验丰富的船民指挥操作。特别难放的险滩还有"滩师"掌握该滩各种水位放船的诀窍，可请"滩师"上船帮忙，略付报酬。有的险滩航槽弯曲窄狭，或急流中耸立礁石，船只放行无法控制，则采取吊放的方法，即用缆绳把船拉住，徐徐躲过急弯或礁石处后松手放船下行。在很险或很浅的河段采用"起滩"的办法，即把贵重货物或大部分货物用人力搬运过滩，待船上下滩后，再装船起运，以策安全或避免搁浅。完全不能通航的险滩，就分段通航②。

20 世纪 60 年代前半叶，重庆范围内乌江河段基本实现木船机动化，其优越性表现为 3 个方面：首先，机动船航速快，涪陵至龚滩人力木船往返一次要 50 天，机动船只要 3 天；其次，机动船运输安全，海损事故、货差货损大为减少；最后，机动船运输省劳力、省费用、省材料。③

但是，即使到了 21 世纪，乌江的部分干、支河段仍然能够听到纤夫拉船的震天号子声，纤夫们历尽艰辛，靠弄船

---

① 廖国平主编：《贵州航运史》（现代部分），北京：人民交通出版社，1999 年，第 92—94 页。

② 夏鹤鸣，廖国平主编：《贵州航运史》（古、近代部分），北京：人民交通出版社，1993 年，第 117—118 页。

③ 夏述华主编：《涪陵港史》，武汉：武汉出版社，1991 年，第 128 页。

（短途运输）所获报酬来维持生产、生活和下一代的求学费用。①

（2）乌江船工与航道

乌江号称"天险"，这主要指其航道特征及其对船工行船造成的恶劣影响。乌江流经地区主要是喀斯特地貌，河面窄狭，河流深切且十分弯曲，因落差大而形成激流险滩，河流之中还有许多明礁和暗礁，加之一年四季河流流量变化大，千百年来给乌江船工拉纤行船带来阻碍，甚至造成许多船毁人亡的悲剧。"天险"乌江在重庆境内的 188 公里航道中，有 220 个险滩②。乌江的航道以滩多滩险而著称，如武隆县羊角碛滩是乌江干流上最长最险的陡滩之一，素有"滩中之王""羊角十里长滩"之称。③

在漫长的岁月里，船工更多是被动适应航道条件，很难去处置、改变不利的航道状况。他们也发明一些简易的航道整治的临时措施，如船在浅滩搁浅时涉水淘拣，进而利用淘拣的石块堆筑简易堤坝蓄水，以增加水深和改善流态。④

北宋时期，乌江航道得到改善。景德年间，为解决过滩，由官府在龚滩、关头滩、慈候滩（潮砥滩）的江岸上，修造

① 吴久灵，雷文彬：《乌江纤夫》，《四川统一战线》2000 年第 6 期。

② 王绍荃主编：《四川内河航运史》（古、近代部分），成都：四川人民出版社，1989 年，第 154 页。

③ 黄节厚：《天险乌江奇趣录》，成都：四川大学出版社，1997 年，第 70—73 页。

④ 夏鹤鸣，廖国平主编：《贵州航运史》（古、近代部分），北京：人民交通出版社，1993 年，第 119 页。

转搬仓，实行接力运输，加速船只周转。[①] 1583 年，贵州布政使郑雯想利用乌江之便，提议浚河，但不久因劳瘁卒于官。1596 年以后，游击将军杨柱国负责踏勘乌江支流南明河，为开拓乌江上游以通贵阳做准备，虽未兴工，但按原定要求提出了水道示意图和工费概算。这是贵州内河最早的踏勘报告和工程规划。1596 年，明贵州地方政府对乌江另外一条支流石阡河组织过施工，使航道向上延伸近百里，这是乌江河系治理工程的首次尝试。[②]

清朝前期，采用官商合办的方式整治乌江等川系水道，以龚滩下河段为主，后期兼顾上段驳道，光绪二十一年（1895 年）将断航后的"新滩"修复[③]。光绪三年（1877 年）川督丁宝桢为解决川盐入黔，向朝廷奏准全面整治乌江，历时 3 年多，耗银 2 万余，疏凿武隆滩等险滩 50 多个。同时，还于乌江白马洪石桥右岸等处开凿木船纤道[④]。在清朝，贵州巡抚周人骥欲开辟贵阳附近的南明河-清水江（乌江支流）航线，沟通乌江，利用乌江运铅出省。但航道未得到改善，南明河工程未收到实际效果[⑤]。

---

①　王绍荃主编：《四川内河航运史》（古、近代部分），成都：四川人民出版社，1989 年，第 75 页。

②　夏鹤鸣，廖国平主编：《贵州航运史》（古、近代部分），北京：人民交通出版社，1993 年，第 86—88 页。

③　夏鹤鸣，廖国平主编：《贵州航运史》（古、近代部分），北京：人民交通出版社，1993 年，第 143—145 页。

④　王绍荃主编：《四川内河航运史》（古、近代部分），成都：四川人民出版社，1989 年，第 155 页。

⑤　夏鹤鸣，廖国平主编：《贵州航运史》（古、近代部分），北京：人民交通出版社，1993 年，第 101—102 页。

民国初年至抗战期间，商人、民众、地方官员曾整修乌江上游、猫跳河等支流，大部分开辟航道的活动收到实效。[①] 1939—1945 年，乌江涪陵至思南段的河道进行了水道滩险测量，随后进行整治施工，分为轰滩、纤道绞关和驳道三类，以轰滩为主。[②]

1949 年初，四川省和涪陵地区十分重视乌江航道整治，截至 1957 年全部开通和改善了涪陵至龚滩段的木船纤路；炸礁筑坝；改善绞滩设施。[③] 1958—1965 年，四川负责龚滩至涪陵段航道整治工程，贵州负责龚滩段以上航道整治工程。第一期共整治涪龚段险滩 9 个，解决了涪陵至彭水枯水期轮船分段航行的状况，打通了龚滩，安装 20 多座信号台，新建了涪陵长、乌两江汇合处的"灌口"航漕工程。[④]

在国民经济恢复和"一五"期间，贵州省对乌江广泛开展了水运工程建设和航道普查工作，初期工程起步于石阡河等支流；干流以整修、开辟纤道为主，从 1952 年开始整修开辟纤道上万米，1957 年后发展机动运输，开凿纤道意义不大，工程锐减。纤道开凿后，减轻了纤工在岩壁上攀援的劳苦，消除了负纤泅水的危害，提高了航行效率；此外，对主

---

① 夏鹤鸣，廖国平主编：《贵州航运史》（古、近代部分），北京：人民交通出版社，1993 年，第 173—175 页。

② 王绍荃主编：《四川内河航运史》（现代部分），成都：四川人民出版社，2000 年版，第 278—282 页。

③ 王绍荃主编：《四川内河航运史》（现代部分），成都：四川人民出版社，2000 年版，第 47—50 页。

④ 王绍荃主编：《四川内河航运史》（现代部分），成都：四川人民出版社，2000 年版，第 143—145 页。

要碍航滩险进行零星炸礁工程，主要对七里滩、三花滩等众多险滩进行炸礁，打通断航险滩、开辟拖轮航道的任务转入实施阶段。贵州于1957年成立乌江河系航标站，对干流文家店至龚滩段扫床布标，对乌江进行首次航道普查，包括资料收集，实地踏勘河流，经济社会调查，航运评估建议等。①在1958—1965年间，贵州省对乌江段干流进行整治，包括炸礁、安装绞关和整修纤道，打通潮砥、新滩、龚滩三大断航险滩。②

20世纪60年代，为配合乌江流域的三线建设，国家于1967—1971年对乌江涪陵至白涛段乌江进行整治，完工后该江段可通行300吨级船队。1966年再度打通了乌江与长江汇合处的灌口特大浅滩。1972年后涪陵地区航管部门改变了整治乌江航道的战略战术，由过去大兵团作战降服"天险"，改为以专业航道养护工程队负责完成基建和维护工程任务。乌江成为四川内河航运实现机动化最早的一条江。③

航道也是船工生产、生活的重要依赖条件。凭借船工的财力、物力和组织程度，很难实现对航道的大规模有效整治。航道整治工作历来由政府部门出资并组织实施，这是一种自上而下的方式。部分航道也由商人等民间人士出资整治。官商对乌江航道进行整治有出于减轻船工劳动强度的考量，主

---

① 廖国平主编：《贵州航运史》（现代部分），北京：人民交通出版社，1999年，第45—57页。

② 廖国平主编：《贵州航运史》（现代部分），北京：人民交通出版社，1999年，第116—126页。

③ 王绍荃主编：《四川内河航运史》（现代部分），成都：四川人民出版社，2000年，第236—238页。

要还是为了提高行业效率。

（3）乌江船工与码头和沿江城镇

船工是促使乌江码头和沿江城镇形成、繁盛的主要因素。汉代，今贵州北部乌江流域下段属涪陵县。蜀汉、西晋曾在乌江干流置汉复县和万宁县。乌江在今贵州省境的居民点经几个世纪的演变，到隋唐已具有一定的规模。隋代开皇五年（585年）于乌江置涪川县（今思南、德江之间），十九年（599年）又置务川县（今沿河县），是乌江通航河段沿江正式设县治的开端。唐代贵州境内沿乌江通航河段普设县治，反映了水运、港口与城镇之间的相互关系，水运促进沿江城镇的形成和发展，而设治既利用水运，又促进了水运的发展。①

龚滩是重庆经乌江进入贵州的门户，由于崩岩堵塞河槽，货物在此必须搬滩转运或交易，隋末唐初即以龚滩闻名。明代商贸发展，运量增加，每年税银上万。

石阡位于乌江支流，石阡河内114公里处，为河谷坝地，田土肥沃。元代置石阡长官司，此后历代在此置地方行政机构。原以距离石阡河口18公里的塘头为码头，后疏通塘头以上的河道，石阡成为水陆码头，商贸更加发达。

思南位于乌江通航河段上端，深入贵州东部地区，腹地深广。至迟在元末明初，大量移民迁入思南，参与政务和发展商贸，思南从唐至明设立了地方政务机构和税务机构，航

---

① 夏鹤鸣，廖国平主编：《贵州航运史》（古、近代部分），北京：人民交通出版社，1993年，第38—39页。

运业的发达促进了商贸繁盛，使思南成为乌江上段的著名大码头。① 民国前期，经由乌江运入思南港口的主要是盐，由思南港经乌江转运入川的主要是粮食、土特产等。②

乌江是清代的主要盐路。航运发展促使沿江集镇进一步繁荣，思南和石阡是贵州的重要商镇，思南主要产棉和桐油。龚滩、潮砥等乌江沿江码头和居民点陆续形成壮大，人口不断增加③。

1958—1965 年，涪陵港修建了连接乌江口大东门码头和长江边龙王沱码头的公路，并在大东门码头等地进行码头机械化试点。④

贵州河流的一些险滩十分陡急，独船上行拉纤人员不够，需结对互助，称为"夥帮"，是航行中需要自然形成的相对稳定的集体，不仅上滩拉纤互助，在揽货、处理海事、防盗防劫以及生活照应等方面，他们也都相互依靠、相互支持。⑤ 1949 年以前的乌江沿线，就有大小袍哥的"堂口" 28 个，它们各占码头称强称霸；为讨生计，船户和码头工人也多被迫加入该组织（"海袍哥"）。船行江湖，船家上岸时须拜谒

---

① 夏鹤鸣，廖国平主编：《贵州航运史》（古、近代部分），北京：人民交通出版社，1993 年，第 65—66 页。

② 夏鹤鸣，廖国平主编：《贵州航运史》（古、近代部分），北京：人民交通出版社，1993 年，第 180 页。

③ 夏鹤鸣，廖国平主编：《贵州航运史》（古、近代部分），北京：人民交通出版社，1993 年，第 112 页。

④ 王绍荃主编：《四川内河航运史》（现代部分），成都：四川人民出版社，2000 年，第 165—166 页。

⑤ 夏鹤鸣，廖国平主编：《贵州航运史》（古、近代部分），北京：人民交通出版社，1993 年，第 117 页。

当地堂主，见面时除了满嘴黑话（"切口"）外，还要行一整套手礼。当地袍哥便以礼相待、包接包送。但在乌江支流的码头，该规矩却时时不被遵守。因为当地贫瘠且偏僻，本地的袍哥头子不仅少见世面亦对外界无甚所求，所以便顾不得江湖规矩，于是便有了"是皮（袍哥）不是皮，难过羊角碛"的顺口溜。[1]

（4）乌江船工与航运管理

历史上，各个朝代的政府都对乌江航运事业进行了不同程度和不同方式的管理。在唐代，为便于对龚滩搬滩组织管理，曾将洪杜县治移此。[2]

光绪三年（1877年），四川督抚丁宝桢首倡开办官运，实行官运商销，取缔私商垄断，并整顿乌江等川黔水运，整治航道。运制改革和航道治理促进沿江一带商贸发展，但由于缺乏组织管理，营运很不正常，船只上滩时需要在附近雇用纤夫，屡因工价问题发生纠纷，甚至导致船舶失事。乌江下段沿河司（今沿河县）境内也有土豪把持，政府决定敕拿严惩豪棍，取缔各处地界，严禁私收钱文，并委员检查，对复萌者严究，着力整顿运输秩序，局面得到扭转，盐运基本畅行。[3]

抗战期间的乌江航运管理被忽视。1949年，土匪暴乱对

---

[1] 邓晓：《川江航运文化初探》，《中华文化论坛》2002年第2期。
[2] 夏鹤鸣，廖国平主编：《贵州航运史》（古、近代部分），北京：人民交通出版社，1993年，第65页。
[3] 夏鹤鸣，廖国平主编：《贵州航运史》（古、近代部分），北京：人民交通出版社，1993年，第134—135页。

贵州航运业造成了一定程度的破坏。国民经济恢复时期和"一五"时期，贵州乌江完成了木帆船的社会主义改造，初步建立航运管理体制，航运行业管理起步。贵州先后建立沿河、思南、石阡航运管理站等系列航运管理机构，实施"三统"（统一货源、统一调度、统一运价）管理，并且开始进行船舶检验、驾长考评、建立海事机构等水运安全管理工作。

1958—1965 年，贵州乌江木船运输合作社并"大"转"公"。1959 年，铜仁地区以思南航运中心站的轮驳船队为基础，将乌江河系思南、德江、沿河三县的木船运输社过渡为国营，组成乌江航运公司。这一时期，乌江的管理隶属关系和管理机构等航运管理体制在不断变化。①

在古代，地方政府对航运的管理可规范航运秩序，促进航运事业健康发展，船工的权益能够得到一定的保障，但这在另一方面也加重了对船工的人身控制和利益盘剥。

（5）后纤夫时代的乌江船工文化

20 世纪 60 年代以后，乌江纤夫基本消失。在后纤夫时代，研究者主要关注以船工号子为代表的非物质文化遗产保护，以及船工文化遗产的开发利用等问题。乌江船工既是船工文化保护和开发的对象，也是保护和开发的主体。

进入 21 世纪，学者们对乌江船工号子这一非物质文化遗产研究颇多。研究者从音乐类非物质文化遗产的角度分析，认为乌江船工号子分为劳动实用型和情绪表现型，其音乐的

---

① 廖国平主编：《贵州航运史》（现代部分），北京：人民交通出版社，1999 年，第 94—102 页。

独特性明显，调式分为思南色彩区和沿河色彩区。乌江船工号子与川江号子比较，其旋律、调式、曲式结构、音阶等方面具有鲜明的土家族的民族性和个性特征。[①] 大多数乌江船工是土家族人，所以乌江船工号子的节奏、旋律、腔词、调式、演唱等方面都具有浓郁的土家族民间音乐特征。[②] 沿河县将乌江船工号子归入其土家族山歌的劳动山歌亚类，研究其相关传说、特征、功能、类型。[③]

工业文明之后，机动船取代了人工拉纤，这种劳作景象虽然消失了，但父辈留下的气息和血脉不应消失。"印象武隆"实景歌会，以濒临消失的川江号子（主要是作为川江号子组成部分的乌江船工号子）为内容，通过艺术手法再现川江号子，用极富地方特色的劳动景象，来回顾这一消失了的传统文化并将之传承下去，展现巴蜀人在险境中顽强拼搏又乐观豁达的意志和精神。通过川江号子的表现，把这种精神传承下去。[④]

2. 乌江船工文化的研究视角和研究方法

（1）乌江船工文化的研究视角

①从历史变迁的纵向视阈审视乌江船工文化

在综合性或者专门性的史书中，按照时间顺序对事物发

---

① 邓光华：《乌江船工号子研究》，《中国音乐》1989 年第 4 期。

② 苏敏：《试论乌江船工号子的土家族民间音乐特性》，《民族音乐》2011 年第 4 期。

③ 席宁，何立高，沈海波：《沿河土家山歌》，北京：中国文联出版社，2010 年，第 17—19 页。

④ 唐松：《川江号子穿越古今历史 喀斯特峡谷风光辉煌巴渝大地"印象武隆"实景演出成为文化标志》，《重庆与世界》2012 年第 6 期。

展进行总体梳理、总结的时候，便有关于船工艰辛生活的概括描述和评论。如《中国水运史丛书》中系列史书的部分内容对船工的生产、生活有所涉及。《长江航运史》认为几千年的航运史是一部历经盛衰起伏的历史，中国水运史虽然经历许多曲折，但成就始终是主流，从中总结正反两方面的经验，鉴古知今，古为今用①；抗战时期，中共川东特委在涪陵等港口的海员中发展共产党员，涪陵作为乌江流域的航运中心，部分乌江海员也加入了中国共产党，积极开展对敌斗争②。乌江是贵州省内最长、流量最大、距中心腹地最近的河流③，《贵州航运史》的主要内容便是研究乌江的航运发展历程，其记载有在国民党政府覆亡前夕，乌江等河道失治，船舶失修，广大船工船民生计艰难。④《四川内河航运史》论述了四川（今重庆）南部流入长江的最大支流——乌江的航运发展历史，记载了乌江每年都有许多船工跌入河中溺亡的历史，所以乌江有"半年走一转，十船九打烂"的说法。⑤在这些基于历史变迁视角的研究成果中，乌江船工位于宏观的整体史或者专门史结构中，我们能够清晰地看到船工在历

---

① 罗传栋主编：《长江航运史》（古代部分），北京：人民交通出版社，1991年，第3页。

② 江天凤主编：《长江航运史》（近代部分），北京：人民交通出版社，1992年，第549—550页。

③ 夏鹤鸣、廖国平主编：《贵州航运史》（古、近代部分），北京：人民交通出版社，1993年，第3—7页。

④ 夏鹤鸣、廖国平主编：《贵州航运史》（古、近代部分），北京：人民交通出版社，1993年，第184页。

⑤ 王绍荃主编：《四川内河航运史》（古、近代部分），成都：四川人民出版社，1989年，第331页。

史长河中的地位和功能。

②从文化发展的内在逻辑解读乌江船工文化

学者们从文化发展的视角出发，研究了乌江船工文化系统。研究者认为乌江船工号子受到云贵高原文化、巴蜀文化、楚文化等多元文化之影响，尤其它与楚蜀文化有直接的亲缘关系。① 乌江船工号子起源于远古的劳动，除了借鉴或融合其他江域的号子以及外来文化的部分音乐元素，沿江的苗族、侗族、土家族、仡佬族等各民族之间的相互交流也为船工号子的发展提供了丰厚的艺术养料，它具有形式、语言、音乐等三大美学特征。② 乌江船工号子有其产生的自然、人文背景，其实用性主要是协调动作、指挥劳动，其文学性体现为强大的精神力量和情感的抒发。③ 乌江船工号子的内涵包括了船工生存状况与贫富不公、新旧生活对比、反对包办婚姻、追求美好爱情生活、乐观自信与胸怀宽广等。④ 研究者从山水、风情、风味三个维度介绍了乌江流域的代表性文化事项，在乌江风情部分介绍了乌江栈道、乌江船工和乌江船工号子。⑤ 新近的研究成果以文化的视角，分别对乌江流域的一二三产业及经济、社会、政治、军事、教育、宗教、习俗、

① 田永红：《乌江船工号子初探》，《鄂西大学学报》（社会科学版）1989 年第 1 期。

② 罗中玺：《"乌江船工号子"的来源与美学探析》，《铜仁学院学报》2012 年第 2 期。

③ 田永红：《乌江船工号子在实用性基础上的文学性》，《铜仁学院学报》2012 年第 6 期。

④ 魏登云，曹先东：《论乌江船工号子的文化内涵》，《遵义师范学院学报》2017 年第 6 期。

⑤ 江源，胤忠：《乌江山水风情》，重庆：重庆出版社，1990 年。

文学等十四个方面系统地论述了乌江流域的总体面貌，其中交通运输部分比较系统地论述了乌江船工的航具、船帮、会馆、码头文化等。① 在这些基于文化视角的研究成果中，乌江船工文化是乌江流域文化的组成部分之一，我们能够透视出乌江船工文化在乌江流域文化中的地位，以及乌江船工文化与其他文化元素的关系，进而能够明晰乌江船工文化与乌江流域文化及其他文化要素之间的互动机制。

（2）乌江船工文化的研究方法

①文献研究方法为主

文献研究法是指对文献资料的检索、搜集、鉴别、整理、分析，形成事实科学认识的方法。文献研究法是史学、哲学和社会学最常使用的研究方法之一，乌江历史研究中便主要运用文献研究法。② 如《涪陵港史》以文献研究法为主，对乌江航运作了比较详细的纵向分析和论述，其以大量篇幅记载和论述了作为推动乌江航运史发展主体力量的乌江船工，如乌江船帮始于明末清初，为便于"换棕拉滩"，按船形和货物分帮，乌江水运劳动力最高曾达 6900 多人。③

其他文史类研究成果中也大量运用文献研究法。如刘冰清、田永红两位专家撰写的第一部系统、深入研究乌江流域历史文化的专著《乌江文化概览》即大量运用了文献资料。

---

① 彭福荣，李良品：《乌江流域文化概论》，重庆：重庆出版社，2016 年。
② 杜晓利：《富有生命力的文献研究法》，《上海教育科研》2013 年第 1 期。
③ 夏述华主编：《涪陵港史》，武汉：武汉出版社，1991 年，第 70 页，第 128 页。

乌江流域各区县的方志都有关于乌江传统水运交通的记述，这些方志基本包含了丰富的文字资料、实物资料和口传资料①，主要运用文献研究法编撰而成。如《彭水县志》（1998年版）有关于乌江水上交通的记载和论述；《涪陵辞典》有丰富的与船工相关的乌江传统航运业的词条内容，如"卖码头""放筏子""拜码头""拿言语"等船工行话②。

②少数研究运用了田野调查方法

在关于乌江船工的研究成果中，少数成果运用了田野调查方法。民族志田野工作对民族学来说是如此基本的工作，以致英国人类学家 C. G. 塞利格曼曾断言："人类学的田野研究就如殉道者的血之于教会。"③ 研究者常用参与观察、访谈等田野方法对乌江船工进行研究。

20世纪90年代初，研究者从乌江源头到涪陵，对乌江流域的自然环境、经济、社会、文化等方面进行了全面考察，可以作为广义上的田野调查，这也是较早进行全流域考察研究之作④。研究者通过田野调查造船木匠、老驾长等，形象地将乌江船工文化概括出"水木匠""血盆饭""水和尚"

---

① 马丽，李德山：《清代东北流人方志文献资料特点分析》，《古籍整理研究学刊》2013年第2期。

② 《涪陵辞典》编撰委员会：《涪陵辞典》，重庆：重庆出版社，2003年，第585—586页。

③ 威廉·A·哈维兰著；瞿铁鹏，张钰译：《文化人类学》，上海：上海社会科学院出版社，2006年，第15页。

④ 黄健雄，陈青豹，何立为，汤柱国：《千里乌江行》，成都：成都科技大学出版社，1991年。

三大特征①。《中国民间歌曲集成·贵州卷》辑录了包括乌江船工号子在内的贵州各民族、各地区的民歌，收录的乌江船工号子主要来自乌江流域中上游地区即贵州省乌江流域地区。该民歌集内容极其全面、丰富，其为包括乌江船工号子在内的每一首民歌都附上了演唱者和记录者的姓名②，比较好地运用了田野调查方法。研究者实地调查了龚滩镇"最后的纤夫"，纤夫回忆了他在推桡拉纤时与天险乌江搏斗的艰辛生活③。

3. 乌江船工文化的研究价值和研究方向

乌江船工相关的文化事项具有不可替代的多维价值，值得引起各界的重视，应尽快采取切实可行的举措以加强相关文化遗产的收集、整理、保护和研究。鉴于此，今后的乌江船工文化研究中应该关注几个重点的趋势。

（1）乌江船工文化研究的多维价值

航运事业前进的步伐是无法阻挡的，钢铁材质的机动轮船代替人力木船是航运发展的必然趋势。1941年5月，民生公司派"生存轮"从涪陵上驶到江口成功，为乌江开启新纪元。④ 随着科学技术的发展，机器动力代替人力推动轮船前行，乌江木船船工也退出历史舞台，与乌江船工相关的木船、

① 彭福荣，吴昊：《水木匠·血盆饭·水和尚——乌江船夫文化解读》，《广西民族大学学报》（哲学社会科学版）2016年第6期。
② 《中国民间歌曲集成·贵州卷》编辑委员会：《中国民间歌曲集成·贵州卷》，北京：中国ISBN中心出版，1995年。
③ 土伏，邓晓笛：《龚滩》，重庆：重庆出版社，2003年，第126—128页。
④ 王绍荃主编：《四川内河航运史》（古、近代部分），成都：四川人民出版社，1989年，第281页。

航道、码头、号子、仪式、信仰等相关文化事项，将随着最后一代船工的离世，而永沉历史长河的江底，故目前健在的乌江木船船工所拥有的船工文化将成为最后的绝唱。对这些文化事项进行记录、整理和研究具有无比重大的历史、艺术、文化、科学等多维价值。

首先，乌江作为长江流域乃至全国范围内特色突出的"天险"河流，对与船工相关的文化进行收集、整理和研究具有重要的历史价值。通过乌江船工文化，我们可以了解到特定历史时期的生产发展水平、社会组织结构和生活方式、人与人之间的关系、道德习俗和思想禁忌，此即乌江船工文化的历史价值。其次，乌江船工文化的科学价值。乌江船工的船舶制造与行船、航道开拓等文化要素包含了科学因素和成分，具有科学研究的价值①。第三，乌江船工文化的艺术价值。乌江船工创造的乌江船工号子、航运行业用语等具有音乐、文学等多元艺术价值。这些乌江船工文化拥有独一无二的艺术形式，能深深打动人们的心灵、触动人类情感；这些乌江船工文化拥有大量的艺术创作原型和素材，可以为新的文艺创作提供不竭的源泉。② 第四，乌江船工文化的经济价值。经济价值是指利用乌江船工文化基本价值所获取的经济收益，主要是随着文化遗产旅游而出现的一类价值。前三种价值又被称为存在价值，经济价值又被称为使用价值，两

---

① 王文章主编：《非物质文化遗产概论》，北京：教育科学出版社，2008年，第70—78页。
② 贾银忠主编：《中国少数民族非物质文化遗产教程》，北京：民族出版社，2008年，第24-25页。

类价值的关系是：基本价值是根本，经济价值是衍生价值。①

（2）乌江船工文化研究的重点方向。

纵观目前关于乌江船工文化的研究成果，其中间接研究的内容多，直接研究的内容少；他观的研究内容较多，自观的研究内容较少。今后的研究应突出以下重点方向：

首先，我们在未来的研究工作中，尝试通过对尚且健在的乌江船工的深度访谈，以口述史方法获取更多、更直接的关于乌江船工的历史文化资料，以丰富乌江船工研究的史料，使口述史资料与文字文献资料相互补充和印证。口述史不完全是口述史，它时常可能包含文献史的口头化，恰如文献史不完全是文献史，它时常如《史记》那样，是"前人"对于包括口述史在内的"见闻"的记录。②

其次，课题组将主要采用现代仪器设备，对乌江流域船工的口述史进行文字、图像、声音和视频记录，并进行整理、数字化保存、研究、新媒体传播。因为，口述有文字表达所不及的优势：身势、表情、语调、场景的"合谋"，生动地传情达意，包括大量直觉。它以特殊的记忆形式进入说唱者的操演并不断加深、重现、重构或重造地方社会记忆。③

---

① 伍长云：《文化遗产存在价值论》，《社会科学战线》2015 第 11 期。
② 王铭铭：《说口述史》，《西南民族大学学报》（人文社科版）2008年第 1 期。
③ 纳日碧力戈：《作为操演的民间口述和作为行动的社会记忆》，《广西民族学院学报》（哲学社会科学版）2003 年第 3 期。

三、问题的提出

贵州省、重庆市的高校、科研院所专门成立了许多研究乌江流域经济、社会、文化的机构，而一些综合性研究机构也涵盖了乌江流域的各方面研究。目前，关于乌江流域的研究，尤其以船工文化研究为主体，又以船工号子为代表的非物质文化遗产研究最受关注，成果数量相对较多。而对于乌江航运文化中所蕴含的生存环境、生计方式、民族关系、社会关系、宗教祭祀等内容，关注相对较少。

关于乌江流域的民族教育、碑刻文化、民族文学、土司文化等专题研究，也形成了一些具有重要价值和影响的研究成果。关于乌江流域文化概论性的著作也已经问世。但是，基于扎实的田野调查资料，着眼于第一手的、新颖的研究资料，来探讨乌江船工文化的研究成果，目前仍然比较鲜见。

关于乌江流域的研究成果中，论文、内参资料等文章类成果占多数。而在田野调查基础上，形成全面性、系统性、宏大的论著尚不多见。相对来讲，专著类成果仍显得不足。而且，目前关于乌江流域研究的成果中，许多都是基于较小的行政地域类的研究成果，以及基于镇、区、市、县视角的研究成果。整体性成果较少，尤其是对乌江全流域的航运文化、船工文化研究，仍然是一个需要不断完善的重大命题。

铸牢中华民族共同体意识是人类学者在研究中的新的命题，也是人类学研究中需要一以贯之的主线。历史上，以乌江船工为主体创造的乌江船工文化，当中蕴含着哪些中华民族共同体意识，有哪些成功的经验，我们怎样从乌江流域船工文化中汲取铸牢中华民族共同体意识的成功经验，都是一个需要不断充实、完善的人类学研究课题，也是一个需要不断付诸实践和努力的人类学研究任务，这也彰显了乌江船工口述史研究的意义和价值所在。

口述史是当代研究历史的重要方法之一，是对逝去的历史除了文字、图像、影视等文献以及实物之外的第三种不可替代的史料，其中蕴含的当事人的个人经历、感受以及事后评价等信息，都是我们研究历史不可或缺的主要信息，而这些信息也是研究古代历史和近代历史时所不具备的，由于时光流逝、岁月不居，因此口述史也是一项需要及时抓紧做的工作①。

已有的乌江流域船工文化研究成果中，较少运用口述史的方法。船工研究多以客位研究为主，缺少主位研究和系统细致研究。现有的口述史研究较少关注船工生活史，对民族地区船工群体的记录与研究更少。而对于号称"天险"的乌江船工口述史研究，迄今缺少系统的相关成果。而且尚且健在的传统木船老船工日渐减少，这一文化不久可能面临着断代失传的局面。因此，对他们的口述史收集、整理和研究就迫在眉睫。

总之，乌江船工口述史试图在以往研究的基础上，通过深入细致的访谈记录，对乌江流域各民族老船工的口述史进行记录、整理和研究。基于乌江全流域的视角，探寻广义的

---

① 杨学新：《根治海河运动口述史》，北京：人民出版社，2014年，序言第2页。

乌江流域船工文化的类型、地域分布特征、形成机理、船工文化与整个长江流域船工文化等进行比较，以及在新时代如何传承、保护和合理利用乌江船工文化。同时，通过乌江船工研究，进一步丰富中华民族命运共同体的实践资料和理论资料，让流域内的各民族进一步铸牢中华民族共同体意识，进一步促进乌江流域各民族的团结、和谐、繁荣、进步。

第二节　研究内容与研究意义

乌江船工口述史的主要内容是乌江船工口述史的采录和整理，将从以下几个方面进行探讨。乌江船工口述史也具有理论和实践的多方面价值。

一、研究内容

乌江船工口述史的主要内容包括研究的问题对象、地域对象、客体对象；乌江船工口述史的主要内容框架；乌江船工口述史的重点和难点等。

（一）乌江船工口述史研究的对象

乌江船工口述史属于本体论研究，即保存下来仅存的、最后的一批乌江航运的老船工的口述史，让乌江老船工讲述清楚、讲述好他们的故事，并且用录音、视频、图片等现代方式将这些"后无来者"的乌江老船工的珍贵的口述史资料记录、保存下来，这被称之为船工的口述史回忆或口述史。同时，乌江船工口述史也采录乌江船工口头传述，即对乌江船工所涉及的过去的人及事的描述，它们通过口述经几代人流传至今。乌江船工口述史引用了少量相关人士的口述史资料，比如老船工的后代；也采用了部分文献中的乌江船工口述史资料。这为当代和后世传承、发扬乌江船工的精神，保护、传承和利用乌江船工的文史资料做了一些基础性工作。

乌江船工口述史研究的空间是整个乌江流域，包括贵州省毕节市、六盘水市、贵阳市、遵义市、铜仁市的部分地区，以及重庆市的西阳、彭水、武隆、涪陵等地；涉及的民族包括彝族、苗族、回族、布依族、仡佬族、土家族、蒙古族、羌族等，研究者主要选取了汉族、苗族、土家族等在该地区数量较多的民族船工进行访谈；研究的内容，是通过各民族老船工的深度访谈和记录，了解乌江流域的自然环境、资源、开发历史、航运及其变迁、船工的生计、船工的生活习俗与禁忌、船工与当地社会的关系、船工对地方经济社会发展的作用等。

（二）乌江船工口述史研究内容的总体框架

乌江船工口述史研究总体上采用"总—分—总"的框架结构，共分为绪论、本论和结论三个部分。绪论部分为第1—2章，分别探讨乌江船工口述史所研究的乌江船工的学术前史、选题意义、主要内容、研究思路与方法、口述史理论概述、乌江航运发展概况等。

本论部分为第3—7章，主要记录和整理乌江船工的口述史资料，包括以下主要的核心内容：

一是乌江流域船工的生存环境。乌江是流经云贵高原的一条河流，呈羽状分布，流域内喀斯特发育，地形以高原、山地、中山及低山丘陵为主。由于地势高差大、切割强，自然景观垂直变化明显。以流急、滩多、谷狭而闻名于世，号称"天险"，航运条件十分恶劣。乌江的通航情况每一段都有不同的特征，如上游的支流只能在部分河段通行小木船；中下游可以通行较大的船只，但多需纤夫拉纤。通过船工的口述可以了解历代船工战胜自然、适应自然，开辟乌江航运，推进当地进步的艰辛和不易。

二是乌江流域船工的生计和生活状况。乌江延绵1000多公里，因为各地自然环境、资源、民族分布的差异，各地船工的生计方式也略有差异。如上游船工主要是划小木船，无论是运输还是捕鱼，其劳作往往是一人独立进行，不需要在船上生活；中下游船工，特别是下游船工，过去驾驭的主要是大木船，许多船工常年在船上生活，航行需要多人协作，上水拉纤往往需要十几人、几十人甚至上百人合作。因此，各河段船工的生计和生活方式是有差异的。通过对船工的调查和讲述记录，了解船工的民族构成、文化背景、家庭状况、航运方式、居住方式、劳动强度、经济收入及开支等。

三是乌江流域民族分布格局及民族关系。乌江流域是多民族聚居地，生活着彝族、苗族、回族、布依族、仡佬族、土家族、羌族、蒙古族、汉族等民族，通过船工的讲述可以了解各族人民在开发乌江的过程中，相互学习、共同发展进步的历史。

四是乌江流域船工的社会关系。船工是一个特殊的社会群体，有自己的交往圈，也要与周边社会发生密切的关系。通过对船工的调查和采访记录，了解乌江流域各民族船工的交往对象、交往圈子，包括船工与地方的政治关系、经济关系、婚姻关系、朋友关系，以及船工与船工之间的关系等。

五是乌江流域船工的习俗和文化。由于船工航行或打渔使这一职业在社会分工中具有特殊性，因此，其形成了特定的行业习俗、行规、禁忌及文化。通过对乌江船工的采访记录，可以了解乌江流域各民族船工的价值观念、信仰礼仪、禁忌习俗，以及与航行捕鱼有关的各种技能、音乐、神话、传说故事、名胜古迹等。

最后一部分是对全书研究内容的总结、评述。

（三）乌江船工口述史研究的重点和难点

乌江船工口述史研究的重点是乌江流域各民族船工口述史的内容。此即通过对各民族船工的调查和采访记录，将他们的讲述进行归纳整理，并将分散的和不成体系的访谈内容进行归纳、总结、提炼，形成对乌江开发及社会发展变迁的整体认识。

乌江船工口述史研究的难点是健在的乌江老船工数量很少、居住分散，所以寻找访谈对象比较困难；健在的乌江老船工多使用各民族语言或方言，且都年事已高或疾病缠身，访谈时沟通难度较大。

（四）基本观点

从对乌江上、中、下游船工的广泛田野调查、深入研究中来看，汉族与苗族、土家族等各民族始终能够友好相处。各民族船工之间、各民族船工与汉族船工和汉族民众之间、汉族船工与其他民族船工、民众之间都以和谐、友好的关系为主。乌江流域的苗族、土家族、彝族、回族等各民族长期以来形成大杂居、小聚居的民族分布格局，乌江流域的各民族之间能够友好、和睦相处，他们互相学习，取长补短，共同提高进步。

乌江流域的汉族和其他民族都具有善良、勤劳、勇敢、善邻的秉性，这些优良的民族品格，是流域内各个民族共同熔铸的，也是中华民族共同体意识的重要推动力量和重要组成部分；是流域内民族团结、进步的源动力，也是乌江流域航运业发展的重要推动力量。

乌江流域的各族人民你中有我、我中有你。乌江船工由各个民族组成，他们团结和谐、不分彼此、互帮互助，共同对付天险乌江，完成推桡拉纤的艰辛的行船任务。乌江船工文化本身就是乌江流域各民族船工共同创造、共同传承、共同享有的地域民族文化。

二、研究意义

乌江船工口述史研究主要从理论和实践两个方面，探讨乌江流域各民族船工口述史研究的多维意义。

（一）乌江船工口述史研究的学术价值

乌江船工口述史研究的学术价值主要包括以下四个方面：一是乌江船工口述史对乌江流域各民族船工进行口述史记录和整理，研究他们对民族地区经济社会发展的贡献，证实中华民族的发展进步离不开各民族人民的共同创造的真理；二是我国口述史研究起步晚，主要关注重要历史人物、事件。乌江船工口述史对西南各民族地区船工的访谈记录和研究，扩大了我国口述史研究的领域，充实了我国口述史研究的内容；三是近年来，乌江流域研究逐步引起重视，主要涉及资源开发、土司制度、非物质文化遗产等领域。乌江船工口述史通过对船工的访谈记录和研究，揭示乌江开发、发展、变迁过程中各种群体的相互关系及其所起的作用，以此丰富乌江研究的内容；四是乌江船工口述史研究可以助力乌江流域航运史、民族史、区域史等历史研究。史学研究注重"史""论"两个方面的结合，乌江船工口述史研究注重挖掘乌江船工口述史资料，主要的功能在于史料；至于"论"则有待于史学家进一步探讨。当然，要体现乌江船工口述史资料的价值，则要全面把握口述史证据的意义，必须全面对照有关该地方的，以及受访人群的资料来对口述资料予以评估，否则过多的细节是没有价值的。文字资料和口述资料在整个写作过程中都在不断互动：发现一种新的档案资料会使受访者回答的问题不同，口述证据也有助于对档案资料提出新的解释。

（二）乌江船工口述史研究的应用价值

一是能够从船工"主位"的视角系统地挖掘、保存以纤
夫为主体的乌江船工文化遗产，为多民族文化的保护和传承
留下更多的文化基因。二是通过访谈、记录和整理，对乌江
流域各民族关于乌江开发、航运、船工生活、习俗禁忌、名
胜古迹等文化资源进行系统梳理和初步研究，为当地发展旅
游业和文化产业提供素材。三是通过对乌江船工关于乌江开
发、航运、水文、天象、动植物等知识的记录和研究，为西
南山区河流的保护和开发以及发展山区航运提供借鉴。

第三节　理论机制、研究方法与过程

一、理论机制

乌江船工口述史研究的主要任务是对乌江流域的老船工
进行口述史收集和整理。对国内外口述史理论及其实践运用
的述评，有利于在口述史的理论指导下更好地对乌江流域老
船工口述史进行采录、整理和研究。

口述史是以搜集和使用口头史料来研究历史的一种方法。
它是由准备完善的访谈者，以笔录、录音等方式收集、整理

口传记忆以及具有历史意义的观点的一种研究历史的方式。①

（一）国外口述史理论发展及其实践运用研究

就口述史的概念和内涵而言，细而论之，口述史分为两个大类。第一种类型是口述回忆，即由历史学家借助访问而获得的第一手回忆，通常被称为口述史。第二种类型是口头传述，即对过去的人和事的叙述和描绘，它们通过口述，经几代人流传至今。口头传述还可以被界定为一种知识体系，通过口头传述方式在几代人中传递，是一个特定社会诸成员的集体财富②。

在西方，口述史方法运用于历史研究古已有之，如《荷马史诗》（The Homeric Hymns）等古代历史巨著大量采用口头传说。1948 年，哥伦比亚大学口述历史研究室（Columbia University Oral History Research Office）的建立，标志着现代口述史学的正式诞生（Alistair Thomson，1998）。口述史在 20 世纪六七十年代开始兴起于加拿大和英国，20 世纪八九十年代以来逐步流行于世界各地。除美国、英国和意大利之外，其他国家和地区对口述史理论和方法的探讨大都处于探索阶段③。从 20 世纪六七十年代起，西方口述史作为一个独立的学科，就有了专门的理论探讨，还有了自己的组织机构。英

---

① 定宜庄，汪润：《口述史读本》，北京：北京大学出版社，2011 年，导言第 1 页。

② 定宜庄，汪润：《口述史读本》，北京：北京大学出版社，2011 年，第 4、17—18 页。

③ 杨祥银，夏小娜：《西方口述史学理论与方法的发展趋势——基于对几部重要西方口述史学著作的述评》，《国外社会科学》2011 年第 4 期。

国社会历史学家、现代意义上的英国口述史先驱保罗·汤普森认为，口述史方法为没有受过高等教育的人提供了表达和阐述生活经验的机会。西方口述史学有三个特征。一是"自下而上"的角度，口述史的兴趣与自 20 世纪六七十年代以来在西方史学界和社会学界掀起的"自下而上"的撰史浪潮相吻合；关注对象由精英人物转为普通人，尤其关注他们的愿望、情感、心态等精神交往活动；作为一种平民化的历史，口述史能让不掌握话语权的人们，如社会底层的百姓，包括少数族群和妇女都有发出自己声音的可能性，使这些人的经历、行为和记忆有了进入历史记录的机会，并因此成为历史的一部分。二是特有的"个人性"，口述史学是"新史学"的各种研究方法中最具有"个人性"的一种。口述史记录由个人亲述的生活和经验为主，重视从个人的角度来体现对历史事件的记忆和认识。"个人"不仅指大人物和名人，更多是指边缘化的小人物。三是社会记忆成为可能，史学界通过口述史可以获得难以在官方文献中寻获的珍贵材料，为长于宏大叙事的史学研究提供必要的补充。口述史研究目的从对往事简单再现到深入大众历史意识的重建，关注焦点从"真实的过去"转移到"记忆的过去"的认识深度。口述史能够在揭示历史的深层结构方面做出自己独特的贡献。

口述史具有多元的价值，如美国口述史家威廉姆斯（T. Harry Williams）认为："我越来越相信口述史的价值，它不仅是一种编撰近代史的必不可少的工具，而且还可以为研究过去提供一个不同寻常的视角，即它可以使人们从内心深处审视过去。"① 现代音像技术为口述史学的发展起到了一定的推动作用，但不是口述史学发展的唯一条件。我们应将口述史学的发展置于更加广阔的背景中去理解，这个背景就不仅限于"新史学"的学术圈内。例如，美国口述史学发展与二战后美国社会发生的公民权利等一系列政治运动密切相关，这些运动挑战了美国历史由白种精英男人构建的传统看法，口述史在其中发挥了无可替代的作用。口述访谈可运用于任何阶层、人群，成为可以表达和证明普通人生活的有力工具，吸引了广大民众的强烈兴趣和参与热情，他们希望通过口述史表明"历史的重要性"，并创造属于他们自己的历史。口述史因而走出学术领域并成为一场"运动"，这场有群众广泛参与的运动与学术界的口述史研究相互补充、互相推动，极大地促进了口述史学科发展。口头传述像书面资料一样，也可能成为客观的证据；口传的资料与书面资料共有许多优势——丰富的细节和意义理解上的细微差别。出于至少三个方面的原因，口头传述将会被继续使用：第一，假设在现在与过去之间必然存在一种完全一致的关系是错误的；第二，在流传过程中，一次次被修正的口头传述不大可能在所有特定的情况下都会改变其内容；第三，也许是最重要的，人们的研究越接近现实，给口头传述的解释造成问题的许多特征就会越不明显。

在口述史方法运用于地方史的研究过程之中，应注意对

---

① Michael Kammen, *The Past Before Us*：*Contemporary Writings in the United States*, Cornell University Press, 1980, p.394.

那些愿意和能够接受调查的年长者都进行详细的调查；对个体受访者的可信度不应予以过多的信任，证据必须彼此对照；通常在生活史研究中居于突出地位的纯粹地方性的调查，能够在其他资料的帮助下予以说明。个人回忆被视为重建过去的最有效手段，它提供了被实际经历的人类生活的可信证据；可被视为一种民主的选择，它将挑战学术精英对历史研究的垄断。口头传述之所以能够传承下来，是因为它把握了所涉及的文化意义。口头传述之所以被珍视，并不是由于它自身的重要性，而是因为其他更重要的事物需要依赖它去传承。口述史和口头传述都被视为表现一些人的声音的方式，他们在历史研究的传统资料中被否认有发言权——工业化社会的底层等级或非欧洲人（殖民统治的受害方）。口述史不是历史研究的一个新的分支，而是一种新的方法——能够使新资料发挥作用的手段，它需要与那些保存下来的书面资料和素材一样加以评估。口述史研究者需要牢记：也许被采访者年龄已经非常大而且身体虚弱，不能在较长时间里接受采访；有时可以提供那个时期的器物或音乐来帮助进行记忆①。

（二）国内口述史理论发展及其实践运用研究

我国学界对于我国口述史的概念界定、发展历程、历史分期等问题，尚存较大争议，迄今没有形成共识。

在我国，历史学家对口述史方法的运用也有久远的传统，

---

① 定宜庄，汪润：《口述史读本》，北京：北京大学出版社，2011年版，第8—10、19、22—25页。

司马迁的《史记》被誉为久负盛名的"口述历史"著作。国内现代口述史研究分为三个阶段：20世纪50—70年代，零散研究阶段，缺乏理论支撑，以革命前辈的口述史为主；20世纪80年代，转向以文化事件和人物为中心的研究，出现与国际接轨的趋势，但仍以精英人物为主要研究对象；20世纪90年代迄今，学习西方口述史与探索和构建中国特色的口述史理论与方法并举。① 2004年，中华口述历史研究会的成立是中国口述史学开始走向正规化和专业化发展的重要标志。口述史学在中国日益流行，主要体现在以下四个方面：口述史学日益受到越来越多历史学家和其他学科相关学者的认可与重视，同时国内外口述史学的相互交流也日益频繁；有关口述史学理论与方法研究的著作、学术论文与全国性学术会议不断增多，而高层次的历史科研项目也不断获得国家和省部级立项；以纸质出版、电视节目、纪录片和网络（门户网站、博客、微博、微信等平台）为依托呈现的口述历史作品与成果不断问世，部分作品逐渐赢得公众的认可与好评；一大批口述历史计划如雨后春笋般开展，国内高校也开始出现一批专业的口述历史研究机构。②

也有学者认为，中国大陆口述史产生于改革开放以后，其产生与发展并不完全是接受西方影响的结果，它最初是以"历史纪实"或"纪实文学"的形式被引入并逐渐被人们认

① 徐国利，王志龙：《当代中国的口述史学理论研究》，《史学理论研究》2005年第1期。
② 杨祥银：《美国现代口述史学研究》，北京：中国社会科学出版社，2016年，第12—13页。

知，如冯骥才的《一百个人的十年》等作品。20 世纪 90 年代以后，口述史作为"史"才为我国史学界认识和接受。值得一提的是，我国政府在 20 世纪 50 年代组织了"三次革命浪潮"（太平天国、义和团和辛亥革命）和各民族社会历史调查，其中路遥的《威县义和团活动调查记》和程歗的《口述史三题》称得上优秀的口述史成果，其方法至今仍被相关学者称道和沿用，开口述与文献"二重证据"之先河。①

20 世纪 90 年代尤其是进入 21 世纪以后，我国专业的学术机构和学者开始大量参与到口述史的工作中来。一部分人致力于介绍和探讨相关理论，另一部分人则一头扎进实地访谈，二者几乎是互不相干。这反而使口述史的发展呈现出一种"多源多流"的多元化特征，是近年来口述史学在我国显现出勃勃生机的重要原因。中国大陆做口述史的实践者从台湾口述史学界接受的影响，可能比直接从西方或者一些国内口述史引进者那里得来的更多。②

做好口述史研究，需要注重三个环节：一是访谈之前做好问卷设计；二是重视访谈现场、访谈过程，主要是指访谈者对访谈过程的把控和被访者的配合情况，这将影响到访谈过程能否完成、访谈质量的高低和访谈所获取的资料的真实性；三是访谈成果的整理和发表，这是争议最多、最大的环节，包括被访者是否愿意将其谈话内容公开、发表或以何种

---

① 定宜庄，汪润：《口述史读本》，北京：北京大学出版社，2011 年，第 5—7 页。
② 定宜庄，汪润：《口述史读本》，北京：北京大学出版社，2011 年，第 7 页。

形式公开、发表，访谈者可否将访谈内容转换成文字及其表达方式的真实性等。此外，还包括访谈中的伦理道德问题，如访谈成果的所有权归属、访谈者与被访者的彼此尊重与理解等问题①。

口述史就对象来说，有个体和群体两种，一是单个人物的口述史，相对于为其做回忆录，重点反映个体的经历；二是做某一重大事件的口述史，需要采访很多人，每个人会从自己当时的地位、感受，以及采访的价值观、事件的受害者还是受益者等多层次、多角度、多方面谈自己的记忆和评价，因此就需要史学工作者采访一定数量的人，使得群体样本足够大，也足够从多视角来收集、整理口述史史料，力求全面准确反映这个历史事件。乌江船工口述史研究属于后者，通过多个老船工的口述史，来整体展现乌江船工生计史和流域航运史。研究者关于口述史的三点认识值得借鉴：一是口述史是我们研究当代历史重要的手段和方法，凡是研究当代史的学者，必须学会运用这种方法；二是我们在历史研究中应该提倡宏观视野与微观研究相结合，口述史属于"细节化"；三是应该提倡历史研究与宣传马克思主义唯物史观相结合，人民才是创造和推动历史前进的主体。②

---

① 定宜庄，汪润：《口述史读本》，北京：北京大学出版社，2011年，第10—11页。
② 杨学新：《根治海河运动口述史》，北京：人民出版社，2014年，序言第2—3页。

（三）口述史与民族学、人类学的关系

口述史与民族学的田野作业有同有异，正如口述史学与如今方兴未艾的历史人类学也有同有异一样，二者虽然分属不同的学科领域，也有各自的学科范围，但相互之间的借鉴和互补导致二者密不可分。有些学者也采取既做口述史，又对被访者身处的环境进行参与观察的形式，并取得了极好的成绩。只不过有些人类学家不肯承认这属于口述史范畴而已。口述史学的产生和发展相对较晚，尚无口述史学界公认并行之有效的行规法则，人们亦可借用人类学田野调查时通用的行规，以之作为口述史学者调查实践时的参照。①

人类学在一些方面就像是口述史。人类学家就是一群将"当地人"的口述史转化为文字史的人。但是，人类学不等同于口述史，而更多地想用各种社会科学的概念，来套本来也是用口述史的方法收集到的材料，这些概念包括亲属制度、宗教、政治、经济、社会、文化、民族等②。社会人类学和社会学的访问技巧被证明是对历史学家有帮助的，尽管将如我们看到的那样，历史学家需要形成自身独特的方法来研究记录下来的口述资料。例如，自非洲殖民时期以来，口头传述就吸引了民族学者的兴趣，而且这也适用于那些有读写能力的非洲社会③。

---

① 定宜庄，汪润：《口述史读本》，北京：北京大学出版社，2011年，第7、11页。

② 王铭铭：《口述史·口承传统·人生史》，《西南民族大学学报》（人文社科版）2008年第2期。

③ 定宜庄，汪润：《口述史读本》，北京：北京大学出版社，2011年版，第6、18页。

二、研究方法

在乌江船工口述史的研究过程中，既运用了传统的文献收集与整理、访谈等研究方法，也运用了现代新兴的影像录制设备及其拍摄方法，力争既将乌江流域老船工的口述"故事"完整记录，又将拍摄的过程完整地记录和保留下来。让乌江流域老船工和采访者都在视频中出现，并且表达自己的观点，这带有人类学的"后现代"色彩。

第一，访谈法。访谈（interview）就是通过向研究对象提问或与之交谈的方式来获取资料。人类学中通常把访谈对象称为报道人。所谓报道人（informant）是人类学者在田野调查中结识的能帮助他们了解当地文化的当地人。詹姆斯·斯普拉德利（James Spradley）认为，一位合适的报道人至少要有五个条件才较为理想：（1）对己文化完全的濡化；（2）眼下的完全参与；（3）是调查者所不熟悉的文化中的人；（4）有兴趣并有足够的时间；（5）非分析性，即能用他们自己的语言进行描述或根据本土视角提出对事件的分析和解释。[①]乌江船工口述史研究在乌江流域选取约 40 位各民族老船工进行深度访谈，以获取丰富的口述史资料，为后续研究奠定基础。由于乌江航运主要是在中下游，所以访谈的船工活动区域以中下游为主。同时，我们将访谈部分当年乌江老船工及其从事的乌江航运业的见证者，如船工的亲属和朋友、

---

① 庄孔韶主编：《人类学概论》，北京：中国人民大学出版社，2006年，第164—165页。

船工的管理者、船工的"凝视者"（乌江两岸的老居民等）。为了能够获得撰写一部传记所需的证据资料，历史学家必须从那些仍健在的朋友和同事那里收集并记录相关的印象和回忆。①

第二，文献研究法。文献研究法主要指收集、鉴别、整理文献，并通过对文献的研究，形成对事实科学认识的方法。文献研究法是一种古老而又富有生命力的科学研究方法。文献研究法的一般过程包括五个基本环节，分别是：提出课题或假设、研究设计、收集文献、整理文献和进行文献综述。②我们将从高校、科研机构、专业图书馆、政协、档案、民族、文化等部门收集各种有关乌江船工的文章、方志、文史资料、档案资料、非物质文化遗产资料、谱牒、碑刻等，弥补口述资料的不足。掌握所有相关资料对口述史研究同样重要。研究地方史的史学家使用的更传统的商业档案等资料提供了了解有关受访者生活的经济与社会背景的基本知识，也会揭示历史过程的某些东西，它们对当地可观察到的变化产生了影响。③

第三，音像记录法。音像记录法在我国的行政、司法等领域的执法中已经有广泛运用，在学术研究尤其是基础性文献资料的记录、保存中也被广泛采纳。本次乌江船工口述史

---

① 定宜庄，汪润：《口述史读本》，北京：北京大学出版社，2011年，第6页。

② 魏顺平：《技术支持的文献研究法：数字化教育研究的一个尝试》，《现代教育技术》2010年第6期。

③ 定宜庄，汪润：《口述史读本》，北京：北京大学出版社，2011年，第14页。

研究中部分地运用了现代化、数字化音像拍摄设备，并且运用电脑和互联网进行传输、保存和运用研究，具有数字化研究（e-Research）的部分特征，即是指信息技术所"使能的"科学研究实践，信息技术的作用体现为通过新一代基础设施提供可共享的高性能计算资源，通过海量的数据存储技术提供分布式数据库服务，以及在此基础上协同研究的虚拟环境支持。数字化研究侧重于信息技术对研究过程与研究活动的支持，以及信息技术为科学研究所提供的新的可能性及方法。[1] 乌江船工口述史研究将运用录音笔、照相机、摄像机等现代音像设备，同时以录音和视频两种形式记录乌江流域各民族船工的口述史资料，并保存这些资料。

口述史学家曾倾向于将访谈录音看作是他们工作的收集资料环节，并且他们认为文字记录才是权威的记录文件。唐纳德·里奇作为一名口述史学家兼视频制片人、导演，从一开始便大力提倡视频历史（video history），尽管不得不承认这种媒介并非适合每个人或每个口述史项目。乌江船工口述史研究过程中所同步录制的视频资料，具有如下优势和特征：最重要的是获取信息量，哪怕是在发言者只有"头部特写"的访谈中，也可以获得极高的信息量；访谈中除了口头语言外，还包括许多其他信息，如个性和情感等；除了能提供非言语信息和表明口述人的情感状态，视频图像几乎不可避免地会使观众对发言者产生心理和情绪上的共鸣；视频能实现

---

① 魏顺平：《技术支持的文献研究法：数字化教育研究的一个尝试》，《现代教育技术》2010 年第 6 期。

收集全新的信息世界的目标；当移动镜头不单单拍摄到发言人头部特写时，视频制作就会变得很复杂，且我们要改变通常使用的制作口述史的方式。①

三、研究过程

乌江船工口述史旨在对处于濒危情况下的乌江船工所具有的船工文化进行抢救、记录、整理、保存和研究。本书以口述史理论方法为指导，通过对具有代表性的乌江老船工进行访谈记录，获取珍贵的口述史资料，并对这些资料进行整理、分析、归纳和研究，进而深刻认识乌江开发的历史，以及乌江流域社会变迁的历程，并促使乌江船工文化更好地传承和利用。

乌江船工口述史所涉及的乌江流域各民族船工口述史资料的访谈、录制，其宏观思路是从乌江下游地区逐步向乌江上游地区推进。我们选取了30多位乌江船工进行访谈，另外选取几位老船工的后代、邻居或知情者进行访谈，并同步录音录像，然后进行整理研究。

2015年10月，对位于乌江口的乌江干流沿岸最大的城市——涪陵和乌江航运史上最大的滩——羊角滩（图1-1）的老船工进行口述史资料的访谈、记录、整理和研究。这些关于乌江船工口述史的研究，为本书的研究做了一些基础性的前期工作，也为后来大规模的乌江船工口述史收集、整理

---

① （美）唐纳德·里奇编；宋平明，左玉河译：《牛津口述史手册》，北京：人民出版社，2016年，第229—231页。

和研究工作奠定了坚实的基础。

图 1-1　因乌江最大的羊角滩而兴起的古镇
——羊角古镇搬迁前的状况（2015 年 10 月 5 日拍摄）①

　　2021 年 2 至 4 月，从乌江源头石缸洞至乌江河口涪陵，
开展了系统的、大规模的口述史成果收集、整理和研究工作。
乌江源头至余庆县河段，因为水量比较小，河床落差较大，
滩多水急，致使行船不具备可行性。这些河段有不少利用木
船打渔的船工，部分地区有利用木船渡客的船工。余庆县至

————————

　　① 注：本书所有照片均为作者拍摄，除注明拍摄时间外，其余均为
2021 年拍摄。

龚滩以上的乌江贵州河段，则是打渔的船工、渡客的船工、货运木船船工皆有。在历史上，龚滩至涪陵的河段常年可开展较大规模的客货运输，是乌江开展河运的主体部分。历史上的乌江老船工主要在乌江中下游进行航运劳作，老船工也主要分布于乌江中下游地区，笔者也主要邀请这一区域的老船工做访谈并收集、整理口述史资料。

第二章

乌江流域及其航运发展概况

按照人类学的研究范式，在进入田野点做田野调查之前，应该对田野点的概况进行介绍和评述。乌江流域是我国重要的水系，也是长江的主要支流之一，更是贵州、重庆等省市重要的水资源富集区域和文化、经济发展的重点区域，而且是本书即乌江船工口述史研究的主要地理空间。本章将分别概述乌江流域概况，简要梳理乌江流域的航运发展历程和现状，为乌江船工口述史辑录和研究展示一个宏阔的背景。这一区域也是乌江流域船工文化产生、发展、交流、交融、繁荣、衰落的承载地和文化空间。

第一节　乌江流域概说

乌江是贵州省最大水系，也是重庆南部流入长江的一条重要支流。[①] 乌江，古称巴江、夜郎水、延江、黔江、枳江、涪水，是长江上游右岸最大的支流。乌江有南北两源，南源三岔河，北源六冲河，习惯上以南源三岔河为乌江之源。三岔河发源于云贵高原乌蒙山脉东麓的威宁县盐仓镇营洞村石缸洞（图2-1），海拔2260米。居住在石缸洞附近的居民苏吉成（图2-2）给我们讲述了石缸洞的情况：

---

① 黄健民：《乌江》，成都：四川科学技术出版社，1992年，第1页。

图 2-1　作者在石缸洞考察

乌江源头石缸洞在营洞村 1 组，我在营洞村 4 组，我家在石缸洞下面一公里，在河边住。这个洞以前经常要干的，现在都有二十多年不干了。原来干的时间，这山上没得树。这个洞深得很呢，里头也有鱼。以前有一个人到石缸洞挑水，从洞里冒出一条大鱼，还往天上冒出一股大水，把他吓到了，桶都不敢拿，爬起来就跑了。石缸洞上面的房子（亭子）修了十来年，是乌江水电公司修的。十多年前，赵康隆在石缸洞前面修的那个菩萨嘛，这个人四十多岁，住在这亭子上面，是个农民，在外面打工，没有结婚，没有下代，就是他一个人。逢年过节、初一十五、六月十九呀，有人在这里烧香、烧纸、放鞭炮，白天也有人来烧，来烧香的人多得很嘛，我没来烧过。信神的、迷信的人来烧。生病了，不好爽快，哪里不对了，有人得病了也到这里烧香烧纸求菩萨保佑，燃啦，它就好了嘛。烧香烧纸来敬它，烧了回去就得健康，回去就舒舒服服的了嘛，就好了嘛。二十多年前，有一个重庆人拿了一米长的一条蛇放到石缸洞里。（苏吉成，男，汉族，1961年生，贵州省威宁县盐仓镇营洞村4组人）

图2-2　苏吉成（右一）在石缸洞旁讲述石缸洞的故事

乌江源头石缸洞往下约500米的乌江左岸，距离乌江直线距离大约100米的山脚下有一个黑鱼洞（图2-3），苏吉成给我们讲述了黑鱼洞的相关情况：

图 2-3　苏吉成在黑鱼洞前讲述黑鱼洞的故事

　　每年清明节过后，涨水了，黑鱼洞就冒出黑脊背的鱼，这里就叫黑鱼洞咯。黑鱼洞这里头深得很，三四丈的竿竿插不到底。以前这个水是这个对到流出去的，后来把这个河沟填了，从左边拐弯流出去的。往年没得这么干啊，往年这两天它就有点儿水啊，往年到三月下旬它又发水了嘛。像往年没得这样干，像往年那洞口几乎淹起来的。这个时候这里有一尺长的鱼。我小的时候，那跑出来的鱼多得很。这个洞，农村人送病，身上抓抠①、起疙瘩，有病了，喊端工来求神拜佛，在这儿烧纸，蒸的鸡蛋丢在这儿，它就好了嘛。家里不顺啦，也到这里烧纸，那神仙（保佑）。我不是端工师，是端工

————————————

① 抓抠：皮肤瘙痒。

师来烧。端工来念了嘛，说什么什么好，什么什么好。端工要请他的人才认识他，我们都认不得。信的人才晓得给端工拿了好多钱。人家是悄悄请，人家不是白天。端工要烧纸，烧点儿香，烧点儿烛，宰个把鸡，宰个大的公鸡，把脑壳砍下来，甩在这里，宰了就丢在那儿（洞口），我们也不要，狗来了的话拉起就跑。每年清明节过后，花鱼洞就冒出花脊背的鱼。（苏吉成）

黑鱼洞对面的乌江右岸河边，即为著名的花鱼洞（图2-4），夏会兰（右）和苏彩梅（左）母女给我们讲述花鱼洞的有关情况：

图2-4 夏会兰（右）母女讲述花鱼洞的故事

夏季涨水的时候，下雨的时候，鱼才会从花鱼洞出来。鱼的颜色是花的，野生花鱼，一两斤一个（条）。去年、前年，这里修了水厂过后就没得花鱼了。花鱼洞在水厂上面一点儿。这里是乌江源头。花鱼有三种颜色，有白色的，还有乌的，还有黑色的那种。不是草鱼、鲤鱼，是单独一种野生鱼。（夏会兰，女，汉族，1976年生，贵州省威宁县盐仓镇银洞村4组人）

乌江干支流流经云南、贵州、湖北、重庆4个省市，55个区、县（自治县、市），其中在重庆市境内有酉阳、黔江、彭水、石柱、南川、武隆、涪陵等7个县（自治县、区、市）；乌江傍河的县城有思南、沿河、彭水、武隆、涪陵；重庆市内乌江沿岸的小镇有龚滩镇、江口镇、羊角镇、白马镇、白涛镇。

乌江在重庆涪陵汇入长江，全长约1050公里。乌江流域从贵州威宁县石缸洞至黔西市化屋基为上游，长338.6公里；化屋基至贵州思南县城为中游，长366.8公里；思南以下至重庆涪陵为下游，长344.6公里。乌江蜿蜒曲折，兼纳百川，沿途接纳许多支流，形成了一个比较庞大的水系。乌江流域是全国著名的喀斯特地区，被誉为"古生物王国"。它也是重庆市三大经济区发展规划的三峡库区生态经济区的重要组成部分。①

---

① 《关于申报重庆市人文社科基地——乌江经济文化研究中心的论证报告》，内部资料，第1—2页。

第二节 乌江流域航运发展概况

乌江流域的通航河段主要位于其干流的中下游。乌江流域何时开始有船运和船工，难以确考。可以说，在远古时代，乌江流域有了最初简单的舟楫，即产生了兼职或专职船工。进入文明时代，乌江航运十分发达，乌江船工数量众多，船工成为一个重要的职业和行业。随着机器动力的采用和普及，作为乌江船舶主要动力来源的船工的数量慢慢减少，时至今日已基本消失。今天在乌江流域的小支流、湾汊可能还有从事捕鱼、摆渡的少量木船船工。

自古以来，乌江航运主要集中在中下游地区。长期以来，贵州思南段以上仅可以断续通航小型木船至余庆段。思南段以下可通航大型木船以达重庆、涪陵段，其间潮砥、新滩、龚滩等处须换船起滩方能通过，又以涪陵、武隆、彭水、思南、潮砥、沿河、龚滩等为中心的较大港口码头，逐渐形成水陆兼备的交通状况，需要与之适应的独特交通运输工具。①

① 彭福荣，李良品：《乌江流域文化概论》，重庆：重庆出版社，2016年，第68页。

一、乌江航运的产生与发展

"黔道难"，乌江流域交通被人们视为难途。尽管乌江如此险峻，聪明能干的乌江人却在这高山峡谷、惊涛骇浪中开辟出一条云贵高原上的黄金水道，为乌江流域创造了独特而丰富多彩的航运文化及繁荣的商贸经济。乌江舟楫的起源，最早可以追溯到廪君的土舟，土舟当为陶船。相传巴族是廪君后裔，古代巴人长期生活于长江三峡地区，熟悉水性，他们乘土舟进入乌江之后，由于彭水郁山产盐，郁盐不仅东以济楚，西入武陵，还要从郁江运到彭水，沿乌江而上运往夜郎等地，或沿乌江而下运往枳县（今涪陵），再达江州（今重庆）。秦汉后，黔中、夜郎仍赖郁盐，加上务川、黔江的丹砂外运，也赖乌江，所以乌江航运十分繁荣。

公元前 316 年，秦惠王派大将司马错率巴蜀众十万船只，载来六百万斛，自岷江而上入长江，转溯舟自巴涪水直取黔中郡，这是乌江航运最早为军事所用。司马错所用的大船即为"太白船"，为木结构的大型单体船，乌江人称之为"歪屁股船"。晋控制蜀汉以后，准备进攻吴，将乌江航运继续向上延伸，益州刺史王濬大造舟船，派参军李毅由涪陵入取武隆，李毅从乌江进军路线与秦司马错取黔中郡路线近似，这是乌江水道的又一次军事性利用。同时，乌江民运也在发展，虽然巫盐、郁盐资源枯竭，但很快海盐、自流井盐、贡井盐仍通过乌江航运大量运往川东和黔东北等地。乌江沿岸的煤、茶、漆、麻等土特产又不断通过乌江运往中原。随着乌江航运的发展，唐、五代等时期周边土司到南京等地进贡，也通过乌江前往。如唐真元三年（787年）南诏遣贡使分三路入京都，其中一路就是经陆路跋涉至乌江岸乘船而去。

因为乌江航运有了新的发展，乌江沿岸开阔地带得到了开垦，如北宋景德二年（1005年）在乌江沿岸垦荒种地就获粟万余石。同时，往来乌江的商贾又将乌江沿岸的米豆、猪羊、土特产沿乌江运出。在宋代，乌江上既有民船，又有运送军粮的官船。明清两代，乌江航运得到更快发展，为乌江经济、文化带来新的生机，沿江农耕、畜牧、加工业、手工艺等有新的发展，思南、沿河、龚滩、彭水、武隆等地既是本土物资集散地，也是沿江周边各州县的物资集散装运的重要港口。思南、沿河、彭水等乌江沿岸物产丰富，除产米、豆、猪、牛外，还盛产桐油、茶子等油脂原料，以及五倍子等中药材，如思南的塘头镇以经营油榨业闻名，彭水的万足镇成了生漆集散地。此外，乌江流域的猪鬃等也是畅销品。商人还要买布、盐等回货运往乌江流域，饮食、船业、制桶业等发展起来，出现了许多巨富。

改土归流后，重庆、涪陵以及远自陕西、江西等地的商人纷纷云集于龚滩。这里上水运进重庆、涪陵、自贡等地生产的百货、布匹、粮食、毛烟、食盐；下水运出粮食、木材、桐油、茶叶、生漆、药材等土特产，主要输往长江沿岸的大中城市，其中茶叶、桐油和药材等还是热门的外销货。在历史上，思南、潮砥、淇滩、沿河、龚滩、洪渡、彭水、武隆等均为乌江航运的重要货运集散地。在陆地交通不发达的旧时，乌江沿岸人民生产、生活用品的运输对乌江的依赖性极大。沿河城码头曾经是贵州铜仁、思南、沿河、务川等十余个州县，以及重庆酉阳、秀山，湖南花垣、凤凰等州县食盐和农副产品的集散地。乌江在物资运输方面，历史上较大的功能是盐运。贵州历来不产盐，全省人民食盐则依赖川、滇等省供给，其中以川盐为最多。清雍正九年（1731年），改"纳米中盐"为"定口售盐"，按人口配给，招专商承引，分场定岸配销，黔东北地区沿乌江而运销川盐，由涪陵逆江而运，称"涪岸"。清道光年间，贵州人丁宝桢任四川总督，帮助贵州人解决食盐之苦，派专人督办盐政且制定"官督商运商销"等利好政策。规定"涪岸"年运入黔盐21载，月226.8万斤，并将川盐熬制为四种花色以示区别，涪岸盐为炭巴形块状，便于船运及起岸后人背马驮，通过乌江运往各地。

盐运是乌江航运中的大宗商品，乌江航运的发展带动了农副产品的生产加工和运输，思南、沿河、龚滩、彭水、涪陵等很快发展为商贸中心，有大小盐号360多个，还吸引川、陕、湘、赣、沪等籍的商人到乌江经营盐、米、黄豆、桐油和木油、生漆、中药材等。沿河城有外来商人200余人，外来商人促进乌江沿岸商贸业发展繁荣，沿河出现号称"百万富翁"的大商人肖景仲和"崔百万"。

乌江是川、黔、湘物资交流和商旅往返的重要通道之一，民国时期，日军侵华，国民政府迁都重庆，"川盐济湘"与"湘粮调川"主要依靠乌江，乌江航运更是国民政府维持正常工作运转的重要生命线。龚滩与涪陵之间的盐粮等物资运输最为繁忙。

历朝历代对乌江航道进行了整治。乌江多在高山峡谷间穿行，江面狭窄，且险滩密布，落差很大，限制了水道交通的利用和发展。明清以来，乌江沿岸先后有商民捐资，或官府出资凿滩疏流，以兴盐利和沿江物产输出。从此，上游沿岸土特产通过乌江直达思南县城，而盐、布从思南县城又可直接运往乌江中游各个码头。抗战时期，国民党水利机构导淮委员会入川，在涪陵设立乌江航道工程局，对乌江航道进行整治，以"轰滩为主，开辟纤道为辅"。通过整治，消除了"十船九翻"之虑。新中国成立以后，中国共产党和人民政府非常重视对乌江航道的整治和利用。为更加有效地整治乌江航道，于 1952 年在乌江流经的县城所在地设立了航管站，于 1953 年在贵州思南县城成立了内河第七工程组，又于1957 年 1 月在思南县城设立了贵州省交通厅航运分局第三工程队，当年还成立了贵州乌江航道整治委员会，四川省涪陵地区（今属重庆）也成立了乌江航道整治委员会。由于有了领导机构，也有了专业工程队，乌江航道的整治和利用得以顺利进行。

乌江的航运工具变迁较大。乌江上传统的航船为厚板船（"歪屁股船"），1955 年厚板船改造为新兴的"舵笼子"，即降低船头、船尾，加宽船底，增大载重量。思南段以上则以"斑鸠尾""麻雀尾"为水上交通的主要工具。用于乌江水上运输的交通工具还有"蛇船"，船的体量较小，船形较长，每船装盐四五十包。乌江航运运用机动船始于 1926 年，其时的涪陵驻军派小汽轮"益安号"首航彭水，归途沉没于羊角碛滩中。1965 年，乌江航运合作社建造了第一艘钢质客货轮"七一号"，7 月从涪陵出发，试航龚滩成功。钢质轮船的试航成功揭开了乌江航运的新纪元。从此，乌江上便有钢质轮船和木船并行于江面，穿梭往来。筏排是乌江上重要的交通工具，每逢初夏，乌江洪水暴涨，便是放木排的最佳季节，人来人往的思南城乌江边，人们把刚从石阡县、余庆县等地飘来的小木筏拆散，重新扎成大排，再从思南出发，直奔涪陵，进入长江到万州，在那里能将木排木料卖个好价钱。

乌江流域形成了独具特色的码头文化。乌江上的码头是船工温暖的家和心灵的港湾。乌江沿岸码头众多，规模较大且比较有名的有涪陵、羊角、武隆、彭水、鹿角、龚滩、沿河、思南等。乌江船工是乌江码头繁荣的经济、文化的重要创造者。①

龚滩是乌江岸边一个著名的滩口，也是一个著名的码头。所以近代以来"钱龚滩、货龙潭"的谚语便开始在川鄂湘黔边区广泛流传。"钱龚滩"表明了此地人气旺盛，商业繁荣，独领一方。在这个新兴的"经济平台"上，龚滩的商人们大施拳脚，因商致富，已经先富裕起来。而普通百姓也认为这是个"找钱"的好地方②。这一切皆得益于航运之力，得益于船工的艰辛劳作。

笔者曾经在2006年独自一人考察了龚滩古镇，当时的龚滩古镇尚未搬迁，处于即将搬迁的前夜。搬迁前的龚滩景色极其优美，保留了淳朴的民风，有保存了约1700年之久的吊

---

① 刘冰清，田永红编著：《乌江文化概览》，武汉：崇文书局，2008年，第22—29页。

② 士伏，邓晓笛：《巴渝古镇——龚滩》，重庆：重庆出版社，2003年，第27页。

脚楼群落，是西南地区保存最完好的吊脚楼群落，之所以保
存如此完整，乌江的艰险环境起到了很大的阻隔和保护作用。
古镇保存有长约 3000 米的石板街、150 余堵别具一格的烽火
墙、200 多个古朴幽静的四合院，以及 50 多座形态各异的吊
脚楼，是国内保存完好且颇具规模的明清建筑群。龚滩镇有
始建于崇祯年间的儒、道、释三教合一的三教寺。龚滩自然
和人文资源丰富，如蛮王洞。漫长的历史孕育了龚滩浓厚的
民俗风情，有香菌丸子等特色饮食、藤编物品等手工艺品、
马马灯等地方戏曲、元宵说书会等节日文化。①

二、乌江航运的现状

水上运输是整个交通运输业的重要组成部分之一，对促
进乌江流域现代化交通运输体系的全面发展有着重要意义。
目前乌江干流通航里程 572 公里。但由于漩塘、天生桥、震
天洞、一子三滩等特大险滩的阻隔，其中下游河段不能直接
通航（通航河段相距 137 公里）。下游沿河——涪陵河段全
线通航。随着乌江干流梯级电站的陆续建成，电站水库抬高
水位，淹没险滩，渠化干流航道，提高航道标准，增加通航
里程，客货运量必将大幅度提升。流域内的磷化工等产品即
可通过廉价水运，运至长江中下游地区。②

---

① 龚锐，胡洪成，田永红等著：《乌江盐油古道文化研究》，北京：
民族出版社，2014 年，第 233—236 页。
② 黄健民：《乌江流域研究》，北京：中国科学技术出版社，2007 年，
第 126 页。

2021 年 3 月，笔者在做乌江流域老船工口述史的田野调查期间，与总部位于思南县的贵州省乌江航道管理局办公室主任、职工等进行了深入交流。该主任讲，目前乌江上航行的船比较少，主要是货船，主要原因是有众多乌江梯级电站，轮船的航运环境复杂。轮船在一个电站的水域内航行比较顺畅，装载吨位较大，但在不同的电站水域内持续航行，则受到较大限制，目前主要是利用轮船升降机帮助轮船在电站坝体上下，轮船升降机能够升降的吨位有限，吨位较大的轮船则无法在不同电站间航行。乌江全段通航难度大，一是部分水电站坝体太高，按照航运辅助设施的要求施工难度大；二是乌江水流量较小，落差较大，以喀斯特地貌为主的河床地质结构复杂、脆弱，给坝体的航运辅助设施的设计、施工带来不利影响；三是很多水电站的坝体辅助航运设施的承载吨位较小，现在改为吨位较大的设施难度非常大，而且部分水电站在设计、建设的过程中，没有坝体航运辅助设施，现在改建比建设之初的一次性建设难度更大，投资更多。现在乌江流域的船老板，主要经营一些中小吨位的船舶，目前他们不愿意投资增加此类船舶的数量，以免以后整个乌江通航能力提升，船舶通行吨位大大提高，中小吨位船舶的效益就会相对降低。

小　结

　　本部分主要介绍了乌江流域概况，以及乌江航运史和航运业现状，为后续的乌江船工口述史资料收集、整理和研究做好铺垫。乌江流域气候温润、土壤肥沃、物产丰富，是一个人杰地灵的宜居佳处。我们此次从乌江源头石缸洞到乌江河口涪陵的田野调查，所见所闻与文献记载的一样——乌江流域是一片富饶美丽之地，所到之处看到的是一幅幅各族人民幸福生活的美好画卷。

　　远古的先民在生产生活中离不开水，地处南方的民众更是逐水而居。正因为如此，乌江流域各民族的祖先选择了乌江流域这一水源条件良好之地。乌江木舟航运源于何时，已经无从考证。但可以推测的是，从远古时代开始，乌江流域各族人民在日常生产、生活中都会利用最简单的独木舟等工具打渔、渡客、载物。公元316年，秦王派司马错顺岷江而下长江，至涪陵尔后溯乌江直取郁山以攻打楚国，这被普遍认为是乌江木舟用于军事的最早记载。随后大量文献记载了乌江航运业的发展情况，尤其是明清以来，乌江航运条件大为改善，航运业得到较大发展。这部分还介绍了乌江传统木舟航运时期，上水与下水所运送的不同物资、乌江航道整治情况、乌江的航具变迁和码头文化等。

我们还在田野调查期间考察了贵州省乌江航道管理局，了解了 21 世纪乌江全流域开展大规模梯级水电开发后的机动船航运业发展情况，梯级水电开发限制了通航船舶的载重量，降低了通行速度。目前乌江河道内的船舶数量不多，船舶吨位较小，乌江航运业暂时处于一个低谷。

第三章

乌江船工的生存环境

乌江是流经云贵高原上的一条河流，流域内喀斯特地貌发育，地形以高原、山地、中山及低山丘陵为主。由于地势西高东低、高差大、切割强，乌江素以流急、滩多、谷狭而闻名于世，号称"天险"，航运条件十分恶劣。乌江上游及其支流中多数河段只能通行小木船，中下游可以通行较大的船只，但多需要船工推桡、拉纤。乌江流域的夏天普遍高温，且是洪水多发季节；而在冬天，则绝大多数地区都有0℃度以下的气温，有下雪、结冰、多雾的情况。这些恶劣的天气都会给船工带来挑战，这是我们从宏观和中观得出的既有认识。通过乌江船工口述史，可以从微观的角度了解乌江船工战胜和适应这一地区恶劣的自然环境，发展乌江航运事业和渔业的艰辛历程，记录他们的辉煌业绩。

本部分以乌江船工的口述史资料为基础，探讨他们当年行船时的生存环境，尤其是自然生存环境如乌江激流、险滩、洪水、烈日、冰雪、复杂的地形等。

第一节　1949 年以前乌江船工的生存环境

在比较久远的时代，由于受到当时科学技术水平、人力、财力等的限制，人们对乌江以激流险滩为代表的航运环境整治力度有限，几乎没有大规模的干预和整治。秦灭巴蜀之后，从枳溯巴涪水夺取楚黔中，这一史实可以说明乌江是巴国经营黔中地区开发最早的重要水路交通干道。[1] 但是，从这一区域相关的文献记载和船工的口头传述来看，乌江航道治理和航运环境的改善程度有限，基本属于比较粗略的整治，比如开凿一些比较简陋的纤道等。

一、1949 年以前的乌江航道状况

古代乌江水运航程可远达贵州遵义的乌江镇，但崩山滚石造成了河床落差明显及水急、滩多的状况，甚至会造成河道阻塞断航，水运条件恶劣限制了水道的利用和航运开发。乌江干支流经历史时期河道治理后，逐渐成为水运通途。明清至今都曾重视乌江航道的整治，疏浚河道和清理河道成为利用乌江航运的重要前提。[2]

（一）疏于对乌江航道的建设与管理

1949 年以前，经济十分落后，物质条件极其有限，当时的政府总体上疏于对渡口码头的建设、管理，对乌江航道的建设、管理也不足。老船工描述了 1949 年以前的乌江河道：

> 我去拉船那个时候，河比现在还窄点儿，但是流得

---

① 王绍荃主编：《四川内河航运史》（古、近代部分），成都：四川人民出版社，1989 年，第 20 页。

② 彭福荣，李良品：《乌江流域文化概论》，重庆：重庆出版社，2016 年，第 50 页。

很急。（冉茂兴，男，汉族，1929 年生，重庆市武隆区羊角镇人）

我们拉船那阵儿上头去不到噻，河没打，滩上去不到。（郭祖荣，男，汉族，1933 年生，重庆市武隆区江口镇蔡家村瓦子坪组人）

那个时候的话，没修电站，就像湖啊、乌江啊，嘞①些的河都是很浅的。到了夏天的时候，就有些地方很急，最急的就是滩啊嘞些。涪陵嘞上去有鸡子滩啊，还有白梁滩啊嘞些，最急的还是属羊角新滩，羊水井嘞些。过了的话，上龚滩的话，那就属于磨寨，或者说是老龚滩，老龚滩就是没打那阵儿，那哈老龚滩就端到起，哪哈只都拉起到那哈，然后就上去不到了。解放前，有个乌江工程处，专门整治航道，就是说把那些石头炸了呀、打了呀，用来把那个河呀拦窄点，把水续多点儿，特别是冬天的话水就深点儿，船就能走噻。那阵儿，打羊水井、打新滩，我都晓得，大团石头都炸我们那屋跟前了，只隔到四五公尺了咯。　（冉茂吉，男，汉族，1933 年生，重庆市武隆区羊角镇人）

（二）河床经常变化而影响航运

乌江航道在夏天洪水过后，洪水刨蚀河床，加上泥沙、

---

① 嘞：这。

石头、杂物等堆积于河床，使河床状况、水位深浅、河面宽度、主航道位置等航运的水文状况发生经常性、较大的变化。这给驾长认识水性和安全地指挥行船带来极大的困难，也为船工推桡拉纤顺利行船带来极大的挑战和安全隐患。老船工讲：

> 其实是这个道理，今年这个水涨起来了，去年的那个河槽在那一边，涨水之后河槽又变到这边。有时候水库那儿又过不去，涨水一冲，石头、沙子冲过来，河就垫高了，船到这儿就开不上来，又推不下去。就说明一句古言叫"三十年河东呐，三十年河西"，是这个道理。（冉崇辉，男，土家族，1935 年生，重庆市酉阳县龚滩镇场镇人）

老船工经常提到乌江里面的紧水十分危险。文献给"紧水"的解释是："河窄束水急流曰紧水。"① 而经验丰富的船工所说的紧水的内涵更加广泛：

> 如果不是乌江关水了，现在都是枯水。枯水河面也要窄点儿，但是这还是紧水②，枯水就是紧水。窄下啦像一条枪，呼的都杀过啦。涨水河面变宽了，涨水比枯水好划些。水涨得很大的话也叫紧水。水不枯也不涨的

① 王绍荃主编：《四川内河航运史》（古、近代部分），成都：四川人民出版社，1989 年，第 343 页。
② 河道变窄、落差变大或者河水猛涨导致水流速度很快。

时候船就好划一些。危险就是紧水危险，水不紧就不危险。（朱海龙，男，汉族，1941 年生，贵州省黔西市素朴镇古胜村 3 组人）

（三）河滩给乌江航运带来极大的阻碍和危险

历史上，乌江的滩多、滩险闻名于世。千里乌江，平均每公里都有一个险滩或峡谷①，有"乌江滩连滩，十船九打烂"之说。对于船工来说，险滩、大滩是难关，更多的时候是生死关、鬼门关：

> 羊角子过了还有武隆，武隆上来就是江口。江口又是长滩碛坝，在那儿上来有一个拐，这么转一个急弯，过来才上彭水。那时候是长滩碛坝，有时候又过不起。这个生活很苦啊！以前就是需要四个船员来拉一个船。江口上来是黄草，黄草上来才是彭水。新下田，老下田，那里有一个两尺高的坎坎儿②。如果你弄船的话，两个滩就要盘一天，所以它的进度就很慢。黄草上来有新滩、陆梁嘴，这一截儿还有吴宗喉，挨着的有很多滩口。（冉崇辉）

> 除了高谷下来那几个滩，其他滩也很多。过高谷那两个滩，过两个滩像吃个鸡翅膀，那高谷对门就叫鸡翅

---

① 黄健雄，陈青豹，何立为，汤柱国：《千里乌江行》，成都：成都科技大学出版社，1991 年，第 65 页。
② 坎坎儿：河床落差突然变大，形成陡峭的坡坎。

膀，那是险得很。乌江的滩多得很，羊角就是五个滩，羊角有新滩、有凉水井儿、有奥河、有出栏头、有前江浦就是五个滩。其他像这个难走的滩，白马那边的话还有小角邦、大角邦，滩多得很。（杜国发，男，汉族，1930 年生，重庆市彭水苗族土家族自治县郁山镇人）

在乌江老船工的记忆里，号称"滩王"的羊角五里长滩在他们的记忆里是刻骨铭心的，也是惊险万分的。过去，专门为过滩木船掌舵的师傅叫滩师。老滩师孙犹全讲："这滩（羊角滩）不仅长，而且滩陡水急，当初，滩中礁石林立、石梁横卧，水势汹汹，浪高两米，真有点儿吓人呀！这里不晓得撞坏了好多船。"① 只要在乌江行船经过羊角的船工，一定会提到羊角滩：

　　　　它恁恺②滩有三至五米的落差，你像羊角它就有六七米的落差。这个水像是山间流得很快，如果平的话落差一公尺，上面高一公尺，下面矮一公尺，它的水就流得慢一点儿。这个滩的话它的落差又高一点儿，有五公尺高，是这个滩堵起来了。岩头就有五公尺高，它这个滩就很陡，还是需要一根篙竿，只是用在上水。（冉崇辉）

---

① 黄健雄，陈青豹，何立为，汤柱国：《千里乌江行》，成都：成都科技大学出版社，1991 年，第 129 页。
② 恺：个。

（四）复杂水情威胁船工的生命、财产安全

乌江的急流、漩涡等复杂水情，严重威胁着船工的生命、财产安全。研究者对乌江航运环境作了比较精准的描述："乌江，素有'天险'之称，一里一重滩，凌波如石级，'崖日夏生寒，滩雷晴更响'。滩底礁石林立，滩上波浪滔天。"① 老滩师孙犹全讲："（羊角滩）也不晓得淹死了好多人。后来有人一看到船舶过滩，就拤根长竿竿守在江边，等着捞点儿'水财'。"② 老船工的回忆和讲述，也印证了文献的记载。乌江那险峻的滩头、湍急的水流、无数个危险的漩涡，随时威胁着船工的生命安全。据居住在乌江边的老船工们讲：

> 我们当门③就是叫辛本子，涡旋哗④哗哗的欸，水流很急很急，是滩噻，这哈出去北边盘盘也是滩，这儿过去也是滩。那时候船又小喔，河又窄哟。（王廷文，男，汉族，1936 年生，重庆市涪陵区荔枝街道办事处乌江村 1 社人）

> 还有一次，在羊角我也看到危险的呀。他还是杵了的，那装的粮食，杵了就咯老子跶落⑤下去了。哦，就

① 江源，胤忠：《乌江山水风情》，重庆：重庆出版社，1990 年，第 4 页。
② 黄健雄，陈青豹，何立为，汤柱国：《千里乌江行》，成都：成都科技大学出版社，1991 年，第 129 页。
③ 当门：门前。
④ 哗：旋转。
⑤ 跶落：掉落。

各人在凉水井落下去，就各人与船沉下去了咯。哦，那一下去就过青滩嘞，船都没几块了。羊角啊，那回人是遭恺①嘛两恺，就是遭两恺。像这种情况就是淹死了。（郭祖荣）

乌江的急流也时常导致船翻、人亡的悲剧。据老船工朱海龙讲（图3-1），贵州省修文县和黔西市之间的六广河渡口，曾经发生过伤亡惨剧：

解放前，我们这个渡口发现过危险事情，解放后没有发生过危险事情。晓是1947年嘛？那我还小，我听到摆②，船坏了一下子沉下去，死人多，就是这个六广河。不晓得死了好多个，我那才几岁嘛。（朱海龙）

图3-1　老船工朱海龙讲述渡船上的故事

---

① 恺：个
② 摆：说。

（五）船工的生命价值未得到保护和体现

由于"天险"乌江复杂、恶劣的航道条件，1949 年以前在这里推船拉纤的船工随时面临船翻人亡的死亡威胁。在那个生产力水平极度低下、社会保障制度不健全的社会里，船工若死亡，或者无人过问、无人关心，或者船老板仅仅赔偿极少的费用。以水木匠为主要职业，同时也拉过船的老船工冉启顺介绍说：

> 就是形成私人做生意，你各人①的船打皮了就打皮②了。屋头③的娃儿在船上当扯船子的，死了就算啦，活啦就各人该捡④。
>
> 过去设备简单，随时都会死。死啦，像这些扯船子，就像死蚂蚁，拖出去，如果说良心好一点儿的，还弄一块板板⑤；如果（死的人）实在多啦的话，没得那个多板板，那就直接埋了就是。（胡代林，男，1950 年生，重庆市武隆区羊角镇人）
>
> 解放前，船工那死了就死了咯，或者老板良心好点儿的嘛，帮你的出安埋费嗮嘛！你不得这点儿安埋费，你家头又有大儿小女唉，拿给你，就是嘟嘅⑥，就各人

---

① 各人：自己。
② 打皮：江河出现船翻沉等严重事故。
③ 屋头：家里。
④ 该捡：捡到一条命。
⑤ 板板：代替棺材的木板。
⑥ 嘟嘅：这样。

上坎①啦荄②老板。（冉启顺，男，土家族，1933 年生，贵州省德江县潮砥镇场镇人）

二、1949 年以前的乌江纤道

乌江峡窄风乱，使船只无法张帆上行，逆水船只得以船工挽纤拖拽而行，船工千百年来拉纤走出纤道，人们也为便于拉纤，在悬崖峭壁开凿纤道。乌江纤道又称"挽道"，意即挽舟拉纤的通道，宽度在 0.8—1.0 米之间，高度在 1.0—1.2 米之间，系历代石工在乌江岸边的悬崖开凿出来的通道，供纤夫拽舟拖船前行使用。乌江船夫经行的纤道由于战争、物流的原因凿成，是自秦代到民国时期的纤道工用铁锤、钢钎打通的川黔水路通道，依山就势，羊肠曲折，高度宽度仅容一人躬身而行。③

（一）乌江江岸的纤道上乱石嶙峋

不管是在悬崖峭壁的纤道上拉纤，还是在乌江岸边的乱石旮旯的纤道上拉纤，都是异常难行，异常辛苦。在老船工艰难、沉重的回忆中，那遥远的纤道是那样长路漫漫，那样难以驯服。岸边的纤道，不管是绵绵沙滩，还是乱石嶙峋，冬天乌江船工穿着草鞋踩在上面都是冰凉的，夏天乌江船工

---

① 上坎：完事。
② 啦荄：语气词，无实意。
③ 彭福荣，李良品：《乌江流域文化概论》，重庆：重庆出版社，2016 年，第 55 页。

穿着草鞋踩在上面都是滚烫的：

> 我们那阵儿，冬天迦拉船硬是手僵①，硬是要落②了，那些石头都搬③不住，各人连筷子都捉不了，好扎实。（冉茂兴）

> 拉上彭水那个乌江是很窄噻，那个时候还是比较苦。苦喔，那时候拉船苦得很啰，那些乱石呛呛，你这进去看嘛，就是那个白马下头一些，那些乱石头唉。（王廷文）

老船工王其生在口头现场演唱的乌江船工号子，也展现出乌江船工在江滩的乱石旮旯上拉纤的艰辛④：

做个扯扯把滩拉

（纤夫号子）

张国祥　搜集整理

……

扯船之人（咿）多费心（呦嘿），

---

① 僵：僵硬。
② 落：手因为冻僵，感觉好像要掉到地上了。
③ 搬：抓。
④ 思南县土家学研究会编：《思南民族文化丛书——乌江船工号子》，北京：中国文史出版社，2014年，第6页。

口朝沙子（哟）背朝天（哟嘿）。

一会跑在（咿）石崖上（哟嘿），

一会又在（哟）沙中间（哟嘿）。

……

（二）悬崖和陡滩上的纤道尤为惊险

以前的乌江流域重庆段，人们普遍流传"养儿养女不用教，酉秀黔彭走一遭"，老船工们把"酉秀黔彭"改为乌江沿岸地区的"武隆彭水"，意在说明古代乌江下游地区山水阻隔，交通极其不便，生产生活水平低下，这一地区的人们生活异常艰苦，家里的儿女只要在这一地区去生活、见识一段时间，就能够磨炼意志，成长成熟起来。其实，整个乌江流域中上游地区的自然环境与乌江下游地区一样艰苦，古代整个乌江流域的船工推桡、拉纤的航运生活都是非常艰辛的（图3-2）：

那阵儿原来有个说法了嘛，"有儿有女不用教嘛，武隆彭水走一遭"了嘛。讲的就是武隆彭水日子过得苦，别的不说，就说那个浮滩岩岩好凶噢，眼睛看起就有点儿花呀。解放前啊、解放后啊都有很多很危险的地方，那阵儿。我记得起最危险的还是彭水上头的庞滩，那个时候我们拉起来脚都在抖呦，身上嘞些就在发抖咯。后来我在船道队当船长，要拍一些电影呀啥的，到那儿

我都嘿①怕呀，隔几十公尺高呀。（冉茂吉）

后头唉就是过纤路，前头装不到噻，就要你捆绳，前头拉祥头的要喊，你就要抱。有时候拉纤藤，你在那个梯梯上来，那个嘴嘴上，要拿你的胡海椒②，你不钻出来，就咕到③在那儿奔起④，在那儿石头上给你担起⑤啦。（杜国发）

图 3-2　老船工冉茂吉回忆当年在乌江拉纤的艰辛日子

---

① 嘿：很。
② 胡海椒：让你尝尝厉害。
③ 咕到：使劲儿。
④ 奔起：一直把纤藤绷得很紧。
⑤ 担起：人在石头凸起处，纤藤往两边分别紧压在船工身上。

（三）众多汊河成为船工拉纤的"拦路虎"

乌江沿岸有众多支流、小溪、岔河，1949年以前，这些乌江的支流中，靠近乌江的河段江面比较宽，一般不可能修建桥梁。乌江老船工们上水拉纤、行船时遇到这些支流，因其江水水位涨落变化大，他们一般都是从支流与乌江交汇的河口凫水到对岸，继续拉纤、拖拽木船前行。在这种情况下，穿长衫是乌江船工特有的衣着习俗，因为乌江的险滩激流、支流河湾众多，若船工随时脱裤下河游到对岸，而后上岸穿裤则非常耽搁时间，也是不现实的。故此，乌江船工想出了穿长衫的办法，在拉船的时候着长衫短裤（新中国成立前太穷，实则有衫无裤），腰间扎麻绳，凫水的时候就把长衫绾在头顶，上岸之后就放下，这就免除了穿裤脱裤的繁琐，也解决了遮羞和御寒的问题。当然，这给乌江老船工们带来了行船的障碍，支流河湾降低了行船速度，也对船工的身体产生了不少负面影响：

> 有时候那个峡峡只有一个沟谷就要跳过去，所以弄船的人风湿严重噻。你像白涛上去净是些溪沟，溪沟的话你要苑①过去的话好远嘛，而且苑过去囊个又慢，不如下水凫水过去。衣服裤儿打湿了又等它晒干，晒干哒见到溪沟又凫水。就是囊个，晒干了又下水，下水起来又晒干，所以风湿就严重咯。（杜国发）

---

① 苑：绕着乌江支流小溪岸边走。

三、1949 年以前乌江船工面临的洪水、天气等环境

恶劣的天气、自然灾害也会对乌江老船工的推桡、拉船、渡船、打渔等行船活动造成极大的困难。不过，再大的艰难险阻，乌江老船工都会积极面对，乐观地挺过去。当耄耋之年的乌江老船工站在我面前时，我就像面对英雄一样肃然起敬，他们才是乌江惊涛骇浪洗礼和挑选出来的"精英"，他们才是真正的"乌江之子"。

（一）洪水威胁船工

木船船工的生计艰难，另有一番景况。长江干支流中有些河段因受自然因素影响，船只不能常年通航，如乌江在洪水期就得停船，船工只有另谋生路。有首《綦江船夫曲》唱道："水涨泥沙塞，水退船搁浅，今年里八个月，行船五十天，船上受饥饿，家中受熬煎。"[①] 说的是真实情景。

乌江船工们经常与急流险滩搏斗。有时，滩大浪猛，纤夫们竟四肢着地，手抠石缝，足抵石棱，展开了一场与大自然拼搏的胶着战。脚下，有的石棱如刀，有的石尖如锥。纤夫们全身的肌腱都一齐蹦了出来[②]。夏天乌江发大洪水，使船工几乎无法拉船。乌江的流域面积较广，支流众多，雨季多集中在夏季，夏天乌江的滔天洪水汹涌地袭来，又是一个

---

① 江天凤主编：《长江航运史》（近代部分），北京：人民交通出版社，1992 年，第 199 页。

② 江源，胤忠：《乌江山水风情》，重庆：重庆出版社，1990 年，第 69 页。

考验乌江老船工铮铮铁骨的难关：

> 涨水嘛就流的急啦嘛，像这个枯水就不急，像冬天它就不急啦。我觉得拉船冬天好拉些喔，涨水也还难得拉哟，拉起费力喔。反正我只拉一回，拉一回就是冬天。穿短裤，有些还是穿长裤。怕踩到弄个钩钩挂呀，就不得跇①倒了噻，把这里提到起，扯船子就是把那个角角提到的。热天又热得很，太热啦就是把衣服裤子脱了，就只穿个短裤。那是恼火欸，那时候苦得很。（王廷文）

> 我们拉船遇到大水还是很多。我们扯船子，随时都逮到水头去，那没得哪个管，你死了各就死了。屋头也没去找，那个船老板赔点儿钱这些，各人死啦就死啦，那阵儿像没得那个政策。那些人在河边多得很嘛，一年涨水啊，也没人管，河头冲起喂鱼，反正。（王廷文）

（二）高温炙烤船工

在烈日炎炎的盛夏，在冰冻三尺的严冬，他们（船工）用力，用血，用生命向大自然宣战。② 数千年来，从不屈服，从不懈息。夏天的极度高温，也是乌江船工推桡、拉纤等弄船生活中所要面临的恶劣环境之一。夏天高温炙烤，使船工的航运环境雪上加霜。包括乌江中下游地区在内的长江上游

---

① 跇：摔倒。
② 江源，胤忠：《乌江山水风情》，重庆：重庆出版社，1990年，第69页。

地区，夏天时是副热带高压控制区，河谷的封闭地形不利于散热，是全国著名的"火炉"地区。夏天，乌江沿岸普遍是高温天气，甚至极端高温天气也时常出现。而且，河流流经区域湿度大，普遍高温湿热。所以在夏天，乌江老船工要面临烈日下高温的炙烤，地面是滚烫的，纤藤是滚烫的，船上的东西也是滚烫的，身上的衣服乃至身体都是滚烫的，夏天的乌江老船工就像是在蒸笼里面艰难前行。湿热的天气致使乌江老船工面临易患湿疹、皮肤易溃烂等问题：

> 热天的话，那是很难得拉哈，经常热天都不拉。那个晒起来那个热天迦，那草帽一戴起，解放前的话，裤儿那些都是脱了，是怕把裆部刷烂了。那个水一涨，到处林林头去都去不到人，没得啥子拉的。（冉茂兴）

四、1949 年以前乌江船工面临的野兽侵袭等环境

1949 年以前，乌江船工的生存环境异常艰辛。拉船的船工一般在码头停靠，可能较少受到野兽的威胁和侵害。而漂泊在外打渔的船工，白天在江上劳作，晚上在江面上或者岸边过夜，他们在岸上可能面临老虎、狮子、野狼等野兽的侵袭，在江河里可能面临蟒蛇、毒蛇等动物的侵袭。虽说并不常见，但偶尔也会碰到：

> 在坡上的话，我们晚上碰到那些蛇啊、野兽啊哪样的就少，那个时候冷得很，野兽不得那样子啊。（杨达

文，男，苗族，1932 年生，贵州省黔西市五里乡荒田村
10 组人）

第二节　1949 年至改革开放初
乌江船工的生存环境

　　这一部分内容的研究时段是从 1949 年到改革开放后的
1978 年。这一时段的乌江航运是传统的人力木船与机器动力
的船舶同时并存，这三十年的前半段，乌江航运以人力动力
为主，后半段则以机器动力为主。

　　中华人民共和国成立以后，乌江沿江各县于 1952 年陆续
成立航管站，于 1953 年成立内河第七工程组，于 1957 年成
立贵州省交通厅航运分局第三工程队和贵州乌江航道整治委
员会，重庆涪陵也成立相同组织。统一领导机构和专业工程
队提高了乌江航道的整治效率，在 1958—1960 年实现了潮
砥、新滩、龚滩等险滩的通航，"断航滩王"武隆羊角碛也
被打通。在羊角碛、龚滩和潮砥等处设立 10 多个绞关站和
30 个信号台站，确保 100 吨货轮可直抵思南、30 吨货轮直通
余庆马骡渡，乌江总航程超过 450 公里。①

---

　　①　彭福荣，李良品：《乌江流域文化概论》，重庆：重庆出版社，2016
年，第 51 页。

上文简要从宏观角度介绍了新中国成立后国家对乌江航运事业的重视，可见国家加快了对乌江航道整治的速度，提高了对乌江航道整治的效率，极大地提高了乌江航运的质量和效益，也极大地改善了乌江老船工的生产、生活条件，减轻了他们推桡、拉纤的工作强度和压力。我们可以通过乌江老船工的口述史资料，来印证上述宏观背景和史实。同时，船工口述史也可以弥补许多细节材料，为我们考察乌江民族史和航运文化史提供不同的视角。

对于余庆县马骆渡以上的乌江中上游河段，因为不具备通航条件，所以在新中国成立后三十年左右的时间里，其河道状况没有大的改变。而位于乌江中上游河段的打渔船工和渡船船工，其船工生计和生活的自然环境条件亦无大的变化。但生活、文化条件的变化，对中上游的这两类船工的影响是巨大而明显的。

在这一时期，国家统一领导，各民族团结合作，在不断改善航运条件的大好环境下，乌江船工也进一步互助合作；在社会主义建设热情的激励下，乌江船工共同克服了乌江不利的航运环境，共同谱写了一曲乌江船工平等、团结、互助、和谐的交响曲。乌江成为各民族船工铸牢中华民族共同体意识的纽带之一，乌江船工也在克服恶劣的自然条件的过程中进一步铸牢了中华民族共同体意识。

一、1949 年至改革开放初的乌江航道状况

1949 年以后，人民政府积极改善乌江的航运环境，成立

各种机构，疏浚乌江河道，其中一项重要的工作就是将导致乌江断航的羊角碛、龚滩、新滩、潮砥滩等几个大型滩口打通，同时整治了其他众多的中小滩口，炸掉了乌江河流中众多阻碍航行的礁石，为余庆县马骆渡以下的整个乌江通航河段顺畅地开行货轮做好准备。至 20 世纪 60 年代初，余庆县马骆渡至乌江河口涪陵的航道全线贯通，可以开行数十吨货轮。

（一）尚且存在的险滩

新中国成立初期，在彻底整治乌江航道的各种险滩之前，仍然有许多险滩成为乌江船工拉船的严重障碍，拉船上滩非常耗费劳动力，而且危险重重。下面是新一代船工讲述他父亲当年告诉他的关于乌江险滩的事：

> 在我父亲那个时候的话，除了那个滩很危险，还有那地方就是新滩。新滩在下面，还有龚滩，这些滩都相当危险的。我听我父亲讲的话，他们那个时候在我之前、解放后拉船，还是相当危险的。他们当时就是用纤绳拉。他说最危险的就是新滩。反正新滩下水是很高个坎坎嘛，他那船去了之后有个坎坎，就是那个地方相当危险。上水的话要人多才可以拉得上来，大概要二十个人才拉得上来，因为这条河流就是新滩最险，水急滩险，落差高。（张鹏，男，土家族，1963 生，贵州省德江县潮砥镇人）

（二）船工参与打滩

有的船工曾经参与乌江打滩。乌江打滩除了有工程技术专业人员指导外，也在乌江沿岸征调了许多青壮年劳动力参与打滩，他们也参加了乌江航道整治的其他工作。老船工田永权（图3-3）恰好在这一时期被征调参与了乌江打滩工作：

> 七几年的时候，也去打过几个月滩，是集体派去的，拿到的大部分工资要交给生产队，自己就还剩点儿，不多噻，那阵儿的人都是过点儿生活噻。新滩属于我们沿河管，像这个打滩的话我们生产队就只有我去了，因为我是党员。打滩啊肯定累，那是属于下苦力。我当了兵回来后就没有做什么其他事业了，除了做农活就是打滩。农活还是基本解决得了生活。打滩的话，除了上交给生产队的，剩下的也够生活用了。打滩的时候吃饭的话是统一吃，都是集体，他开个集体的样子，开个集体饭，相当于食堂，又不拿钱。住宿的话哎统一安排，要么一个楼啊。准备打滩的时候啊，是要分组的，在河对门，这样分起打。比如说像我们四个人哈，你在那边拿两个，这边拿两个，他就把我们分开。打滩一般都是男人，那哈儿都是三十几的，都是年轻的。女子不行噻，搞不起噻，她打二锤，你力气小了，那二锤不得行噻。那哈儿打，有软把子，打甩锤那种。打滩的时候啊，打了三四个月，有八九十个人去打新滩，不是只有几个。滩打好啦，船才放得走噻，都把它打平。打滩用的钢钎诶，用

二锤打，二锤砸钢钎那样打，也要打炮把一些陡坡炸开，就当把它打平嘛，水稍微平点儿嘛，船都好拉点儿噻，不会翻噻，就是这个意思。（田永权，男，土家族，1949 年生，贵州省沿河县团结街道杨柳村滨江组人）

图 3-3　老船工田永权（左）与作者（右）合影

（三）船工目睹打滩

部分居住在乌江边的船工虽然没有亲自参与乌江打滩工作，却目睹了乌江打大滩的过程。如居住在潮砥滩旁边的船工黎华安（图 3-4）就讲述了他的打滩见闻：

我小的时候就五几年打滩，那个滩很陡。它也是高包打，打成矮包，矮了嘞那水就平了。翻船是正常现象。过去这儿这个滩头不得过，最后打了滩那才通船。打滩是五七、（五）八年，那阵儿我们将近一年级，懂事那哈嘛，基本上懂事。打滩是国家在打，航道队是中央直管了。打滩整整是把那个滩打平，打上打下。像木船、机动船、划子，这条河只通划子了嘛，这条河到涪陵、重庆，通底下了。(黎华安，男，土家族，1951 年生，贵州省德江县潮砥镇场镇人)

图 3-4　作者（左）访谈船工黎华安（右）后合影

居住在龚滩镇的船工，也经历了打龚滩、疏浚河道的事情：

我们 1969 年生的时候，基本上打滩儿了噻。滩儿基本上以前是有个中堆包儿，就是王样石下来有个中堆包儿，中堆包儿嘛它后头是处理过了噻，把滩炸了过后，

船就可以通行嘛。（冉茂生，男，1969 年生，土家族，重庆市酉阳县龚滩镇人）

二、1949 年至改革开放初的乌江纤道

新中国成立前，官方和民间偶有对乌江纤道进行开凿、修缮，这为 1949 年以后的人民政府对乌江纤道进行全面、系统的整修奠定了一定的基础。在 1952 年整治乌江航道时，涪陵乌江航道整治委员会又对涪陵至龚滩的纤道进行修正和新凿，再度完善了人工纤道。截至 20 世纪 60 年代，乌江纤道随着厚板"歪屁股船"停运而成为航运历史。①

（一）纤道狭窄且危险

新中国成立后，虽然乌江纤道得到更多的修缮，但乌江两岸险恶的自然环境始终不可能从根本上被改造成好的纤道（图 3-5）。拉船的船工对他们印象之中的纤道状况做了详细的讲述：

> 那个纤路，只有这么点点纤路。那点儿纤路的话，只要人趴得过去就行了。还有那个是在那石头高头，你不会搞，那打回手，打不好的话，那个搞错在里头，得了！那就是你一头子那一整，整个就抽筋了。（袁子乾，男，苗族，1953 年生，思南县关中坝办事处扑龟堂村上

---

① 彭福荣，李良品：《乌江流域文化概论》，重庆：重庆出版社，2016 年，第 56 页。

坝组人。)

要说危险的话就是那些石头，比如说那些石头上啊、纤路上啊就有很深的青苔壕壕①耶，但拉船必须到那头来，因为那点儿水深，你只能从那里过来，其他地方你抬都抬不上来。(谢维光，男，土家族，1955 年生，贵州省沿河县团结街道杨柳村湾里组人)

拉船还是很危险的，最危险的就是那些石头，比如说那些石头上啊、纤路上啊就有很深的青苔壕壕耶，绳子都在石头上磨滑了。(谢维光)

我拉白马主要是装煤炭这些，从涪陵一直拉，拉到三门子。反正悬崖陡坡，那个纤路啊，那只有人高。那个纤路接近八十公分、九十公分吧，是以前打的。我看有个离河边最高的，有四五十米高。我们走纤路一直拉，拉在那个白涛。白涛上去，那又是七八个人在拉，七八个人又拉到羊儿石，羊儿石又拉到蔡前河，然后再到这个大秋河，大秋河过去就拉冰滩麻湾，上去又是拉外面大角邦，大角邦上去又是小角邦，小角邦上去又是万呱②悬崖，也就是纤路只有八九十公分高。(张云龙，男，汉族，1949 年生。涪陵区江北办事处永柱社区 1 组人)

---

① 壕壕：沟渠，坑洼不平。
② 万呱：悬崖峭壁。

图 3-5 位于乌江岸边的涪陵区白涛镇
三门子村村史馆中关于古代栈道的图片介绍

（二）船工后代眼中的纤路

乌江纤道是被一代一代的修造者镌刻在乌江河岸或者乌江两岸的悬崖峭壁上，历时上千年而不泯灭，时至今日仍然清晰可见。一些老船工的后代实际上也是新时代的船工，这些老船工的后代讲述了他们小时候见到的乌江沿岸的纤道：

> 但是，在我们早年间童年的时候哈，基本上那些纤道啊、沙场，我们就经常看到过。（冉茂生）

从上面这些船工或者船工的后代的讲述中可以看出，因为机器动力船的逐步普及，1949 年以后乌江纤道的利用频率没有 1949 年以前那么高，船工对它的依赖逐步减少，劳动强度也有所降低。这主要得力于政府对乌江纤道整治工作的正确组织和领导，得力于社会的进步和各民族人民的努力工作、团结协作。

三、1949年至改革开放初乌江船工面临的天气、洪水等环境

1949年以后，随着机动船的试航和推广，部分传统的木船船工已经上了机动船，不用在外日晒雨淋地推桡拉纤。但仍然有大量船工以拉船为生，只要还在野外拉船，上天就不会始终眷顾他们。

（一）难耐的"火炉"天气

乌江流域这一"火炉"地区，夏天的炎热使船工们的劳作比较辛苦。打渔的船工、拉船的船工都对乌江流域的炎热天气深有感触：

> 冷天的时候，是好做事，得鱼了好保养。热天的时候，人倒是热嚯，但是得鱼了呢，爱死得很，死了就卖不到钱了。（杨学文，男，苗族，1951年生，贵州省黔西市五里乡荒田村10组人）

> 就穿你这个衣服，裤子也是这个，热天就是穿短裤子。（张羽昌，男，土家族，1956年生，贵州省思南县关中坝办事处大溪口村大溪口组人）

我们那个时候大热天去拉的话，拉起恼火，那个要翻一个、不翻一个的，水流湍急噻，你那个个都要把劲儿使额，使完。那硬是滚到爬到地下，把那石头抱到，使劲拉了嘛。（彭永禄，男，汉族，1948年生，重庆市涪陵区白涛镇三门子村6组人）

（二）渔民的御寒之术

寒冷的天气对乌江船工的生产、生活带来了影响和考验。乌江流域的各族人民勤劳、朴实、坚毅、乐观，在他们看来，办法总比困难多，没有什么困难是他们克服不了的。他们凭借智慧的大脑、勤劳的双手奋斗，正所谓"眉头一皱，计上心来"。在乌江打渔的老船工给我们讲述了他们御寒捕鱼的故事：

我们那个时候打渔的话，冬天去很冷的话，我们都是将近早晨才去收，端一小盆火子烤，恼火得很，还是很苦。我们那个时候除了很冷，其他的苦没得。（杨学文）

（三）风雪交加中的乌江船工

乌江不会像北方的河流那样，其在冬天里干支流不会封冻。但是，乌江流域内绝大多数地区冬天会下雪、结冰、霜冻，这也影响了拉纤、渡河和打渔等类型的乌江船工的活动。乌江老船工讲述了他们在各种寒冷天气条件下的劳作情况：

弄船苦嘞，它这个苦的时间不管你太阳再大，这个风起上风好说，起下风就不好说。但是去弄船就是为了吃饭，我们都要拉船走。这个除了下大雨，从冬天来说，哪怕是打霜，哪怕是下大雪都要走。派我们这个船下去，时间也很重要，看到腊月三十来啦，就还要喊你把这些东西运到。（张羽福，男，土家族，1948年生，贵州省思南县关中坝办事处大溪口村大溪口组人）

（四）雨中的乌江船工

在下雨的情况下，如果船没有到达安全的地方，拉纤的船工必须冒雨前行，把船拉到安全的地方停靠，方可躲雨和休息。而渡船的船工，则会在下大雨的时候暂停行船。他们讲述了自己的不同经历和见闻：

解放过后了，都还上坡，都还拉。那还是晓得费力，那拉船是费力，不容易学会。那阵儿是落大雨来了，那个船刚刚拉在那个斜坡坡上，还是要拉上去了才松。（冉茂兴）

那个时候小一点儿的奶娃娃坐渡船就不收钱，下暴雨呢，就不渡。那是私人自己掌握，如果暴雨，河水真的太猛得很也不渡。（张祥忠，男，汉族，1956年生，贵州省黔西市大关镇场镇人）

　　而修文县六广河渡口的老船工朱海龙，讲述了他只害怕下雨后的紧水环境，其余行船环境则驾轻就熟：

　　　　我们是这条河，像春天家一下春雨，一涨水水都猛了，就是紧水了，渡船人你就要掌握。那个紧水速度很快喔，船如果说是慢了，那个水惯性一大你就掌握不住，你一快它就快嘛，靠岸就快点儿。水流不急的话，那就可以慢。我们这儿划船用艄杆、桡片。最危险的是紧水，只要你掌握到紧水的问题，其他问题都没事。（朱海龙）

　　这位打流水鱼的乌江老船工，讲述了他们在乌江流域的深山峡谷中打流水鱼时，如何应对天上的大雨。显然，应付大雨是他们打渔过程中的常事：

　　　　下雨天，拿起竹竿一插起，插到那个沙滩、河沙上头就行哒，那个薄膜子一匹起。一个棚棚啊，两个人、三个人都睏①得到，各人要睡各人要坝②起。你晚上看到河那边的水都是，你拿柴来烧，一烧起火，火在面前唻，就可以了嘛。（罗伦贵，男，汉族，1953 年生，贵州省黔西市素朴镇古胜村 3 组人）

---

① 睏：睡觉。
② 坝：铺。

（五）船工的驭风之术

风对于乌江流域的各类船工都会产生正面或者负面的影响，不同类型的船工对风的作用有不同的评价，他们也有各自不同的趋利避害的利用方式。他们都讲出了自己与"风"的故事。

习惯于在乌江中上游地区打流水鱼的老船工讲述了他们打渔过程中对大风的防备：

> 我打渔的话，不囊个①危险，因为我们都有救生衣。以前没得救生衣的时候要注意吹大风，起大风的话，浪大得很。看到起这大风吹起不对头，你就不要去，怕去到河中间，一股大风吹过来，跑不赢。然后就是风大了浪就很大，怕遭浪这水进来，然后水进来过后船就沉下去。我们基本上没有遇到过这种情况。（杨学文）

而这位在"化屋基"打渔的乌江船工，则讲述了他们在大风情况下存在的潜在的巨大风险：

> 打渔危险，有时掉到河里头。比如说你打网起风，我们都发现过问题的，他正在撒网，一起风把网盖到起啦，就完蛋了，那个人就卷到网里头溺下水，就跑不脱啦。有人遭的，啷个没遭过？比如说有个人在后头划，有个人在前头抛开网撒出去，大风一起来，把两个人都

---

① 囊个：怎么。

卷下水。后头个人去救前头个人，救得到个怪！两个一哈①死。两个人都会洗澡，都会凫水，把两个人裹进去啦淹死，这六冲河上面出现过。这是以前我五六岁时候的事，那个事情早。在 2001 年，有一回我撒网的时候起风下大雨，若不起风下大雨，那个就打到鱼啦。打渔时危险的东西都太少啦。打渔时起的小风不容易翻船，起的大风都不容易翻船，不容易沉底。我打渔一直那么多年的小船没沉过底，起的大风大波浪，都没沉过底。（游荣利，男，苗族，1962 年生，贵州省黔西市新仁苗族乡化屋村黔织组人）

乌江拉船的船工则讲述了木船借风使力，帮助船工推桡、拉船的方式（图 3-6）：

风帆，你像遇到上水打风那些都不过拉，风大了就直接多大一块布条，那个为麻布做的，挡起去，吹得个呼呼的，像现在的机械化。上去就可以吹起走，那是有风的时候才得行噢，没风也不行。（罗学成，男，汉族，1950 年生，重庆市涪陵区白涛镇三门子村 6 组人）

---

① 一哈：一起。

图 3-6 罗学成演示用纤藤拉船

四、1949 年至改革开放初乌江船工面临的野兽侵袭等环境

1949 年以后，我国的经济、社会事业飞速发展，乌江流域的经济、社会发展也取得长足进步。所以乌江的船只白天在峡谷多是结帮行船，而且往来船只、人员众多，船工不大可能受到野生动物的威胁和侵害。乌江的船只晚上多停靠在比较热闹的码头，船工一般也不存在受到猛兽、虫蛇威胁和侵害的问题。渡船上的多数船工回家歇息，船上留有少数船工轮流在夜间照看渡船，但如渡船船工所言，晚上也不存在

野兽侵害渡船船工的问题：

> 河边一般都没有老虎，那个东西它是不敢上船的，那就不管哪样野兽都不敢上船的。（刘清茂，男，汉族，1949 年生，贵州省思南县关中坝办事处皂角溪村茶园组人）

随着社会的发展，人民开垦了更多的土地，修建了更多的城镇，人类活动范围不断扩大进而导致野生动植物的生存、活动范围逐渐缩小。在这一时期，乌江船工一般不会遭到毒蛇猛兽的侵袭。这也许就应了乌江流域流传的一句俗语："蛇咬三生冤，虎吃畜生人。"乌江船工是如此勤劳、辛苦和善良，也许毒蛇猛兽也不会轻易伤害无冤之人。正如船工所言：

> 我们去打渔，也没有遇到过那些哪样蛇咬人啊（杨学文）

> 打渔的季节，冬天家它没得大蛇，春天也没得大蛇。我们二三月回家，一下雨、一涨水就回家，就没得了啊。（罗伦贵）

但是，打渔的船工，尤其是打流水鱼的船工，他们常年累月在野外劳作、生活，偶尔会遇到大型野生动物，如豹子、狼等，并且会受到这些大型野生动物的潜在威胁。这从一个侧面也说明了这一地带在某一段时间的生态非常好。正如船工们所讲述的那样：

　　我打流水鱼那个时候，在那个化屋基那个沙坝很多豹子，我们在化屋基猫儿山坎脚①，猫儿山由织金方向走，我们是在这些方向。但是有一个大沙坝，四个人在这个沙坝睡，大豹子由这些方向过，踩到这些大石头过。我们梭②到那河头，运气好，回到家去。有一次，我在流子坝那地一点儿的坎脚，也是来了大豹子哈，谈的是喊过河，我们没听，然后去下面打渔，这东西来了，拐了③。还要不时退迦④要拉到，那里有浪，还要把船拉出来，紧到肩头上来扛起，要过那道浪。（杨学文）

　　我们在筲箕湾遇到过，肉都遭杠起去啦。烧起火在那点儿，就是它从那里来。那个谢子尧一看到，呜呜呜，第二天早上肉都不见啊，都烧得有火啊。第二天那脚印有拳头这样大，就是大关峡那个叫筲箕湾那河沙坝的。豹子把肉咬起跑哒，我割的肉，放在笋兜头都咬起跑了。我们在这里住，烧起火，笋兜搁那边，笋兜搁远啦没挨着，肉都遭豹子吃逑了，只遇到过那一回。我们打渔的时候，没得哪样防蛇和防野兽的方法，那可能习惯了，

---

①　坎脚：山脚。
②　梭：爬。
③　拐了：糟糕啦。
④　退迦：下面。

没得哪个怕。我们都烧得有大堆火，火一晚上都是亮的，都要烧起。一般十月间去，冬月间、腊月间都冷啊，烧起火，整天把柴那些准备好。把柴放起，烧起火嘛晚上烤，一般动物些也怕火。（罗伦贵）

第三节　改革开放后乌江船工的生存环境

改革开放之初，乌江以机动船为主，人力小木船已经变得稀少，尤其是中下游通航河段，大型运货、载客的人力木船已经退出历史舞台。而且，在中下游具备通航条件的河段，部分用以渡客和打渔的小型船也安装了机器动力。而乌江中上游地区不具备通航条件的河段，打渔船还是以人力为主。渡船是人力木船和机器动力木船兼而有之。这一时期，乌江推桡拉纤的木船船工已经很少了。

随着我国改革开放后经济、社会事业的快速发展，城镇建设、交通建设、脱贫攻坚和乡村振兴等事业的深入开展，城乡居民的生产、生活条件大为改善和提高。所以，此时不存在乌江流域船工在野外作业的时候受到野兽的威胁和攻击的情况。故此部分就不讨论这一问题。

一、改革开放后的乌江航道

改革开放以后，乌江航道的一个重大变化就是乌江流域全面梯级水电开发。时至今日，乌江梯级水电站在开发的同时，也将截流后的航道建设纳入总体建设，在思南、沿河、德江、涪陵等沿江城市仍有设备更为齐全的码头和配套工程，除建设船闸通航外，还改造维护信号台站，改善了乌江航运条件，三五百吨的货轮能够航行，乌江与长江的航运仍有较为紧密的联系。①

乌江梯级水电的开发，使电站库区内的水流平稳，水面深度增加，避免了过去乌江航道因滩多、水急、礁石林立而随时面临船翻人亡的威胁。这为乌江尚存的木船船工提供了更加安全、便利的航运条件。

（一）变废为宝的"打滩石"

将打滩曾经留下的石头变废为宝，也清除了航道中的建筑垃圾。乌江的潮砥、新滩、龚滩、羊角滩等各种类型的险滩，1949 年以后就一直不断地进行打滩，以疏浚航道，提高通行能力。当时，许多打滩清除的石头、石渣就堆砌在这些滩口附近的乌江两岸。后来有的船工就将其中部分有利用价值的石头运出销售，变废为宝，也清除了一些当年打滩留下的建筑垃圾：

---

① 彭福荣，李良品：《乌江流域文化概论》，重庆：重庆出版社，2016年，第 51 页。

那阵儿我们就是自己买的船，八几年买来拉的，就装石头卖呀，生活嘛是恁个。那个船是木船，装七八吨，长八九米哎，宽有两米多宽嘛。那阵儿就买成一千七百块钱，那阵儿勒钱都值价①哦。我们六个人有两个驾长，两个人在船上，坎上就要有四个人，四个人绷起走。我们主要是拉毛石头卖，又走过三坝寨，走过二钱寨，这些都是我们更恼火哟。往下头，我下头就走起②长堡这点儿。这儿下去十五公里、三十里。我们上水走起思南，那装煤就要走起余庆、鱼隆场。再往上头没去过了，上头有河，有船弄不走了嘛。我们没去拉过煤。我们那阵儿拉船装石头，就在我们那老街对门去拉毛石头哇。我们各人去打石头，各人拗③噻。那阵打滩，打滩哎出来像这么大一坨坨的石头，那河边边多的不是啊？你就装噻。打滩原来是五几年就打河打的滩。我们把五几年打滩的石头，把那些石头就装来卖。我们这些农户去装。

（黎华安）

（二）打渔船工过险滩

乌江中上游地区的打渔船工，在梯级水电站建成前，仍然面临险滩等附近河道的各种不利因素的威胁。黔西市素朴镇的罗伦贵是打渔船工，他在改革开放后直至2005年前后洪家渡和索风营电站蓄水前，一直在打流水鱼，他说：

---

① 值价：价值高。
② 起：到
③ 拗：撬动。

世间三大苦了嘛，打渔①、拉船、磨豆腐了嘛。我们那阵儿苦嘛，我们打都是千个瞌睡、万个瞌睡不醒，我们在哪儿打就在哪儿舀水煮饭，就在哪儿歇。只要有个塘塘都可以哒。等于就是说这个渔船下滩，有时间遇到你那个滩很陡的时候，那么你就看哈，这个滩你船下得来，你就必须下来。你那抬起转，要转几多远了嘛，那就恼火，憋到起要怎个做。那么船一下来的时候，那架势就吓人喽。你看到平缓的下来，这个船的脚脚呼地一下就拱起来了，那种最危险，下来后我的两只脚都是抖的。我十多岁就整木船，用串钩钓鱼。那有些用机器，但我是划小木船。一到电站成功关水了，乌江水淹了，我们就没打渔了。乌江的电站修好过后，鱼多些。（罗伦贵）

民间流传的世间三大苦差事，乌江船工就占据其二——拉船和打渔。这主要是由这种行业的职业特征决定的。拉船在古代被认为是最苦、社会地位最为低下的行业，打渔的船工尤其是打流水鱼的船工，更是常年在外经受风霜雨雪、日晒夜露、江水浸泡等苦楚。不过，从与打流水鱼的船工罗伦贵的交谈中得知，他从事打流水鱼这一行业，也有相当大的对行业的喜爱和兴趣的成分。

---

① 实际应为"打铁"。

二、改革开放后的乌江纤道

自从 20 世纪 60 年代乌江歪板船停用以后，乌江纤道就进入尘封的历史。虽然此时的乌江纤道没有了实用价值，但它的命运也值得关注，反映了社会的发展变迁。

自 20 世纪八九十年代开始，乌江的航运价值衰落，乌江就进行大规模梯级水电开发，水位大幅度且固定地抬高，许多纤道就沉入电站的水位线以下。余下为数不多的乌江古纤道，由于地处人迹罕至的悬崖峭壁，要从文化的角度进行展示、保护和开发，其难度非常大（图 3-7）。能够被人们比较容易地、近距离地观看的纤道已经不多，正如船工所言：

> 那些纤路像这边都还看得到，学校那边的纤路，从这点儿下去一直到龚滩就是了。(谢维光)

图 3-7　2022 年 10 月，作者考察水位退却后露出水面的
涪陵区白涛镇乌江鹦哥峡栈道

三、改革开放后乌江船工面临的天气、洪水等环境

自从乌江的梯级水电站开发以后，整个河道被划分为若干个电站水库，风平浪静，为在同一个电站库区内行驶的船舶提供了一个非常安全的环境。例如，位于龚滩镇对岸的刘家渡口，现在河边那家人除了渡两岸过河的居民外，在天气条件好的时候还渡两岸过河的游客，尤其是到龚滩古镇旅游的游客。对渡船船工来说，目前不存在洪水的威胁，但天气的好坏对他的工作有较大的影响（图3-8）：

图3-8　冉茂生在自家饭店讲述对岸刘家渡口的情况

像他苗族那个寨子，对面的话，那个还有人过去旅游。现在爬山差不多都是，特别是有点儿太阳天儿，爬的人多。一般落雨天、暴雨天没得哪个敢过去，因为那边容易掉石头。就是说怕掉，它也怕山洪哈。（冉茂生）

四、改革开放后乌江船工居住地的环境大为改善

历史上，苗族由于不断征战和迁徙，最后只好选择偏僻、险峻的深山老林居住。以前，他们居住地的自然环境是相当恶劣的，我国实行的精准扶贫和脱贫攻坚的政策和事业，政府和人民帮助他们整体搬迁到自然条件好的地方居住，也改善了他们的生活条件，提升了他们的生活水平：

以前要个把小时才遇得到人，修桥哒，那搞起公路来。我们住在脚底①才是危险，两边都是岩。后头政府就给我们搬家。（杨达文）

小　结

传统的乌江木船船工所面临的自然环境条件主要包括航道、纤道和天气的影响以及野兽侵袭的威胁。千百年来，乌江航道条件的改变主要靠人工干预。1949年以后至乌江木船航运业退出历史舞台，船工感受到乌江航道条件日益改善，也是乌江航道条件改善速度最快、改善效果最好的时期，这主要得益于人民政府的正确领导和高效组织。如在20世纪五六十年代即实现余庆县至涪陵港的全线通航，所有险滩、礁

---

① 脚底：下面。

石基本得到有效整治。对于乌江航运史和航运业来讲，这是史无前例的丰功伟绩。如前所述，1949年以后，人民政府在各地组建了各级乌江航运管理机构、乌江航道整治机构、乌江船舶修造机构等众多机构，开展了对乌江航运业的综合整治和高效、精准管理，方能取得前述成绩。

在历史上，也有社会组织、商家、政府和个人对乌江纤道进行整治，但时断时续，效果不是十分明显。但是，1949年以后，乌江船工的纤道还利用了几十年，人民政府也是花费了巨大的人力、物力和财力进行整治。例如，1949年，四川省和涪陵地区十分重视乌江航道，经过整治，截至1957年涪陵至龚滩段的木船纤路已全部开通和改善。这在乌江航运史上是前无古人的事情，足见人民政府对乌江航运事业的重视程度，表明人民政府对于搞好乌江航运事业的决心和信心，展现了人民政府的动员能力和办事效率。

乌江流域的恶劣天气对乌江船工的生命和财产安全构成了巨大的威胁。俗话说"天要下雨"，是阻挡不了的。虽然在当时的技术条件下，船工们改变不了天气，但船工们可以改变应对、躲避灾害天气的方法。在1949年以前，乌江船工基本是靠天吃饭，船工们在天气面前是被动的。1949年以后，人民政府和各级组织尽力改善船工应对恶劣天气的办法，例如改造后的舵笼子船具有更高的安全性能，提高了船工们应对恶劣天气的能力。再如，航道的疏浚和通航能力提升，使船工们能够在晚上准时到达各个码头停靠，减少了被恶劣天气影响和伤害的可能性。而机动船的推广和普及，使乌江木船船工数量逐步减少，这样在风餐露宿的环境下劳作的船工就越来越少，恶劣天气就几乎影响不了这些机动船上的船工们。

1949 年以前，乌江船工有受到野兽侵袭可能性，尤其是在中上游地区。1949 年以来，随着经济社会的发展，城乡交通、城镇建设快速推进，野兽的数量也在减少，故而船工不太可能受到野兽侵袭。

纵观整个乌江船工的航运条件的变化和提升，除了 1949年以后的人民政府是主导力量和推动力量之外，技术进步也是重要的推动力量。例如，炸药和先进的爆破技术，使人们可以炸掉乌江里的礁石和险滩，这在以前是很难办到的。再如，机器动力船比乌江船工的人力船更省力、更快速、更安全，且拥有更大载重量，所以机动船代替拉纤的木船是一种历史发展的必然，某种程度上说也把乌江船工从繁重、危险的体力劳动中解放出来。

经济发展也是乌江船工航运环境改善的重要推动因素。经济条件改善后，人们才有更多财力、物力投入航运条件改善的工作中来。如我国在 1949 年以后，经济快速发展，国富民强，国家才能够投入财力、物力、人力对乌江航道、纤道、船舶、码头、港口、沿江城镇等航运相关行业和设施进行综合整治，也才能够为乌江船工创造更好的航运条件，彻底改善乌江船工的生存环境。

第四章

乌江船工的生计和生活状况

对于乌江流域拉纤、推桡的船工而言，在 1949 年以前、1949 年以后以及开行机动船后，其各个时代船工的特色如何，老船工袁子乾有一个比较简洁、清晰的介绍：

> 总的来说，我爷爷、父亲他们拉船和我们那个时候不一样，我们那个时候和现在又不一样。他们那个时候拉船，两个都可以弄起走，主要是船不大。我们那时候是等到人齐了才弄得走，而现在就是用机械啦，我们那个时候是用人工搞，这些都是不一样的。你像我们一直到一九七六年我没拉船为止，都没用过机械，都是人力来拉船。稍微好点儿就是那船有那种风筒，要是能起上风的，往上就得松活，轻松的拉起就走，以风来带那个船带起走，运气好的话，一天就能顶的上两天的路程，过了就没得什么了。（袁子乾）

生计是维持生活的手段和方式，许多学者认为"生计"一词比"工作""收入"和"职业"有着更丰富的内涵和更广的外延，更能完整地描绘出穷人生存的复杂性，更利于理解穷人为了生存安全而采取的策略。[①] 大多数学者采用的生计概念是：生计是谋生的方式，这种谋生方式是建立在能力、资产（包括

---

① 李斌，李小云，左停：《农村发展中的生计途径研究与实践》，《农业技术经济》2004 年第 4 期。

储备物、资源、要求权及享有权）和活动基础之上。①

　　乌江船工的生计方式，在 1949 年以来发生了三次重大的转型。一是乌江的木船制造业和船工的航运业被纳入社会主义改造；二是 20 世纪 50 年代开始，乌江流域陆续普及机动船，传统的推桡、拉纤的老船工逐渐退出历史舞台，当然这当中经历了一个人力和机器动力并用的时期，一直持续到 20 世纪八九十年代，甚至一直持续到今天；三是 20 世纪 90 年代以来，乌江流域公路、铁路、航空业的迅猛发展，加之乌江梯级水电站（图 4-1）的建设，较大规模的传统人力木船运输基本绝迹，就连以机器动力船为主的乌江航运业也逐渐萎缩。乌江中上游的王家渡等个别地方有人力小木船渡客。随着长江流域全面禁捕，乌江船工划着小木船捕鱼的景象也已绝迹。下面，我们主要提供乌江老船工的口述史资料，展示乌江老船工的生计变迁脉络和特征。

图 4-1　位于贵州省黔西市和织金县之间的乌江洪家渡水电站

①　Chambers，R.，and R. Conway，1992，Sustainable Livelihoods：Practical Concepts for the 21st Century，IDS Discussion Paper，No. 296

第一节 1949年以前乌江船工艰辛的生计和生活状况

我们此次采录的乌江船工口述史材料，针对在1949年以前就可以推桡、拉纤、打渔、渡船的船工，其中只有几位在20世纪二三十年代出生，这些船工讲述他们自己在1949年以前当船工的经历，也通过这几位船工以及1949年以后拉船的船工以口头传述的方式，讲述1949年以前的民国、清朝乃至更加古老时代的乌江船工的故事。

这几位在1949年以前推桡、拉纤的船工，以及通过口头传述了解到的更加古老时期的船工，他们的生计状况总体不佳，生产力水平低下，物质资源极度匮乏，生活水平比较低。

一、1949年以前乌江船工选择这个职业的缘由

幸福的家庭是相似的，不幸福的家庭其原因则千差万别。1949年以前，乌江流域众多贫困家庭中人口众多，家庭收入很少，人均可支配的资源更少，很难维持温饱和生存需要。所以，1949年以前，乌江船工选择船工这个职业是出于一种维持生存的最原始、最基本的缘由；还有少数船工是家族性

从事这个职业，因而从事这个职业更容易获得社会资本，同时也为选择这个生计方式付出更少的生计成本。

（一）生存需要

为了生存，这一原始的动机是绝大多数船工选择这个行业的初衷。人们为了维持最基本的生存需要，即以填饱肚子为原始动机和最大诉求，这是船工们选择这一职业的共同原因，是异中之同：

> 我祖籍是武隆羊角的，祖祖辈辈都是武隆羊角的，我以前的家就在羊角，就在羊水井对到起，隔老羊角镇也就五里路。当时屋头穷，我十三岁就在拉船了，也就是解放前就开始拉船了。也是因为家庭穷很了，那阵儿我读书，读一册的时候，是我们伯伯冉启刚，只要我一读书他就不干，我就使气，就回去羊角拉滩，都是怎个就没读书了咯。一句话，还是太穷了，没得文化，就是怎个。（冉茂吉）

因为家里太贫困，居住在大滩——羊角滩附近便于就业，羊角镇的小孩子十岁左右就开始拉船、盘滩、背东西，早上很早起来去拉船，之后才进学校读书，可见"穷人孩子早当家"、早懂事，也足见其生活之艰辛：

> 我从十一二岁都开始在盘滩，那些大人弄到起那阵儿。十一二岁就去盘滩找钱，各人拉船，底底脚往上头

拉。我最早是好久上的船，那个都难以说称展①，反正
是最后，样都在做。解放前的时候，我们是要把船拉了
才去读书，我读了三年书。（冉茂兴）

（二）船工世家对木船相关技术的传承

同样是因为土地贫瘠或生活困难，有些小孩是"船工世
家"，便不用浪费上船之初在船上打杂的几年时光，直接学
习撑船等技术，而不是学习和从事拉纤、盘滩等更加繁重的
工种，这是同中之异。老船工告诉我们：

> 我们这些土啊都澉②啊，就在土里爪爪③的啊，土
> 豆、豌豆、麦子、苞谷啊都没好多点儿软，这山上的话
> 不哪个产粮食。反正都是靠弄船，我们在河边。除了弄
> 船，其他的木石二匠、打铁啊这些也有，少的很。主要
> 是弄船拉船。在我十二岁的时候，1948 年，我大伯喊我
> 上船，向他学习撑船。（王廷文）

乌江流域在古代属于山高水远、相对封闭落后的地区，
在当时相对落后的经济社会条件之下，人们可供选择的谋生
方式非常有限。人们往往"靠山吃山、靠水吃水"，选择当
时就业门槛低、就业需求量大的行业——船工。这不一定是
自然环境对社会文化发展的决定因素，但至少是有重要影响

---

① 称展：清楚。
② 澉：差。
③ 爪爪：挖土。

的因素。当然，船工也影响、制约、反作用于环境，二者形成持续不断的互动关系（图4-2）①。

图4-2　黔西市素朴镇古胜村村史文化馆陈列的
四十多年前曾在乌江行驶的木船

二、1949年以前乌江船工艰难的生计状况

乌江沿岸的人们尤其是男人们就"靠水吃水"，在乌江当船工来维持生存和生活。船工们几乎异口同声地总结他们的船工生活，就是一个字——苦。羊角镇十岁左右的小孩子，为了生计不得不用稚嫩的肩膀拉船、盘滩，扛起生活：

　　　　我十哒岁就开始拉船、盘滩。背力也在搞，看那点

---

① 徐杰舜：《人类学教程》，上海：上海文艺出版社，2005年，第42页。

儿有哪样就搞哪样，大人也在搞，哪找得到钱就去找几
分。十一二岁那阵就开始背，帮他拉纤，还要挑点儿东
西。恰像那些做哪样做生意，跟他背，或者你嘞哈背下
街，或者背过河，就是这种。一根扁担两根索索，哪个
喊就去啦。就挑东西干了十哒年。（冉茂兴）

**（一）1949年以前乌江拉纤船工使用木船的主要类型
和特征**

探讨乌江船工的生计，首先就涉及到航运所使用的劳作
工具——木船。我们在此选取厚板船、蛇船和麻雀尾这几种
具有代表性的乌江传统木船，以口述资料为主进行介绍。

1. 厚板船（歪屁股船）

316年，秦司马错率领军队自枳溯乌江直取黔中，其乘
坐的太白船，很可能就是乌江独有的木船——厚板船，即歪
屁股船。据民国《涪州志》记载："涪陵江自边滩迤南水急
滩险，舟用厚木板，左偏其尾。掌舵立于船顶，以巨桨作舵，
长几等于船。取眺望远而转折灵变，其船谓之厚板船。"[1]

也有研究者认为，清代至民国时期的人们发明了厚板船。
因为木船运盐具有"半年走一趟，十船九打烂"的危险，故
而人们发明出结构牢固、头尾高翘、以梢代舵、操作灵活的
厚板船，所用板料在1.2寸以上，船不设舵，在前后部均安
大梢，船尾右舷置小梢，以辅大梢，因尾部歪向左方，俗称

---

① 刘冰清，田永红编著：《乌江文化概览》，武汉：崇文书局，2008
年，第27页。

"歪屁股船"。研究者以田野调查的方式采访了乌江老船工兼水木匠王顺强、老船工刘正坤等，他们介绍了乌江厚板船，即"歪屁股船"载重在 4—20 吨之间，很好地适应了乌江滩多浪急、河窄多湾的航运条件，一般需要 10 个船工各司其职方能载运货物，下水以推划桨桡前行，上水以人力拽扯和篙竿钩扒岩石前行。乌江木船的船梆又称"毛梭"，与正底开板、"山斜"有合适的比例，制成以后以船桨为推进工具，以梢代舵，其长度几乎等同于船只①：

> 我外公给我讲过歪屁股船的故事，歪屁股船运盐巴、桐油、木油啥子的，运过去就是做生意就看囊个做。（谢维光）

> 解放前，我拉过厚板船、煤炭船。我还拉过兵，拉兵就是拉到涪陵，拉兵都是悄悄咪咪的，都是躲到起的，然后悄悄出来拉。（冉茂吉）

2. 蛇船

除厚板船等较为大型的木船外，乌江及其支流上还有形制较小、运载量更小的蛇船。《彭水县志》中记载，主要航行于乌江支流——郁江的蛇船窄而长，故名。② 学者一般认

---

① 彭福荣，李良品：《乌江流域文化概论》，重庆：重庆出版社，2016年，第68—69页。

② 彭水县志编撰委员会：《彭水县志》，成都：四川人民出版社，1998年，第323页。

为乌江航运的蛇船以船形狭长而得名，船体细长而小，头尾尖翘，载重 10 吨左右，行驶轻快，便于在河水清浅的郁江等河流往来运输物资。① 乌江老船工们描述了他们所看到的蛇船：

（蛇船虽有）但少。只有那个恁样，蛇船荄，丁点儿个大的，装它嘛几吨啊。（王廷文）

我小时候在郁江看到过船，有蛇船。蛇船就是装煤，跟盐灶装盐、装砣板呐，差不多可以装两吨。还有就是郁山有那种大蛇船，能装十吨油啊、木啊，装到涪陵来通商。（杜国发）

3. 麻雀尾

"麻雀尾"也叫"斑鸠尾"，这是乌江思南一带的船工和民众对行驶在这一段乌江的木船的形象称呼，这种传统木船形似麻雀或斑鸠，尤以船尾部神似麻雀的尾巴而得名。现今，思南县文化旅游管理部门专门仿造了一艘古代在乌江航行的"麻雀尾"木船，停靠在思南县城的乌江岸边，供游客参观、拍照（图 4-3）。水木匠冉启顺给我们讲述了"麻雀尾"船的基本情况：

---

① 彭福荣，李良品：《乌江流域文化概论》，重庆：重庆出版社，2016年，第 70 页。

　　乌江船，思南喊"斑鸠尾"，我们下面是喊"麻雀尾"，小船。(冉启顺)

图 4-3　停靠在思南县城乌江岸边的缩小版"斑鸠尾"船
(中间带棚的木船)

　　上述各种类型的木船用哪种木材造出来，既可耐腐蚀，又比较轻便，同时载重量还比较大？乌江老船工和水木匠(建造木船的木匠)为我们一一讲述(图 4-4)：

　　那阵儿造船，就主要是用柏木、杉木。枞树少嘛，用来造小船。(冉茂吉)

　　造船的话，砍树树，那就多咯了，柏树、枞树不要。椿巅，红椿嘛就是喊喂，那个就拿来。底盘就是枫香树，枫香树做底盘在水头经得烂嘛，在干处、不干不湿处就不经烂。皮面①一个是红椿，一个是柏木，就是这些。再皮面，这个有面板用松木，那个轻省点儿嘛，拿来翘皮面的，是这样的噻。（冉启顺）

图 4-4 水木匠冉启顺讲述最适合造船的木材

（二）1949 年以前乌江拉纤船工的主要劳作方式

乌江船工推桡拉纤的航运方式主要在乌江下游地区和乌江中游的下段地区，这些地区有船工开行渡船，也有船工靠渔船打渔为生。而乌江中游的上段和上游地区，则无法进行客货远距离运输，但这些地方也有渡船和渔船上的船工。乌江船工以人力推动木船远距离航行，上水主要是拉纤，下水则推桡。为便于长途挽拽木船往返，解决激流险滩给木船航运带来的巨大障碍，乌江流域的木船船主会结成"船协"这样的行帮组织，多船结帮前行，经行险滩就集中数百船工拖船拉纤，俗称"换棕拉纤"，这是乌江流域各民族载运物资、

① 皮面：上面。

沟通他地的重要创造。民国时期，乌江从事水运的船帮数量上百。田野调查表明，乌江结帮前行的船帮多为8—10艘船，也有5—6艘木船结帮①：

> 我们当时拉纤，就是用篾索索，用那个篾索索拷到起、穿起。那阵儿，我还穿不来，穿都是就叫别个教我囊个穿咯，解放了过后，才有了搭布儿②，拉嘛就熟悉了啥，搭布儿拉起那些，反正就拷半边肩膀咯。一般来说的话，拉船就是一个船十个人，一帮船八个，最多十个的，那种都少得很。解放了才是十个的多些，都是舵笼子才十个，解放前都是八个一组。拉船是十五个，然后船上前驾长、后驾长、打二篙的、劈舵的、烧火的，十五个拉船的话，拉船的拉完船了沿到上去，还要拖纤藤、抬腕、扯结尾这些。但是拉滩不同，最后拉滩就是一帮帮下的，八个船一起，或者是滩头四个船一起，或者是两个船一起，就是两盘子。如果是八个船的人一起拉的话，就百多个人，那场合就大哟，你像羊角、磨寨、高山新滩或者其他庞滩那些都是八个船的人拉，那是吼吠震天的。（冉茂吉）

---

① 彭福荣，李良品：《乌江流域文化概论》，重庆：重庆出版社，2016年，第72页。

② 搭布儿：乌江纤夫用一块布来连接主纤藤拉船，这块布是三角形，布的长度约为1米，布的两端各系一块小木块，小木块是可扣在主纤藤上的活扣，拉船是纤夫将布的中间部位斜拷在肩膀上拉船，一遇到紧急情况则将扣在主纤藤上的小木块迅速取下以保命。这块布就叫做搭布儿。"儿"是儿化音，无实意。

既在乌江拉过船，又在长江拉过船的老船工，通过自身的感受和见闻，比较了长江（大河）与乌江（小河）拉船的不同：

> 看大河那些，大河拉船是过双肩膀抬起，它就过拉嵗嵗契咯，那就怎个走咯。它不像乌江河拉单肩膀哦。它大河有一处，它那蓬蓬线后头搭起，双肩膀抬起。大河拉船它不比乌江河。乌江河使那些脚脚紧喈，那乌江河那纤藤长咯，一个人背的到哪样呐？纤藤背不起你登得住？乌江河的纤藤要一齐使力拉。大河就步步紧，你一个人都可以背一哈，它是那蓬蓬线。长江它那个船最多就是四个船，我们乌江河十个船，最多有十二个的，那个都少；最少都有八个。八个船一帮你还要添，像羊角你就要添人。就是说你本船那几个人还拉不起，个是个拉不起。你绷纤的人拉不到船，各去打杂去了，去抬腕呐、抬纤呐，搞那些去的咯。（郭祖荣）

（三）1949 年以前乌江拉纤船工运送的物资

乌江船工通过双手推动木船前行，主要目的是促进"物"的流动，同时也促进了乌江流域的人流和信息流发展，促进了乌江流域各族人民与长江流域、全国的交往、交流、交融，促进了区域经济、社会、文化的全面发展。乌江历来被称为"油盐古道"，即自古以来，乌江往上水方向运输的主要物资是盐巴，往下水方向运输的物资主要是桐油等地方土特产。如前所述，上水还运进重庆、涪陵、自贡等地生产的百货、布匹、粮食、毛烟等产品；下水还运出粮食、木材、茶叶、生漆、药材等土特产。从乌江老船工的口述史资料可以看出，1949 年以前乌江流域物资流动的类型和方向，与文献记载是相符合的，他们还补充了许多生动的细节：

> 我从小在边边看别人拉的多，那是帮厮帮的船了嘛，它是八个船一帮嘛，喔十个一帮嘛，它就装货。就是一起走噻，到彭水啊、龚滩啊，装盐巴这些了嘛。装起上去是盐巴，下来欸就装粮食、桐油、药材、中药这些。（王廷文）

> 我们拉上水一般就运的是盐巴，你像拉下水的话，就是返货，就是拉些粮食、桐子、桐油嘞些，就是沿河的中药材我们也拉过。（冉茂吉）

> 那个时候船上装的东西都是盐巴，运上去的是盐巴。下水又运桐油、米、豆子、苞谷，杂七杂八的，运到涪陵又运出去卖。（冉茂兴）

> 我们那个时候从乌江往上头拉，比如说从涪陵装到龚滩、沿河，往上水都是装盐巴，下水是杂货，装钢炭啊，装粮，装桐油啊，样都装咯嘛，见样装样。（郭祖荣）

（四）1949 年以前乌江拉纤船工的微薄收入

长江海员工人大都来自他乡异地，上船以后，以船为宅，纯靠出卖劳动力维持简单生活，身无长物，遑论养家？早期海员工人运动领袖苏兆征曾说："我们工人丝毫无能力积蓄，所以家庭供给时不能济，因而卖妻鬻子者往往有之。"①

而作为长江支流的乌江，其上船工的收入情况也类似。老船工胡代林告诉我们，船工像牛马一样拉船劳作，到头来的收入却所剩无几，婆娘儿女只能眼看，不够养家糊口。乌江船工号子这样唱道：

鼓劲朝前奔②

（拉纤号）

田永红 搜集整理

……

手抱石头脚蹬沙，

一步一步往前爬。

婆娘举灯盼我归，

幺儿哭着要粑粑。

（该拉纤号流传于酉阳龚滩的乌江。冉启才演唱。冉启才，土家族，1936 年生，酉阳龚滩人。）

---

① 江天风主编：《长江航运史》（近代部分），北京：人民交通出版社，1992 年，第 199 页。

② 思南县土家学研究会编：《思南民族文化丛书——乌江船工号子》，北京：中国文史出版社，2014 年，第 70-71 页。

在乌江推桡拉纤的传统老船工的收入总体很少，除维持个人基本生活开支外，所剩无几。老船工们讲述了他们的微薄收入和拮据生活：

> 那阵儿，拉船没得好几个钱。（冉茂吉）

> 我们那些拉船的话，那些钱都是为了家庭。不存在用不完，还捏到①点儿用。那阵儿上个龚滩四五角钱荄，那阵儿的钱作用②噻。解放过后了就要多几角了，后头的钱要多点儿。晓③是好多，那我现在是记不起了。解放前，钱都不够用，拿起去少数民族那儿买药的少。（冉茂兴）

（五）1949 年以前乌江水木匠的独特生计

乌江流域造船的木匠称为水木匠，他们在拜师学艺上颇具地域特色和民族特色。冉启顺是为数不多尚且健在的、1949 年以前学艺的水木匠，所以他的学艺之路具有一定的代表性：

> 到师傅那儿拜师，你去跟他学的时候，拜师的时候是恁个拜的，磕头那等都没得。那拜师嘛，就去拿点儿

---

① 捏到：节约。
② 作用：钱的价值高。
③ 晓：不晓得。

茶，要敬茶；拿点儿米嘛，有花生嘛就是行礼，给他拿
起去。过去就像走人家那么走一趟，去认他的时候，就
送衣服，师母也要换。还要拿糖、酒，那就是一斤，一
斤糖一斤酒。师傅一斤糖、一斤酒，就是恁个。牵羊子
的话，那没死没得喔，师傅去世啦给他牵①个羊子。就
像迵②他那个样子，把我当个儿子恁个。比如我大哥跟
师学缝衣服就做这个了，有缝衣服的活路就喊他去做，
没得就去给他做地里的活路。但我们没有，欸！师傅对
你好，有业务了呐，有船做了就去做船，没得船做了就
去弄船，喔就是恁嘅。那阵儿学起做起的，你做得人家
才放你；做不得的话，你弄起去，船遭你打烂了漏水啦，
你还不是冤枉家伙？你要做得啦他才放你。（冉启顺）

水木匠如何从山林里砍伐树木，然后将树木锯成大块模
板，再运出山林，运到河里通过水路运送到河边的船厂：

树打生就改③，就像这大根迦哈，打生下来一溜一
溜改，就在那林里头改，恁大佟④，你弄不动嘬，你要
改成溜溜啦，才拉下河，抬下河。抬下河唛才做。（冉
启顺）

---

① 牵：送。
② 迵：赡养。
③ 改：锯。
④ 佟：根。

1949 年以前，乌江流域的水木匠在建造木船时，会用到许多专业工具，这些工具具有鲜明的地域特色和民族特色。水木匠兼船工郭祖荣保留了一些水木匠所使用的工具（图 4-5）：

> 我会做船哈，就是纤锤那些工具都还在哦！我是水木匠，我有师傅啊，没师傅囊个得行嘛。我的任毫子都还在，印平①的话我这头还有好多呢。（郭祖荣）

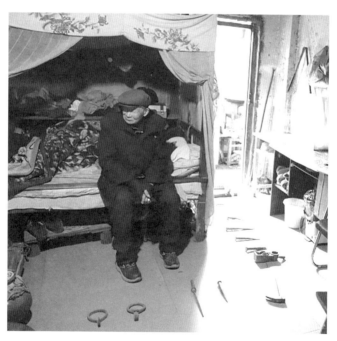

图 4-5 乌江水木匠郭祖荣家保存的造船工具

---

① 印平：水木匠的造船工具（下同）。

（六）1949 年以前乌江打渔船工的生计方式

在长江流域上游地区的民间流传着这样的谚语——钓鱼摸虾，饿死全家。其意思即是说，古时候在河里从事钓鱼等水产捕捞的活动异常艰辛，而且收获没有定数，这个职业不容易甚至不能养家糊口。在乌江流域的传统乡村社会，打渔被视为最辛苦的职业之一。乌江的打渔船工也讲述了他们寒来暑往艰苦的捕鱼生活：

> 我们那个时候，那个一辈子打渔啊，苦的哦。我们十天半个月都走不到，那水头冬天还很冷。我们放船，那船又才小哦，你各人扛到了嘛。冬天很冷，我们那阵打渔，要到河里面去，掉下去了一时不冷，要起来才感觉有点冷。还有那水一浪一浪的，你在水中你要会哈①，不会哈的话落下去。那比如说热天，太阳大，去网鱼、去打渔那个还是苦的，鱼可以打的。（杨达文）

苗族老船工向我们介绍了他们制造渔船的木料、造船周期、渔船大小等造船的过程，还介绍了他们在外打渔的诸多细节，给我们描绘了一幅细致、生动的苗族船工打渔"生计图画"：

> 还有就是我们打船的话，材料我们用的杉树，其他的没得。我们那个你各人造船的话，一般这种树树造渔

---

① 哈：游动、摆动。

船比较好。但是啊，杉树啊很重，砍树树一般不是我各人去砍来造船，都是买的嘛。我们那个像枫香树这种造船树树我们这里没得啊。这船之所以两三天就打起了，是因为打的船小，一个人可以拿到。你可以说你一个人扛，船不止一两米，有四五米长，一个人可以拿起走，要经常拿来炕干。像那个打渔的话，我们是两个人一张船，我一般是跟我弟弟一起。造孽得很，打渔的人。我们一般打渔一个星期一趟，要找两个。年轻的时候，那个我弟弟同到去嘛，我帮他的忙。然后打渔一个星期转来，转来嘛要去再去的。打渔的话下面那我没去，去不到，那下地是个大咔咔①，船去不到。那冷得很，我一个人去不到，我和我二儿子一路去。打渔的时候，我鼓捣②让他去打过渔。热天水大得很，你走不到啊。要冷天才打渔，冬天嘛水佘③下去，就不涨了嘛。热天嘛河水大了，你做不到，所以说水就要涨了嘛！我打渔的话，那个船呐是我各人的木船呐。我各人这阵儿都可以做。那时候的木船做的可以，买的也可以。（杨达文）

三、1949年以前乌江船工困苦的生活状况

前述关于船工生计的介绍和评价侧重于政治、经济环境以及宏观的航运方式等。生活的内涵在衣食住行等方面，与

---

① 咔咔：很窄的地方。
② 鼓捣：强迫，要求。
③ 佘：消退。

生计的内涵有诸多重合的内容。此处主要介绍 1949 年以前乌江船工的衣食住行等生活内容，以及他们的病痛等情况。

（一）1949 年以前乌江船工的苦楚生活

在旧社会，人们通常认为两种人最苦——拉船的船工和挖煤的工人。他们不但工作极其辛苦，而且随时面临生命威胁。老船工告诉我们：

> 但在那旧社会啊，是家常便饭的打皮船，就是有个俗话说的"拉船的是死了没埋，挖煤炭的是埋了没死"，普遍就流传那个，实事求是也是怎个回事，那个船在水头打转就淹死人。（王世均，男，汉族，1941 年生，涪陵区江北办事处永柱 1 组人）

1949 年以前，乌江船工的生活总体上是相当艰辛、痛苦的，原因是当时的生产力水平相当低下，加之统治阶级的压榨、剥削。乌江船工的苦，怎一个苦字了得？那苦不是从嘴里说出的苦，那是切身体会的、刻骨铭心的苦，那是长年累月、暗无天日的苦：

> 那阵儿像我们出船这的话叫扯船子，那个时候就是很苦的人去拉，就是没得饭吃的人。所以说要去找钱来吃饭噻。苦还是苦，起早睡迟，风飘雨刷，日晒雨淋。

那个是样①都有嘞，大雨来了，在坡坡上，一哈就去躲到了？还不是淋个狗汤。正在那趟中，你看那出太阳好凶，还不是去爬起做起，嗨嗨他来喊了，那还是要踩到起走。（冉茂兴）

那时候反正吓人，我听我老汉儿是说啷个啊，他们就有句话叫啷个啊"血盆头里头抓饭吃"，那个是说不到你早上出去，差不多运气撇②的话，有些下午就回来不到了。（冉茂生）

研究者辑录的船工们现场演唱的乌江船工号子，生动地展示了乌江船工艰辛痛苦的生活状况：

造孽不过弄船人③
刘朝生　搜集整理

造孽不过弄船人，深更半夜震拌筋，
叫得船工千年泪，叫天叫地有谁怜？

乌江河水起浪花，下水划来上水拉，
悬崖陡壁也得走，羊肠小道学狗爬。

---

① 样：各种各样。
② 撇：差。
③ 思南县土家学研究会编：《思南民族文化丛书——乌江船工号子》，北京：中国文史出版社，2014年，第10页。

家住乌江河水旁，蓑衣草被御风霜，

船工多少血和泪，吸进地主大烟枪。

（二）1949 年以前乌江拉纤船工勉强"果腹"的饮食

在新中国成立前，长江各埠码头工人的生活情景，更是含辛茹苦，不堪状述。码头工人吃的"经常是六谷粉、豆渣和烂菜皮"，要"碰上接连有几天活儿可干，才能吃上几顿粗米饭"。饥饿难忍，则潜至巷尾，常于垃圾堆中，拾取人家所弃之腐鱼臭肉，搞回河滩，架起土砖，上承以瓦钵，燃火煮食"，"彼等所受之痛苦，实人生之最难堪者"。①

而在偏远的长江支流——乌江的船工，其日常饮食则更加糟糕。1949 年以前的乌江船工每日艰辛劳作，他们吃什么、怎么吃，吃得数量和质量如何，船工们对于这些饮食是否满意，以及上述情况为什么会是这样等问题都可以在老船工的口述材料中找寻答案：

招待拉船的，还是吃点儿好的欸？吃苞谷面炒米煮干饭嘛、稀饭啦，舀碗米汤水啊下点叶叶噻，不像现在三菜一汤咯。扯船子欸你就是恁个。（王廷文）

旧社会的时候，那个日子是很苦的，吃的饭就是两

---

① 江天凤主编：《长江航运史》（近代部分），北京：人民交通出版社，1992 年，第 198—199 页。

糙饭，就是那种把米和苞谷和在一起煮的饭。菜就只能吃一些干净菜、白莲渣为主，干净菜就是青菜卤的，白莲渣就是打的菜豆花，其他别的是吃不到。（冉茂吉）

在日常生活中，酒可以助兴，而其作为一种社交礼仪，人们也可以借酒兴文等。对于乌江船工而言，酒的功效也是多方面的。从实用方面来讲，乌江船工因劳作而辛苦，喝酒可以舒筋活血、缓解疲劳。乌江船工多患有风湿病，弄船过程中也有皮肉之伤，所以船工喝酒可以医药保健、预防感染、缓解疼痛等。从精神的层面来讲，乌江船工喝酒可以借酒浇愁、排遣孤独和寂寞、畅叙船工之间的兄弟友谊等：

　　那阵儿，有碗饭，还有个帽帽①，我们唛才吃大碗饭。上街的话，炒一份菜，晌午三角钱一份，整5分钱的酒，就是恁个。（冉茂兴）

时隔近一个世纪，老船工们依然能够清晰地回忆起当年乌江沿岸各个繁华码头上各具民族、地域特色的美味佳肴：

　　解放前，我们那时候码头那些吃的话，龚滩、彭水和羊角吃的东西就不一样。羊角是米粑、豆腐干、醋啊那些。彭水的那个棋子面还是可以，棋子面就是恰像棋子一样，他就用蛋一起做的。麻辣味那阵儿少，那阵儿

① 帽帽：一碗干饭高出碗沿的尖上部分。

是一般味道嘛，油盐味嘛，佐料都少得很。蒜那些都没得，要不要就弄来擂①了，兑清水水给你舀点点。解放前，龚滩嘛卤菜那些还是可以，鸡肉啊、豆腐脑儿啊、糖花生米、糖板栗呀。（冉茂兴）

但是，过去乌江老船工的饮食状况，也有让我们感到十分心酸、哭笑不得的情况。其原因在于他们的生活条件极其艰苦，生活水平极其低下。木船上的厨子杜国发告诉我们（图4-6）：

图4-6　主要在船上办伙食的老船工杜国发讲述船工的饮食文化

有些要忌讳这些，有些就不闹，管他像哪哈都不要闹。要是在那船上，第二早晨起来，头船有人蹲在船舷

---

① 擂：将较大颗粒的东西研成粉状。

屎的，二船、三船起来把那拉叭叭①打起来煮饭，照个桐油灯又不看见。照起的话，风又帮你吹熄了。那煮饭的就精明些，煮起一些海椒壳壳，打两个鸡蛋在里头。说烧火的囊个不吃饭呐？哎咦，我煮几个鸡蛋吃哽到了。哈哈哈！反正和他笑起的咯，他就打起些粪在里头煮起咯，那都有噻，没得法噻。（杜国发）

传统的乌江船工和长江船工的一日三餐跟我们国家绝大多数地区的人们一样吗？在船工给我们讲述之前，大概没有人质疑过这个问题。但老船工告诉我们，乌江船工一日几餐是有讲究的，而且乌江船工和长江船工的餐数还不同，他们还说明了餐数不同的缘由。乌江木船船工说：

还有就是拉乌江要吃四顿饭，拉长江要吃五顿饭。因为不敢吃饱了，吃饱了怕把肠子压断了。我们都是弓起腰拉船撒。（杜国发）

（三）1949 年以前乌江拉纤船工的"褴褛"衣衫

研究者对新中国成立前长江海员的苦难生活作了整体性描述，关于衣着方面的情况为"头戴开花帽，身穿八卦衣，脚踏金丝鞋"。"八卦衣"是指补丁加补丁的破衣服，冬天加点儿棉花当棉袄，春天拆掉棉花当夹衫，夏天拆去夹里当单衣。码头工人终年赤脚，平时花几个钱买双草鞋也舍不得穿，

_____

① 叭叭：人的屎。

就是冬天也是光着脚走来走去，要等做工的时候才拿出来穿，把它当"金丝鞋"一样看待。南京码头工人，"身上撕撕挂挂，没有件完整的衣服"。汉口码头工人衣无冬夏，仅以破麻袋一片遮其下身。[①]

1949 年以前，乌江船工的衣着，比上述长江干流沿线船工的衣着更差，因为这里的劳动条件更差，自然环境更加恶劣，受到官匪等地方恶势力的压榨更加严重；另外一个原因则是为了弄船拉纤方便。无论是天晴、下雨，还是严寒、酷暑，乌江拉船船工们都拼命地艰辛劳作，他们一年四季都衣着单薄、衣衫褴褛，甚至衣不蔽体，甚或裸体弄船：

> 我们那阵儿拉船穿的还是草鞋，是葛草弄的，过勒的。就不是像那些人买那些，他那个穿起才软和，他不是那硬坨坨。（冉茂兴）

> 在这个外面扯船，是脱裤子扯。把裤子脱了，打光胖[②]去扯，有些人裤子都没有穿过。不是热，他穿起你要踩到水头扯，有些过不到处，他必须把裤子脱了扯。那时候很多是穿个衣服裤子都穿不起，说点儿这个笑人话。哎，还是活路苦，做来吃都不够。（冉崇辉）

---

① 江天凤主编：《长江航运史》（近代部分），北京：人民交通出版社，1992 年，第 198—199 页。

② 光胖：下身一丝不挂。

（四）1949 年以前乌江拉纤船工的简陋住宿条件

在新中国成立前，长江各埠码头工人的住宿条件糟糕至极。南京码头工人"住的是茅棚，龌龊极了"。汉口码头工人，"河滩街沿、货棚、船头，皆彼等卧"①。

相比之下，1949 年以前的乌江船工的住宿条件，则会比上述状况更糟。乌江拉船船工的住宿问题如何解决？他们在外行船的过程中，不管什么季节、什么天气，都是住在船上。即使是到了比较繁华的码头，他们也不可能到旅店里享受温馨的住宿环境：

> 我们拉船都是住在船上，都是吃老板的。晚上我们不能在野外的坡坡上，就停一晚，一晚上不回去。他也有个戒尺有个规矩的，他比如说涪陵弄起走的，我们今天到哪儿去歇，他有规律的还是，嗯乱靠不行。比如有些地方槽口不行了嘛，就是恁个的。（王廷文）

（五）1949 年以前乌江打渔船工的"造孽"生活

我国劳动人民历来有靠山吃山、靠水吃水的习俗，乌江沿岸的老百姓也有打渔为生习俗。打渔被认为是乌江流域等地区最为辛苦的职业，在新中国成立前则更是这样。而乌江特有的打流水鱼习俗可能是乌江流域各种打渔方式中最为辛苦的一种。

---

① 江天凤主编：《长江航运史》（近代部分），北京：人民交通出版社，1992 年，第 198—199 页。

乌江中上游地区打渔的船工，流行打流水鱼，就是在春末夏初或者秋末冬初，沿着乌江及其支流往上游或者往下游打渔，时间为一到三个月不等，一般两到三个人带上小木船外出打流水鱼。天黑时他们在哪里，就在附近河边歇。他们在外食宿，带齐了各种生活用品。木船遇到平水及水位较深的地方，他们便划船而行，否则就扛或者抬木船而行。他们会把打到的鱼及时卖掉：

拉船的话，晚上在外头歇啊。打渔在那哈歇，吃的嘛我们带起走了嘛，在那里住，在那里吃。带起饭，你去嘛带点儿米去，你带锅去，你在边边烧点儿柴，各人在那哈煮。实在没得不要紧的咯。打渔的造孽得很。热天不造孽，冷天才造孽。我在那里瞌睡都睡不着，我走这里，不方便的嘛，我要保护渔船，我不敢走这哈去，就是说不能走别个屋头去。我还在守，我在河里面睡，在岩根脚下面睡。我们之前像打渔，晚上我们睡那坡上，在岩洞洞里面睡，各人抹点儿泥巴，割点儿草草罢①起，热天睡得着，冷天睡不着。还有就是船上很少睡，热很哒；船上没得棚棚，那睡到起冷耶。那船小哟你睡不到。都是睡山洞，你在那岩脚支起啊，没得个好地头，没得个热和②地头睡，会打渔的人造孽得很。打渔人只是冷天或者苦得很，造孽得很，我在坡上睡不着了嘛，那冷

---

①　罢：铺。
②　热和：暖和。

天了嘛，主要就是冷呐。（杨达文）

（六）1949 年以前乌江船工常患的各类疾病

根据学者们的调查研究，在近代，长江沿线的船工们患有多种职业病。南京港工人中有"三多"：吃冷饭得胃病的多，用冷水洗澡得关节炎的多，家里穷、成不了家的单身汉多。九江码头工人中不少人由于劳累过度得了腰伤、胃痛，甚或长年吐血、便血以致终身残废，含恨死去。当地码头工人中有一首歌谣："走投无路来码头，终日劳累当马牛，一身血汗被榨尽，浔阳江头把命丢。"①

乌江流域与整个长江干流区域的气候、劳动环境等基本相同，乌江流域的船工常年累月地在水里、岸边劳作，也患有类似的船工职业疾病。1949 年以前，乌江流域的各类船工普遍患有风湿和关节疼痛等疾病。这是他们长年累月在水里浸泡，由于夏热冬冷的生存环境所致。船工们讲述了他们的痛苦经历：

　　打渔人很多风湿病都是冷出来的，苦到哪样程度啊，就是冷，睡不着。我们热天不玱②去打渔。（杨达文）

而川江号子中也有许多反映船工悲惨生活的内容，其中

---

① 江天风主编：《长江航运史》（近代部分），北京：人民交通出版社，1992 年，第 199—200 页。

② 不玱：较少。

有反映船工生病后的惨状的内容："航行途中得病最悲惨，拉不得船就要退身钱，若是重病倒床上，就丢你在岩湾边，一床烂席遮上面，哪个来照你的闲，不是死在江河滩，就是死在棚边边，人死了那个又来管，骨肉分离团不到圆。"[①]
"哥儿下水去解揽，受凉着寒心不安。从此疾病把身缠，头佬狠心丢江边。"[②]

第二节　1949 年至改革开放初乌江船工改善的生计和生活状况

　　1949 年以后至改革开放前，乌江船工的生计和生活方式具有重大变化，这是事物向前发展的必然趋势，更是社会主义带来的更高的社会发展速度和社会发展质量所决定的。国家发展的红利，乌江船工也直接或者间接地感受和享受到了。他们丰富的口述史资料，就充分说明了这一点。

---

　　① 王绍荃主编：《四川内河航运史》（古、近代部分），成都：四川人民出版社，1989 年，第 40—41 页。
　　② 段明，胡天成：《川江号子》，贵阳：贵州人民出版社 2007 年，第 908 页。

一、1949 年至改革开放初乌江船工逐步改善的生计状况

这部分将从航运工具、劳作方式、运送物资和船工的经济收入等几个方面来探讨乌江船工在 1949 年以后至改革开放初的生计状况。他们在 1949 年后的生计状况同其在 1949 年前的生计状况比较有什么进步和变化，背后的影响因素有哪些等问题，是我们关注的重点。这一时期乌江航运工具的变化中，一个重要方面就是机动船的推广、普及，机动船成了乌江航运工具的主体。传统的木船也有所改造，但传统的木船数量和木船船工的数量急剧减少。

乌江的机动船发展，经历了一个比较长的尝试阶段。乌江航运用机动船始于 1926 年，涪陵驻军派小汽轮"益安号"首次航彭水，归途沉没于羊角碛滩中。1941 年 5 月 21 日至 28 日，民生公司"生存轮"试航彭水成功。1952 年 10 月 26 日，民生公司"民悦号"载货 95.45 吨，从涪陵起航至彭水，首试成功，开创了涪陵至彭水轮船货运的新纪元。1953 年 7 月，新原轮船公司"新华号"历时 6 天，试航龚滩成功。1957 年，涪陵轮船公司首造"涪先""涪平""涪民"木质客货轮 3 艘，各装"大道奇"汽车引擎 120 马力作动力，以木炭、原煤、汽油作燃料，航行于涪陵——龚滩之间。1965 年，乌江航运合作社建造了第一艘钢质客货轮"七一号"，船长 29.30 米，宽 5.40 米，吃水 1.50 米，装 120 马力柴油机 2 台，载客 172 人，于 7 月 20 日从涪陵出发，试航龚滩成功。钢质轮船的试航成功揭开了乌江航运的新纪元。从

此，乌江上便有钢质轮船和木船并行于江面，穿梭往来。①

（一）1949 年至改革开放初乌江航运船舶类型的巨大变化

1949 年至改革开放初，乌江的通航河段开始逐步引进、试航、推广和普及机动船舶。乌江船工也讲述了 1949 年以后乌江机动船的发展概况：

> 我们（从涪陵）回来就是走路，起旱②走。那时候的这个机动船才通起白马，但是上羊角就不行，滩打不上来。我们武隆都是在五五年，实行机器化都还要过人拉，才拉去武隆。我们赶船又不拿钱，知道我们是赶船的，我们赶忙拿起索索去扯。我们下力呀，又要占多方面的便宜，吃饭又不要钱。（冉崇辉）

> 六二年没得机器，只有那长江啊、乌江啊，那些单位的都有客船那些，一般都是那些副业船、农业社。我们还是用这个人划船，七一年有机动船了，少。个别的就像那些有钱的那样做的，只是木壳壳安个机器哎！那都有！（罗学成）

1949 年以后至改革开放前，在各级政府的主导和推动

---

① 刘冰清，田永红编著：《乌江文化概览》，武汉：崇文书局，2008 年，第 27—28 页。

② 起旱：步行。

下，乌江的船舶进行了系列改造工作，主要目的是增加船舶载重量，加强船舶的安全性能。"歪屁股船"的载重量为小船4吨、中船12吨、大船20吨，这是乌江人经过长期实践，为适应乌江滩多浪急、航道弯曲狭窄而创造出来的。1955年后将"歪屁股船"改为新型的舵笼子，即降低船头、船尾，加宽船底，增大载重量，大船载重量可达48吨。这种船横结构强，船底平，稳性好，逐步取代了部分"歪屁股船"，这时的乌江下游以"舵笼子"船居多，而龚滩至潮砥滩还是以"歪屁股船"为主，思南以上，则以"斑鸠尾""麻雀尾"为水上主要交通工具。① 乌江木船船工们的口述资料也反映了上述情况：

> 舵笼子呐，最后都是兴舵笼子了。嘞个地方的话，算下游了，基本上还是大船了。(冉茂兴)

> 先用舵笼子，就是桅杆。我就专门是买那个推，推起去卖。扎成筏子放出去，弄到涪陵，他那头加工好了才弄到舵笼子厂，就起那个位置打风脑壳。那个就叫沃福祉，要15米长，那么大一坨。上水就拉桅子，这个索索、纤藤，就在高头长高哎。不是有些柱子、高石头、高桩桩嘞，就把它长上去点儿，它前头就不会寮②纤藤撒，七高八矮的。(冉崇辉)

---

① 刘冰清，田永红编著：《乌江文化概览》，武汉：崇文书局，2008年，第27页。

② 寮：挡。

乌江流域的水木匠还介绍了木质客船与货船的区别，他以汽车和火车作为类比，生动地进行讲述：

船一般中心都没得好大个屋，跟这个货车跟客车有点儿差不多，这个客车它的底盘的构造跟这个货车的构造相当于渔船跟货船，皮面上的装潢它就大有区别啦，它因为货车它装的是东西，客车只装几个人。货船与客船它就有一定的区别，客船它要装人，它天晴落雨要遮太阳、要遮雨。货船可以说不用很大的，不遮太阳嘛，遮雨哈。一般过去的货船哈，只能是百货，装百货的船那个就要做个屋。好，其余这些什么石头船啰、杂船啰、煤炭船啰、钢材船啰，装这些呀，都没得屋子，就恰像这些。这客船的话有很多座位噻，跟现在的火车、客车相仿的，就是恁个的货船和渔船来说，底盘、底下部分是争①不到好远的。（石本明，男，汉族，1950年生，重庆市涪陵区白涛镇三门子村4社人）

制造的木船如何进行防水，这是一个至关重要的问题。要让木船几年、甚至超十年在水里浸泡不漏水，这对防渗漏技术提出了很高的要求。拉船的船工彭昔非（图4-7），对此做了简洁的描述：

---

① 争：差别。

造船的缝缝必须要桐油。船全部做好了嘛，骨架有很多缝缝。这个缝缝有好宽呢？可能有些有一公分，有些有半公分。就用桐油放在石头上捶，一天一个人不晓得要捶这么大一坨。用石灰和桐油啊，竹子刮的那个瓢来涨、涨、涨①。先是用竹瓢子和桐油把那个缝缝填满，填满了之后再是把那个石灰打进去、糊进去。糊进去又要砸、砸、砸。这样做三层，全部把缝涨满了，最后才是用桐油来把船底全部刮了。　（彭昔非，男，汉族，1949 年生，重庆市涪陵区白涛镇三门子村 6 社人）

图 4-7　船工彭昔非（左）向作者（右）展示木船船具

---

① 涨：轻轻地捶打。

从制造木船所用的木材来看，1949 年以前跟 1949 年以后并没有什么差别。制造木船首选的木料为椿木、柏木，其次为枞木、杉木、梨树木、茨木等。选择造船所需的木料，主要考虑的是建成之后的木船能够耐水浸泡，船体比较牢固，木船比较轻便故而便于抬着或者扛着走。下面分别选取打渔船工杨学文和朱海龙、木船船工刘官儒和刘清茂、水木匠石本明的口述资料，他们分别来自乌江上游、中游和下游河段，可以代表整个乌江流域的概貌：

> 那个时候我各人都会造船的。造渔船的话，一般用杉树料比较好，椿呀唛很重，最好是用杉树，轻一些。那个树树的话，砍的时候，要选大的，要八九寸。像手抱到那起①正好。我们去砍那些树树，也不烧点儿纸那些。砍的话也没得啥子讲究，那些树树砍下来，一个人拉不动的话，要顺车路，车子拖去改②了。湿的改，改来晒干。（杨学文）

> 我从五几年开船到九几年。我们五几年开的船是木船，我们的船大，可能要坐八十个人，我们的船长度起码是十多米，五米宽。造船的木料都是用椿材呀、酸枣啊，大部分都是椿材，因为它涝水，经得起泡喔嘛。（朱海龙）

---

① 起：种。
② 改：锯成一块一块的板材。

我们做船的话，砍树树那没得哈数略。主要用那椿树嘛、柏树嘛，又是杉树，样都拿来造船。（刘官儒，男，汉族，1937 年生，贵州省思南县关中坝办事处皂角溪村茶园组人）

这个造船，有椿木、有柏木、有梨子木、有这个楠木，就是楠木最好，柏木和椿木这两样最好。它造船的话没得哪样讲究，选大的长的木材。只要有那样长，中等的那样木材最安逸，又伸展又大，这样改的板子，他才有那样宽嘛大嘛。就像我们做的那个梨子树啊，就像那样起码要长几百年，那些树子几百年上千年哦。就是那种梨子树，侧面一块就够了，整个船只需要三大块就可以了。主要要三大块，一边一块，下面一块。要那样七丈多长，我们那船。一般没有那么长，我们就弄一些一丈多长的重到高上①，重起就够了。（刘清茂）

造船的材料主要好的还是柏料，最好是柏料，在我们这个地方，在我们涪陵地盘上。除开就是枞树，其余那些料都没得。还有一种杉料，杉料做大型船，稍微大点儿船。只能说哎，做渔船这些哎，杉料还好点儿，它因为它炮式②啦，它只能轻巧，在水头泡久了也不行。但主要是柏料，第一个做船的材料还是柏料。（石本明）

---

① 高上：上面。
② 炮式：木料密度小，重量较小。

（二）1949年至改革开放初乌江拉纤船工的劳作方式

这一时期，人力为主的木船船工的劳作方式，与1949年以前相比有较大的变化，比如政府以打滩等方式治理乌江航道，降低了船工拉船上滩的难度和劳动强度。木船船工比较了长江与乌江拉纤的异同。长江滩小、滩少，水流平稳，人们用双肩拉船。乌江滩多、滩大、滩陡，水流湍急，用单肩拉船则在危急时刻，迅速将搭布儿或者纤藤从肩上取下扔掉，以保证船工的人身安全。乌江船工说：

> 但我们小河都是拉单肩膀，挎这一边，像将咮①他那个情况。在长江是双肩膀嘞，像三峡、长江。单肩膀双肩膀是安全系数。它们那个水都没得我们这个水流湍急。我们这个水流湍急嘞！来了水，你船都容易打叱，一打叱就根本拉不住，你甩脱，轻轻一扯就刮落了嘞。你双肩膀就要像怎个取嘞，你取不赢，都要把人都拉起眺②，你挎到肩头③，嘞些男的就被拉下水的。塔④、淹死也还有嘛。不是嘿多嘛，我没了解哈，嘞些都有嘛。单肩膀容易甩脱些，一侧就出来了。那船就拉不住了，就要拉下河。像刚才那个罗学成他把那个弄个搭布儿索

---

① 将咮：刚才。
② 眺：跑。
③ 肩头：肩膀。
④ 塔：摔。

索，一哈就跩①了，一抖就来了。所以嘞些谈拿起搭不
起，搭布儿索索那最后那一节，它有个转嗦②疙巴③噻。
（彭永禄）

由歪板船改造而成的舵笼子船，其体积和运载量都比以
前更大，改造之后拉船的人数增加，变成了16人。船上驾
长、打杂的共5人。他们如何具体分工、协作，老船工为我
们作了详细讲述（图4-8）：

图4-8　冉茂兴老人平静地坐在沙发上讲述
往日乌江惊涛骇浪中的船工故事

（兴舵笼子了之后）那个时候我们拉船的话，大船

---

① 跩：丢、扔。
② 转嗦：旋转。
③ 疙巴：疙瘩。

是十六个人，火歪板船、舵笼子啊嘞些都拉，船上有五个，一哈二十几个人。一般船原来是八个，多弄两个，九、十个这个样子。十六个人的话，是岸上十六个人拉，船上还有五个。船上五个，拿艄哎，撑船哎，打二篙哎，提舵哎，还有个煮饭哎。那个时候的话，嘞个乌江没建电站，那就陡得很。（冉茂兴）

当时结帮行船，也有许多行规，体现了维持秩序、互帮互助、安全与效益等原则和目标。老船工对此做了介绍：

那阵儿还有点儿规矩，不许盖船，不许弄英雄船。盖船就说哈，你在后头劳动力要强一点儿，你弄得快一点儿，你就想到前头去，这个不允许的。都在一起，不许哪个单独超过。前头走啦，后面就要跟着走。后头船没跟上，或者说人在那边不太舒服呀，耽搁啦，前面你都要等到人家来。人家赶上了之后，你们那个船是不是了解一下情况，你们劳动力受伤啦？能不能跟上？有没有问题？都是互相帮助。（张羽福）

打流水鱼是主要存在于乌江流域中上游的独特方式，船工们打渔的时间、地点、人员组成，以及打渔的具体操作、鱼的销售等方式，颇具地域特色和民族特色。打渔的老船工罗伦贵给我们详细讲述了他打流水鱼的生涯：

打流水，我们一般十月间出去，要打到腊月间回来，出去一两个月。正月二十几就再出去，只要春水一发哒，就回来哒。春水水量大，必须回来。我都是冬天和春天打两个季节。专门打流水的都只得我一个，上面有一家，但打的技术都不行。

我打的流水打得远，我打的是散慢船，必须要三个人，我打的是鸭池河下头的河沟线，上头到鸭池河，下头到乌江。往上头下头走，总共加起来可能有一两百公里。打流水的时候江水流得哗哗的，喊起两三个人，背着夹棉、米、菜和背笼就出去打流水哒。有时候打流水鱼的小木船就要拿来抬，河水走不动船的时候就要抬起走。走到哪个凼凼就在哪凼凼打渔，就在哪卖。当地人要拿到国岩去卖，不然不好卖。以前卖死鱼没问题，现在卖就卖不掉了。以前的话，打的鱼可以搁两三天，放在河边呀，放在那些流水石洞洞啊。我走的时候，比如说有百把斤了，请那些人托上车就托去卖哒，托到贵阳、乌江去卖。

那阵儿打塘子鱼和这个不一样，打小河的鱼和打大河的鱼不一样。大河里的只有晚上把网放下去，第二天早上收网就得行哒。小河那网不得好高，我们打那种矮网，有一米多点高，石头那样大的鱼，打到网头。我打渔时没得码头，以前没得镇，以前都是渡口。（罗伦贵）

朱海龙曾经做过乌江六广河渡口的专业木船船工，他主要是在1949年以后至改革开放前的这一段时间开渡船。在他开渡船的"大集体"时代，关于船工和乘客的特征、劳动组织方式、船舶特征、河流水情特征、当时的社会风俗等，他都给我们作了比较详细的讲述：

> 我们这个地方历史长得很，这个六广河渡口的历史也长得很，不晓得最先是哪个朝代选这个地方作渡口，也不晓得为啥子选这个地方为渡口。我们这个年纪肯定不晓得是哪个朝代开渡口，那些晓得历史的人又去世了。选这个地方做渡口肯定有讲究，我都不了解情况。过去的时候，没得船的，划的是木棒棒来扎的筏子。最后兴船，不晓是哪个年代兴的船，所以说历史长得很。

> 两个人划船，有个要搬桡，有个掌艄喔。客人要坐中间。这个河应该说是水比较平，不是很急，急的话八十几个人两个船工哪个都推不动。乌江的电站关水以来平些，原来我们渡船的时候，水是紧水，就是水很陡、很急。那渡船的人呢，要讲点儿技术，你没得技术的人员，你在高头掌起，那就出事故啊。这个是船能坐八十多个人，那它不可能一次同时性有八十多个人来，这十个八个，那三个五个啊，你反正要送过河。所以像我们开渡船都经过培训的，培训了以后我们才能开船。

> 如果说水急就恼火，最低要两个推船。我们坐这个地方，我们掌握这个水性。装客人的这个船，从哪里起哪里落，哪里靠岸，你要懂这些技术。如果你懂不到，你把船靠在其他地方，客人就不太安全。每一天，你比如像我们这个移民村去派这个船，我们是三个组，各个组安排各个组的。你这个组做一个礼拜，我们那个组做

一个礼拜，它是这样循环的。我们这三个组，每一天都是派两个开船，会开的才去开。最后来，男劳动力都可以开船，是慢慢培训出来、学起来的。

我拉船的时间短。如果水急了以后，渡船下去了你肯定要拉上来了嘛。我拉过渡船，没有拉上水下水，那个纤藤没去拉过。我那个时候都是开船横渡，我们也上下木船，跑不多。（朱海龙）

（三）1949 年至改革开放初乌江木船运送物资的变化

在 1949 年以后至改革开放前的这一时段里，乌江航运的物资已经告别传统的盐、油这类比较初级的产品形态。随着工业、农业、第三产业的发展，乌江船工运送的物资发生了极大的变化。用潮砥滩的老船工黎启强的一句话能够比较全面地进行概括，即"农产品是往下装，工业品往上装"。我们不妨将这一时期的货运物资航道称为"工农产品航道"。乌江通航河段不同地域的船工，都有相同的讲述内容：

六四年开始上船，我们恁个从来没有拜哪个师诶，拉船这个靠能力和气力。那阵儿是集体，集体的话抽劳动力出去划船，那阵儿公路不通，公路不通就由这个船哈，这些煤油啊、盐巴啊，还有这个凡是农用物资。但是原来我们这个船下去就到新滩，沿河的船上来就在新滩，那么新滩就由人工扛在高头来我们这儿，这种船拉到思南。那个时候新滩打了之后，就把新滩打通啦，打通啦这条河就一直下沿河，下涪陵都去。我们这些船推起涪陵就弄不上来啦，就要卖到底下①，空手回思南。长江我们没去过，那个时候的船的话拉到乌江，我们一直最多走起涪陵那个位置，上头走起那个大乌江，大乌江修桥那个位置，上面就是最多走起上南河，上南河以上就像没得河啦。上南河就是大乌江上面那儿嘛，修大乌江那座桥的时候，都到那个地方去拉沙、修桥，它那就是没得河啦，就是沟沟。上南河走那里没得好远嚛，最多十来公里。大乌江到上南河，我们这个乌江都是贵州。大乌江是属于余庆县，他们大乌江也是拉肥料下思南。最下面是涪陵嘛，最上面是大乌江。上南河到大乌江那一段，它就总称那儿是乌江。

只有在集体的时间，就是说你生活紧张年代的话，装粮食这些都有点儿补助，那阵儿国家补助每人两块钱大米。那阵大米才十三块八（角）一百斤，就是别样没得补助。从集体那个时期，下水都是装这个支农物资，装大米，装小麦，装玉米……上来原来公路没通嚛，装煤，装盐巴……装这些也是支农物资。我们这里是一直走起沿河，到沿河去啦又去转运嚛。我们思南就走起沿河，上面走起大乌江，大乌江也都是装那些支农物资，装肥。那阵儿那个肥料是个敞包包肥料咯，是磷肥。土地下户后没得装的，上水是空的。我们相当于从大乌江装起思南，在思南下嚛。（张羽福）

---

① 底下：下面。

我们那时候拉的话，主要就是拉煤和拉柴，后头拉盐巴呀，拉煤油啊、百货，农村的日用品、农产品这些。农产品是往下装，工业品往上装。下水就是资产，后头那就是土产了，开始就是硫磺，那阵儿就是硫磺包包儿，后头有茶叶，茶叶拉了以后就是拉奇百，拉了后头就是拉大米，哪样货都有，都是往下拉。上水就是拉工业品的，都是煤油啊、盐巴啊，这几种往上拉的。（黎启强，男，土家族，1946年生，贵州省德江县潮砥镇场镇人）

拉短途船的船工，他们所运输的货物与长途船有所不同。老船工也描述了他们上、下水所运送的不同物资：

拉船的时候最远的到思南、潮砥，上水拉货，你就和我联系，我就可以给你装，上水的货物有装桐子儿的，有装柴呀，赶场啊，人呀都有。那时候一个人才两角，还要扯，上其他的（货）要五角、一块。生活还是很苦。（田宝荣，男，土家族，1941年生，贵州省沿河县团结街道杨柳村滨江组人）

位于长江与乌江交汇处的涪陵港附近的船工，他们也在这一时期到位于乌江下游的白马装运煤炭，这是为当时的生产队劳动。上水空船，下水运煤。老船工们也讲述了他们的亲身经历：

我五几年在拉船，拉到了七几年。乌江拉喊土坎，装煤炭的嘛。上水是空船去拉装起，转来有两个窑子，一个生产队各装各的嘛，不给别个装，装煤炭啊来烧砖瓦。两个窑子，都是砖瓦，烧来卖。晓得那阵儿好多钱一个哟。我们上水空船，一个人拉五吨。拉滩就过换，大家一起我们拉拢了就靠起，下去所有的船拉起走。二十三吨的话，要五个人拉嘛。但生产队又没讲究那些，常滩嘛就是那些人去的，大滩嘛就多喊几个人去。（张德厚，男，汉族，1935年生，重庆市涪陵区江北街道办事处永柱社区1组人）

位于乌江中上游民族地区的专业渡船船工，他们在这一"大集体"时期，运送的渡客及其随身所带的物资，也具有那个时代的特征和民族、地域特色。老船工这样为我们讲述：

五六十年代，村民赶场好像是背点儿粮食啊，背的鸡、鸡鸭蛋啊，直接去赶六广场。对门是叫六广，只隔两三公里，它是个场镇。买点儿盐巴这些东西，其他没买，菜嘛你屋头都有。（朱海龙）

（四）1949年至改革开放初乌江船工的收入增长情况

这一时期的乌江船工从事与木船相关的作业，分为两类。一类是为集体，主要是为生产队拉船；另一类是从事个体性的弄船，比如用木船打渔等。

为公社、大队、生产队等集体单位拉船，在那个时候比较普遍。因为乌江中下游的私人营运船舶，在1949年以后都进行了社会主义改造，已收归国有。但是，从这些船工的经历来看：一是乌江沿岸的生产队等集体组织如果有营运木船，往往能够获得较好的经济效益，集体经济实力比较雄厚，集体和个人总体上比较富裕，农民人均工分的产值也更高；二是农民争相去拉生产队的木船，因为这些拉船的农民除了能够获得满额的日均工分即十分外，还有可能挣得外水（额外收入）。老船工们对此做了比较详细的讲述：

　　然后我们那个船就来装大风沙，因为那沙子重噻，所以装大风沙还是要个船来装，我们那船是十八吨，总共装八方，一袋装一方，这就算是集体些拉的船。像这些专门的就是想搞点钱哈，然后交给生产队了，由生产队拿来作为搞活动的资金，搞这样啊、那样啊。但是我们自己也还是能赚点儿的，一个月平均拉沙的话，那个就算生意噻，那也还算是可以了。我们每个人大概要投两块或者两块五一天，那就是很可以了，然后我们交给集体一块，那个交给集体就是一天一块钱，天天交完就总共是三十块钱。这个就像是一天十工分，就是啷个。干这个就是最高劳动力，就说你像你这个人，你总共做了二十八天，它就是按二十八天算，和那个工分比起来，那个钱搞起安逸，那个钱你搞在手头了，拿来一个月结账就是了。（袁子乾）

我买那个木船跟生产队搞副业收入噻，在船上争轮子①了嘛，两三块钱的嘛，还是有点儿外水②。一个月争轮子嘛。后头挣钱了就一个去做一会儿。这一批，比如说我们去七八个，下回那几个又去。有时候会带点儿东西回来噻，出去买点儿便宜东西又出去不到。要不顺便给别个带点儿东西啊，哪个顺便带点儿。反正集体凭工分来。那种正常级别的运货，这里装一载，那里装一载，这些都是生产队集体所有。有人是汇款，就是和信用合作社来结账，这边把账做好，比如你这个月装了好多载。（彭永禄）

最高我们是达到了六角八（分）。所以这个村当时好点的是六角多。其中有的（生产队）一角多钱，有的是几分钱。他为啥子达不到六角八（分）？他没有气力，又不去弄主意唛，就是在这又收又种唛，他就没从经济上投入劳动价值。我们就创造了劳动价值，那就通过这个来分，他就高一点儿。那个时候别人扣③两角，这边扣六角。啥子概念？相当于现在的工资别人两千，你六千。（彭昔非）

应该指出，乌江及其支流沿岸的码头渡口以是否向渡客收取费用而分为义渡和民渡。义渡是乘船免费开放的渡口，或纯粹民置民办或官督绅办以维持渡口运行。"它由士绅或

---

① 争轮子：争着排序上船、拉船。
② 外水：额外收入。
③ 扣：指劳动力的价格是多少。

民众捐钱置业，通过放佃收租的方式来支付渡工工钱和船只的维护费用。它或为官督绅办，或由民治民办，管理机构名称不尽相同。"民渡为私人经营的收费渡口，在乌江流域俗称为"民渡"。此外，乌江两岸村寨更有无数因陋就简的"野渡"，主要满足日常生产生活与物资往来之需，性质或义渡或民渡，数量、位置俱难清理。①

用传统的标准来衡量，在六广河渡口由朱海龙所驾驶的渡船很难归为哪一类。他驾驶的渡船是收费的，不属于义渡；而渡船属于生产队，也不属于民渡。作为渡船船工，朱海龙说他们的每一分钱都是交给生产队了。一般来说，开渡船是每一天都有工作的，比普通农民有更多相对固定的劳动机会，也就有更多获得工分和收入的机会。而且，开渡船可能比干地里的农活更加轻松：

> 五几年，每一个客人收五分钱，交生产队。反正那个时间收费交生产队，个人得不到的，生产队给你评工分。一只木船最多用三五年，要重新换木船。所以，把收到的钱凑起，又用来造木船。六几年，物价又涨点儿，最多涨起五角钱一个客人。（朱海龙）

杨庭木的父亲是1949年以后驾驶渡船的船工，他的父亲及其他船工都是靠收取河粮为劳动报酬。但严格来讲，政府

----

① 彭福荣，李良品：《乌江流域文化概论》，重庆：重庆出版社，2016年，第63—64页。

为了维持秩序和维护人民生命、财产安全，都会对渡船进行监督、管理。其类型归属具有模糊性：

> 我爷爷和父亲一直都是在开渡船，父亲九〇年就没开了，那年八十九岁，他九十一二岁才死。渡口的位置从我家下面这条路到对面那点儿的织金县。我只要回家，都在渡船拉呦。在我父亲那一代，那是属集体，是帮集体帮国家渡了。当时又没得哪样（福利），一般唻收点儿河粮嘛，就像现在说的工资了嘛。除了我们整个化屋基的人，其他的来坐渡船嘛都要交河粮，当时是一升苞谷，好像一升只有六斤苞谷，交六斤包谷你就随时可以过，对面沿水的也是这样。化屋基的人不交，当时是为人民服务呀。下面和我父亲一起开渡船的一共只有两个人。当时生产队没有向船工的河粮提成，因为你要交公粮，交余粮。化屋基老百姓就拿粮食去交。收来一年的河粮，就像现在开工资一样了嘛，就是说生活的粮食保障。当时粮食少，反正一年的河粮不多，一个人分起来七八十斤粮食。船工天天在上面开船呀，屋头这些庄家活路不搞了。一个开渡船的收的河粮，和一个人种的粮食差不多，个人种的粮食反正要交国家供余粮呦，剩余的就是自己的了。（杨庭木，男，苗族，1949年生，贵州省黔西市新仁苗族乡化屋村水塘组人）

打渔船工杨学文在自家附近的乌江里开行的渡船，可以归为野渡一类，而且属于义渡类型的野渡。并且，杨学文的野渡还具有"媒人倒贴一个女儿嫁"的赔本买卖的特征，颇具苗族特色。这体现了苗族民众热情、好客、大度、包容的民族性格：

> 我开渡船的话，从点点小一直到现在。我们渡的船不收河粮，也不会收哪样钱，有事的话，下去帮忙渡喽。若船还没来，渡过来喝点儿酒，整点儿东西吃，吃了将他装过去，钱没那么重要。作为我们这地廝①，过去的人全都是我们认得到，都不收钱，做点儿好事，我想感谢哈他们。若认不到的拉船过河坝就是两角钱一个，不渡船的话要让人饿死呀。认不到我当然要收钱啊，但钱我也收，最多一两角钱。一般坐我那船，都是那些熟人，不熟的人都很少，都是熟人偏多。他一年四季都坐我那个船呐，他还是会买点儿哪样吃的给我。（杨学文）

作为打渔的船工，从他们讲述的内容可知，他们虽然是常年在外打渔而且非常辛苦，但他们的日均收入明显比在家里干农活获取工分收入高得多：

> 五六十年代的鱼一两块钱一斤，最贵的三块，现在卖一百多一斤。出去打流水鱼一般都是一个人，屋头的那有个媳妇的嘛，走到哪停到哪。打渔是家庭的收入，以这个为职业了嘛。我还是以农为主，以这个为副业了

---

① 地廝：地方。

嘛。我没学其他手艺，就下些农活。我打渔那哈找到哪样钱？那哈你出去只要听到一两块钱、两三块钱一天都不得了啦，就是你生意好。一般块把多两块钱一天。除了生活，除了开支，你一个月带到几百块钱回家最高兴哒。（罗伦贵）

打渔人是最苦的。说句不该的话，不晓得的不打渔唉，说这鱼要卖这么多，值好多点儿钱！不晓得我们打渔的苦楚，是最恼火的。我们那个时候，那个鱼就是钓来各人吃点儿，大部分就是拿去卖。我们都是背在湾上或者八角去卖，卖那个地方离我们住那个地方有几十公里，那恼火得很，净是走路，又没得车子。背到那哈去卖，要走三四个小时。那哈也卖得便宜，一般五角钱一斤，到后头卖成六角、七角、八角，到最后卖成一块、两块的。（杨学文）

二、1949年至改革开放初乌江船工向好的生活状况

我们根据乌江老船工的口述资料，通过观察、分析船工衣、食、住等方面的情况，来归纳和研究乌江船工在1949年至改革开放初这一时期的生活状况。通过对下述材料的分析、研判，我们可以得出一个肯定的答案，即乌江船工在1949年至改革开放初这一时期的生活水平远远高于1949年以前的水平。这是我国社会主义建设的一个黄金时期，国家的统一为

全面建设营造了一个很好的宏观环境。国家的集中、统一领导和组织社会主义建设，促使我国各方面发展取得辉煌业绩。改革开放前三十年，我国在探索社会主义建设的道路上取得了巨大的成就，为开创崭新的中国特色社会主义事业奠定了坚实的物质和思想基础。乌江的航运业及船工都从中享受到了红利[①]。在社会主义社会里，船工依然是一个比较辛苦的行业，但船工们感受到了党和祖国的温暖，欣逢社会的进步，有了新的收获，享受到了美好的生活，对未来充满了美好的期待。

（一）1949年至改革开放初乌江船工饮食状况的改善

民也是以食为天，船工的饮食状况受到整个时代的经济、社会、文化发展水平的影响，也受到地域、民族文化的影响，同时也与行业特性密切相关。例如，为了御寒除湿，乌江船工经常喝白酒、吃辣椒和花椒等食品。而下面这些由船工口述的饮食习俗，则更加具有行业饮食民俗的特征：

> 我年轻的时候就在江东那边跟我师傅学技术，我还有个师母在哎，在黄桷嘴那边生活，加油站、油库挨到。我们这些师兄师弟是平辈之子，只是说就我们这个水木匠哈，看起来是河沙坝、河边吃饭，不大个棚棚就搁到起。打比说我们今天在河边吃饭，又没得个桌子又没得

---

① 周健，丛松日：《用辩证统一的历史眼光看待改革开放前后两个三十年》，《中共石家庄市委党校学报》2017年第10期。

个板凳。我们就只有端起，板板铺起放菜碗，端菜咯嘛。打个灶，看到那石头壁就挖个灶，拿三个石头萃①起煮饭吃咯嘛，十个八个都恁个萃起煮饭吃。一般都有十几二十个人噻，灶搭起了，弄个棚棚遮到，遮雨哒嘛。（石本明）

上述船工口述内容，反映了乌江水木匠煮饭的地点、方式，以及吃饭的地点、环境和方式，总体上具有因陋就简的特征。下面这位龚滩的船工则讲述了流传在乌江中下游船工饭碗里的一道颇具航运和地域特色的名菜"连渣闹"：

我们吃饭的话，豆子推的嗻嘛，豆子搭一点儿萝卜菜。豆子泡涨了，打成浆浆，就把菜放在里面，煮一会儿了，就下点儿胆水，煮成连渣闹儿。那阵儿我们那会儿，吃不到胆水②。胆水都是我们有关系的人，走涪陵带进来的，我们这头没得。原来是吃酸水，就是推豆腐的鄐水③，用罐罐装下来，放到灶下，做酸水的。后来就是我们用船担保，买了运进来的。（冉崇辉）

乌江中下游拉船的船工，他们什么时候吃饭？怎么吃饭？这些由谁来决定？船工的口述资料都作了详细交代：

---

① 萃：搭。
② 胆水：卤水。
③ 鄐水：煮豆花锅里的水。

我当驾长的时候就不喊号子了，就是掌握方向，喊你掰头掰，喊你脑壳看哈，就现在一个驾长相当于一个头，后驾长是头哈，歇不歇气都是后驾长说了算，是那种。他就说第一时间该在哪儿吃饭，就在哪儿靠拢起噻，因为十个人嘞总要有个人指挥噻，不然，一天拉船都在你吼我我吼你，那还是吼起。我们这些遭吼了也不记仇，记啷个仇诶，那个不记仇。（田宝荣）

吃饭，早饭、中午饭和夜饭都要靠在一起。（张羽福）

乌江打流水鱼的船工，一般几个月沿着乌江打渔，所以他们就要准备一个"小厨房"，在打渔所在地的野外自己解决伙食问题。老船工向我们讲述了这一颇具职业特征的饮食习俗：

出去打流水的话，带米、菜、油。可以在当地买，但那就爬坎，背起去卖鱼后就买起来了嘛，割肉啊、买油啊。有的就在那点儿煮饭。我们肯定带锅儿，带一个炒菜锅儿，一个人带个碗儿都行了。以前带个锑锅煮饭。（罗伦贵）

而乌江沿岸的渡船船工，他们的家多在渡口附近，他们一般在自己家里吃饭。这样可以节省生活费用，也可以照顾家庭，并且可以与家人共享天伦之乐。渡船船工给我们讲述了他们的饮食情况：

> 我们船工中午各自回去吃。我是挨到渡口住，回来
> 吃。（朱海龙）

（二）1949 年至改革开放初乌江船工不断改善的衣着状况

在这个时期，全国人民的生活水平大幅度提高，乌江船工的穿着也随之比以前更有保障、更有质量，这是大好环境下的必然发展趋势。

乌江船工拉的船是集体企业的，这样的话，工作和工资收入更有保障，乌江老船工为我们做了讲述：

> 集体企业不是国营，但是是集体，拿工分、拿工资。
> 它是两部分组成，一部分工资就是你拿几块钱来买草鞋，
> 就是拿去穿草鞋了。（罗学成）

乌江船工及其家人也奉行"自己动手，丰衣足食"，自己缝制实惠、耐用、舒适的船工服饰，从口述材料中可以看出船工们比 1949 年以前穿得更好、更暖和：

> 过去来讲，裤子的上裤腰，那搭布儿下面，他没得
> 其他的裤子了哈，都是各人缝的大裤腰。那里头穿得少，
> 裤子还是黑布。穿的还是那种都喊为青布，裤子也是穿
> 的青布。白裤腰那也有嘛，那是过去，现在就没得了。

（刘朝怀，男，土家族，1948 年生，贵州省德江县潮砥镇场镇人）

此时的船工能够穿上一双胶鞋，从一个侧面说明他们的穿着条件比 1949 年以前仅有一双草鞋甚至赤脚的状况好了很多。胶鞋比草鞋更加耐用、舒适，可以保护脚免受荆棘、乱石的伤害。此时的船工，也保留了在适合的条件下穿短裤、草鞋等传统的穿着习俗，但这是可选择的条件之一。老船工们讲：

> 那时候夏天拉船纯粹是短裤哦，你穿这些长裤儿，一是不利索，再说下那些岩头不方便。（田永权）

> 那时候拉船还是嘿①苦嘀，太角②得呦。穿水胶鞋，那个时候。（张羽昌）

（三）1949 年至改革开放初乌江船工变化中的住宿条件

这一时期，一部分拉船的木船船工晚上仍然是睡在木船上；另一部分船工已经转移到机动船上上班，享受到比较好的住宿条件，而睡船板这种住宿条件的木船船工数量在逐步减少。木船船工袁子乾给我们讲述了他们此时的住宿情况

---

① 嘿：很。
② 角：厉害。

(图4-9):

> 我们这些拉船的日子也还不是苦!我们平时就睡在船板上,只不过嘛有个蓬蓬遮到起,不得淋雨。(袁子乾)

图4-9 老船工袁子乾在乌江边讲述船工故事
(右边是他家带棚的小渔船,禁渔后停靠在此处)

在外打流水鱼的船工,就是哪里黑哪里歇,他们每天的住宿地几乎都是流动变化的,所以他们的住宿条件也因陋就简,往往是将就着睡:

> 晚上就在河边割点儿草草,整点儿那个薄膜子一匹①起就是了,就睏②了嘛。(罗伦贵)

---

① 匹:盖。
② 睏:睡觉。

而居住在乌江边的一般的打渔船工，他们就在家附近打渔，也就在家里住。渡船船工的家离渡口也很近，一般也在家里住。他们分别做了讲述：

> 一般晚上去搭起网就回家来了，明天早上去收额，不会在河边住，不会走很远。（游荣利）

> 晚上在那船上要守夜，招呼船。是我值班，我就在那点儿守，两个人守。哪里值班就在哪里守，每天早上八点钟就交船，交给下一班。在船上睡，各人带盖巴。那个船上，那是整好了嘛，有木板，搭起就睡。（朱海龙）

（四）1949年至改革开放初乌江船工的疾病困扰

随着机动船在乌江逐步试航，1949年到20世纪60年代，乌江是机动船和木船并行的时代，机动船数量在慢慢增加，而木船的数量也开始慢慢下降，乌江老船工的数量也开始缓慢下降。到了20世纪60年代，机动船在乌江普及，木船逐渐退出乌江航运业。船工在机动船上的劳动条件更好，身体受到更好的保护，比在木船上劳作要少生一些病。

在这一时期，也有部分木船船工因为数年、甚至数十年在水里浸泡，加上日晒夜露、风吹雨淋等比较艰苦的生产、生活环境，使他们留下了后遗症——风湿类和关节疼痛类疾病。甚至在他们退休后的老年、晚年都饱受这些疾病的困扰和折磨。如这位潮砥滩的老船工所言：

一直到现在，现在我这几年做都没做，因为我那脚是风湿了，做不得。我有十三四年没做活路了。（黎华安）

那个时候来啊、去的话，因为自己的身体差，由于那个时候做工啊太早，过分太早，十四岁就开始干活，所以就造成这个腰痛、腿痛，所以就没有办法，就看孙子啊，还有办几把蔬菜，就是这个样子。我恁哈是小组的组长，当了一年多。（张羽昌）

第三节　改革开放后乌江船工
多元化的生计和生活状况

本部分研究涉及时间界定问题。十一届三中全会是 1978 年召开，但是各地落实土地下户等政策在时间上要延后一些，而且各地落实政策的进度不同。所以，本部分研究所指的时间"改革开放后"是一个相对宽泛的时间概念，有的时候是指 1978 年或者其后的几年。这一时期乌江船工的生计状况，最明显的特征是发生分化和多元化。而改革开放后，乌江船工生活状况的类型丰富多彩，生活质量不断提高。

一、改革开放后乌江船工的多元化生计

改革开放后，乌江流域以前的船工们的生计方式发生了不同的变化。这与他们的年龄、身体状况、原来航运单位的性质、效益状况等影响因素密切相关。

（一）改革开放以后转而从事机动船的乌江木船船工

改革开放后，乌江的木船船工转变为机动船船工，有多种影响因素，国家政策考量是其中的重要影响因素。比如，到了20世纪八九十年代，还在乌江航行的人力木船存在诸多不安全因素，政府从安全的角度考虑将其取缔：

> 我七三年结婚。那一年呐，我们生产队那个窑子开始烧窑。八九年就没干拉船了，机械化冲击了，就不要那个木船。所以八九年过后，我买的是机械化"黄旗20号"，买来烂得很了，都是清出来的。（彭昔非）

（二）改革开放后继续从事木船行业的船工

这些类型的船工主要是打渔、渡船的船工，而且主要位于中上游非通航地区。杨学文和杨达文兄弟二人即属此类，他们打渔的木船是自用船舶，即非对外营运性船舶，所以政府没有过多干预（图4-10）：

> 我那个时候是边做活路边打渔。以前就是靠打渔来吃，靠打渔来卖。（杨学文）

　　像那个我们以前啊，一直都是打渔为生，为了生活。就是说我们出去打渔哈，冬天或者热天打一个星期，我们是在上方来的，在水上的。（杨达文）

图4-10　杨学文（左）、杨达文（右）为作者（中）
讲述乌江船工故事后合影

（三）乌江木船船工转行从事与船运无关的其他行业

　　改革开放后，不少乌江船工转行从事其他行业，可能有多方面的原因。比如下面这位潮砥镇相对比较年轻的打渔船工，他转行的因素就是多种多样的：一是国家因生态保护而限制或者禁止捕鱼；二是受其他行业发展前景和经济效益的影响，如奇石行业好的时候就转进来，奇石行业不好的时候就转出去；三是继承祖业，他的母亲一直是开餐馆的老板，他最后就从事餐饮行业，在潮砥镇开了一个餐馆，一直经营到现在：

1980 年我去当兵，但遇到大裁军被裁了。1981 年我就回来了。当时退伍停薪留职，回家后给我安排在潮砥镇的供销社工作，但那个单位是垮了的单位，不景气了。我当时就是以打渔为职业。现在那个停薪留职还保留起的，当时是一年交五百块，交了五年，现在没交了，那个单位还给我交了一半的养老保险，还有两年就退休了，我就可以拿退休工资了嘛。

我从 1999 年开始打渔，一直打到 2007 年、2008 年。后头管得严了，中央提倡环保，全部打渔的船都被征收了，就不准再打渔了。2000 年我开始做石头生意，做石头生意做了七八年，就是在河边那几年。2010 年后我就专心开饭馆了，后头都没弄石头了，也没打渔了。

我后头做石头生意就是把河边的乌江石捡来，把它洗干净，拉到柳州去卖，那里好卖些，它有个奇石市场，是东南亚最大的奇石市场。在这七八年里赚了百把万块，当时那个石头生意还是比较红火、比较火爆的。我捡石头都是在潮砥那乌江河边，上头没得。下头就起①长堡，长堡是属于德江县，十二公里，还没拢新滩，新滩到这是有几十公里远。乌江石是从印江河头小河沟里面的小河冲出来的，到不了那个地方。当时卖石头，一块比较小的石头都可以卖三四千，大的可以卖万把块钱。但是

①　起：到。

现在市场不行了。最后我就去开饭馆了。（张鹏）

（四）退休后"后船工时代"的职业生涯

乌江老船工到了六七十岁，就会从工作岗位退下来休息。如果是国有单位的正式职工，则男性在60岁就正式退休；如果是在农村务农，则没有固定的退休年龄。不过现在全体人民的生活水平都比较高，在农村生活的乌江老船工中也没有高龄时仍从事繁重体力劳动的人，他们也多在家休养。下面的口述资料来自羊角镇两位年龄相近的老船工，他们是堂兄弟俩，两人都是在1949年以前年龄很小的时候就开始弄船，但他们俩后来的人生发展轨迹、退休方式和退休后的生活方式都不同。羊角老船工讲述了他们弄船的人生经历、转行和退休后的生活状况：

　　我十一二岁都开始盘滩。十四五岁的时候，我还是参加啦社会的，跟到黄大哥。我们拉船从涪陵都拉羊角、拉武隆、江口或者是彭水、龚滩，最远拉到重庆上头和宜昌啊嘞些。我们是只要哪点儿有生意就去啦。后来我们上船装货，直接装龚滩，龚滩都往思南、潮砥那边走。

　　我在上班的时候，我家还是在羊角。上班的时候是在那船上，一天在船上靠起，在船上吃，有时上街去耍一阵儿，又去喝哈酒，吃点儿家伙。那阵儿好像是六二年，我还拉了一年半的船，现在那笔钱我都还没有结到，光去做了。

　　我解放过后还是拉，我们那阵儿叫工人了。具体是在船上拉索索，嘞些后头都在提舵了，就说你船上放纤藤。我堂弟兄他也是拉船，后头唉，就各人赚了点儿钱，就去当船长了，就到单位去了。一去了单位，就是那阵儿，又遇到灾荒年成，又遭灾了又遭病了，饭都吃不起。

我在六二年下船就回来了，六七十年呐。过后就回羊角种地了，我还当了队长，那和普通农民是一样的，还扎实①些，收入嘞些样都没得。嘞就直接做到了现在。土地现在还在，只是成了荒山岭。（冉茂兴）

其实，乌江船工冉茂兴老人早就没有种地了，他已住在武隆区城区他的孩子们的家里，我们也是在武隆城区某高档住宅小区去访谈了冉茂兴老人。他在口述中谈到他的堂弟冉茂吉老人，我们十分巧合地在访谈冉茂兴老人后的第二天即在涪陵城区访谈了冉茂吉老人：

我十三岁就在拉船了，我前面相当于是一直在拉船，只有最后六几年的时候才在船上。到船上去了，我打过二篙，前驾长当过，后驾长没当过，最后我当的船长。我在一九六三年元月一号就调到船道队，现在叫重庆航道处当船长，当了几十年，一直到一九八五年退休，一九八六年正式退的休。那时候的重庆船道处就直属于重庆市港航局，打牌子是重庆市乌江船道处。

我家是羊角，往上头拉，最远拉到那个龚滩啥。像

---

① 扎实：困难。

下水的话，武隆下头涪陵啊、长江啊、重庆啊这些我都去过，再往上到江津的话我拉船没去过，但是我开船的时候去过。那阵儿，拉船没得好几个钱。吃就是吃的老板的，我们有三个神符，涪陵有一个叫起航，羊角有一个是抬盐巴，彭水有一个是过关手续，过神符嘛肯定就要吃肉，所以过涪陵、羊角、彭水都要吃肉，其他时候就没得。大概是一九六六年的时候，就是"文化大革命"的时候，我就没有拉船了，就上了机动船去学舵。学舵了后，就去当副驾驶，副驾驶当了，我就当了船长。（冉茂吉）

　　这两位出生于羊角镇的乌江老船工起点相同：相仿的年龄、堂兄弟、从小就盘滩拉纤、从小的玩伴等。他们都以船工为生计起点，但人生中途开始，其人生发展轨迹就不同了，结局也不一样。他们人到中年后从事的职业不同，冉茂兴是务农，最后干不动农活了，自己决定退休，老了之后也没有养老保障和退休津贴。冉茂吉是国有航务管理部门职工、国有轮船公司轮船上的船工和驾驶长，冉茂吉到了60岁即以国家干部的身份退休，享受了较好的退休待遇。这主要是因为他们二人在人生途中做出的不同选择，个人把握的人生际遇不同。

　　在古代，船工被认为是社会地位低下且极为辛苦的职业。健在的乌江船工可以说是乌江挑选的"精华之子"，他们经历过乌江"天险"生死考验的千难万险，健康地活到今天实属不易。乌江也锻造了乌江船工坚毅、勤劳的品格。部分乌江船工从单位退休以后，仍然"退而不休"，又到其他单位从事新的工作，这既是他们勤劳的秉性使然，也是他们想为自己的养老并为子女们积累更多的财富。这样的"世纪老人"不免让我们肃然起敬！老船工杜国发告诉我们：

> 最后我就一直在船上，我在行船公司走了三个船就退休咯，差不多搞了三十多年。一九九四年我才退休，本来我该一九九零年退休，涪陵轮船公司的（人）把我身份证拿去改的，就是做那个集体办身份证，就改小四岁多，所以你得把它做满了才得退休。我退休了都还搞了三个多月了，才走得到路了。

> 退休后，起先，我还在河嘴去照过工地的，照过九个月，一九九九年我就去照那个工地，就是那有玻璃碴那哈是个工地。后来，文化局请的那咯两个石匠，一个石匠是蓬溪的，一个就是四川成都那哈的，那两个石匠来打那个白鹤梁啊、易家坝啊那些。我就在那哈照工棚，照了一年多，每个月400块钱，嗯当要咯嘛。因为我有颈椎炎，我就回来没有去了。（杜国发）

（五）乌江船工生计转型的困惑与阵痛

乌江船工的生计转型是一种历史发展的必然趋势，它受到多种因素的影响。一种是出于生态保护的需要，取缔捕鱼的行为。"长江十年禁渔计划"于 2020 年 1 月由农业农村部发布，即最迟从 2021 年 1 月 1 日 0 时开始，实行暂定期限为10 年的常年禁捕行动，期间禁止对天然渔业资源进行生产性捕捞。2021 年 2 月 10 日农业农村部公布的数据显示，长江十年禁捕，共计退捕上岸渔船 11.1 万艘，涉及渔民 23.1 万人。① 这也包括杨学文在内的乌江流域的船工们。

杨学文兄弟俩都是七八十岁的老人，他们以及他们的后代历来主要靠打渔为生。全面禁捕使他们原有的生计方式突然中断，新的可替代的生计模式尚未建立，他们正经历生计模式转型的阵痛。他们不适应生计模式的突然转型，类似于生计断裂：表现在"旧"与"新"的生计方式衔接转换时，一定组合状态下的生计资本"模块"发生变异以及效力丧失，在现有或替代性资本尚未重组与填补的情况下，这种功能性障碍导致生计系统运行的瘫痪，当内部与外界缺少对"旧"与"新"互相有机联系与整合机制时，这种事实上的瘫痪将会造成生计的断裂。② 杨学文对此讲述道：

现在也不准打，也就没去打渔了。现在是从去年开始控制了，就没得啥子收入了。然后那田土只是我老家的田，这底下③没得我的田土，所以也没有种地。

我们打的鱼便宜的是花鲢，我每次卖十块钱一斤。其他就黄腊丁、鲤鱼、鲢鱼相对贵一点儿。黄腊丁跟鲢鱼价差不多，反正七八十，鲤鱼最低要遭四十。但现在

① 《农业农村部慰问渔民和渔政执法人员》，农业农村部网站，2021-2-1，http://www.moa.gov.cn/xw/zwdt/202102/t20210210_6361632.htm.
② 施国庆，王晨：《断裂与替代：退湖渔民生计的转型》，《南京农业大学学报》（社会科学版）2014 年第 4 期。
③ 底下：下面。

有好多鱼都打不到了哦，控制了。现在遭碰到，要遭罚你款，我也是遭过的。

我们在老家的时间就开始用网打渔了的，将近一二十年了。用的网是自己编的，那里没得大网。我们是去买的鱼线，买了就先自家编。打渔的木船还是我自家整的，我各人会整。那个船有六米长，宽的话一俳①多点，我家那些船全部都在，差不多有十五只。网全部都搁到那哈儿，那个要值一万多，或者少些。都全部堆到屋头的，打不到就搁到一边。我那些网都打过鱼的，但是现在不准打，就没得法。

我那几个儿子以前都在打渔，现在控制了，没得办法了，现在都跑到那底下找活路做，到处找活路做。在哪哈儿去了我不晓得，我那儿媳妇也一起去了的。之前没控制了的全部都在打渔。那个时候打的鱼一般几十百把斤，这最多只有四五百斤，再少都有几十斤。

我们还是希望政府准我们打渔，希望政府不控制。因为不准打渔的话我们就没得啥子做的了，现在我这家人六十四个人口，囊个生活嘛？（杨学文）

乌江流域打渔船工会面对生计转型的困惑和阵痛，这是一种正常的、可调控的现象。从国家的、宏观的层面来看，进行生态保护和长江十年全面禁渔是应该的、合理的，杨学文这一大家族也表示理解和支持。他兄弟俩也没有再在禁渔

---

① 俳：指成人两手侧平举时两个中指之间的距离。

之后打渔了，他们的子孙后代中的中青年人已出去打工谋生。不过，他们的一些想法和建议也值得考虑。

下面这位主要造船的水木匠也面临生计转型的困惑与阵痛。与上面不同的是，他是仍然在勉强坚持传统木船制造工艺的为数不多的水木匠，比如他的很多同行不干了，他的两个学成的徒弟外出打工，从事其他行业了。因为，现在木船市场萎缩，变得几乎没有了，市场不需要木船。仅有的少量需求，也面临机械化、社会化生产的竞争和挤压。他自己对水木匠评价的高频词是"失传"：

> 我这个木匠技术感觉不行了，传不下去了，因为没得，你不做这个东西，光嘴巴说，是传不下来的。手艺这个东西，不管哪种手艺，要经实践要通过手脚，要实践来做，光是嘴巴恰像你们教书哈，那就是叫纸上谈兵，光说得到，叫拿去做，他不晓得唧个做法，那就是叫纸上谈兵。那要实际行动，嗯是要一手一脚的做，今天叫你割锯子，硬是要这个割法，那个不做是不行的，就这个讲，你都不晓得囊个拿锯子法嘛，就叫你囊个砍，就叫你囊个拿开山①，那个是纸上谈兵。现在没得人继承，一个是学啊也教不出来了，很多东西像现在做不起唧②大，像我们那个年代，我最大做过四十几吨船哦，四十几吨是最大的了。

---

① 开山：斧头。
② 唧：那么。

这个手艺只有失传了，现在不是靠我们这种手艺，现在很多种都失传了现在。诶，都失传了。就拿现在说，不怕现在这个，家具木匠做的这么好，但是我的看法是，比过去这些小木匠穿尖斗角，都差得远呢。现在把那个家具漆的这么好，做的这么咣珄①，那过去那些穿尖斗角，你看那斗拢去丝丝都看不到。就现在我来说啊，这种小木师傅，都有很多失传了。像过去那些木匠，那些做桌子的，做板凳的这些，现在这些木匠都是家居铺的人了。

现在都是用的机器，他们很多都用机器，啥子都是机器，稍微那样他们就加胶水，加一点儿把它黏到的嘛。过去的木匠是手工噻，铁钉一点儿没有，过去哪得用胶水嘛，斗拢去的东西哒嘛。

两个徒弟学了有十几年，因为我个人，我出去带个小伙儿。现在出去就带不动了噻，做两排恁长个，那个像太河啊，像马武这些。诶，喊我做，个把人嘛，总共恁大个船，都带不动；也不是带不动，一个是养不活，现在这个东西，它做一天不做一天，现在又没得好多活路契②做。诶，没得活路，它就养不活他们了噻。我们这些其实也算是个衣食父母，你说这个也是个师傅，像我只有去年、今年才没走我师母那儿去咯嘛，我就看看明年，这看到没得几天了哒嘛，我还是准备看看，看之

① 咣珄：表面平整、发亮、光滑。
② 契：去。

198

后是个啥子情况。

　　2000年，也可能九几年，原本收了两个徒弟，那时他们二十几岁。但是这个技术，那刹咽①嘛活路②一下少了嘛，传不出来，后来这个手艺养不活人，他们就去重庆打工了。他们时不时还回来看我。那个徒弟，师徒之间当个朋友之间噻。（石本明）

　　石本明（图4-11）等乌江水木匠的传统木船制造技艺，实际上是一种非物质文化遗产，相关文化生态的失衡，是其

图4-11　水木匠石本明讲述乌江造船的故事

---

①　刹咽：后来。
②　活路：工作。

走向衰败甚至灭亡的重要原因。任何一种非物质文化遗产都是在特定的历史环境和自然环境下产生的，如果其赖以生存的文化生态遭到破坏，这种文化遗产就会渐渐沉寂下去，甚至走向灭绝。近二三十年来，由于工业化和城镇化建设步伐的加快，生产、生活方式的迅疾改变，影视的普及与流行艺术的影响，加上外来文化的冲击等文化生态的变化，导致了非物质文化遗产传承面临危机。①

二、改革开放后乌江船工多元化的生活状况

下面，我们根据前面所述的改革开放后的乌江木船船工的分化类型，探讨分化后的乌江船工的生活状况。

（一）从事机动船作业的新型船工的富裕生活

机动船船工主要分为两个类型：一类是当普通的机动船船工，他们不需要用体力来推动船只前行，劳动强度大大降低。机动船船体更大，动力更足，其上提供给船工的生活设施更齐全、更舒适。机动船晚上一般都停靠在较大的码头或城镇。所以，机动船船工在船上的生活更安全、更舒适，工作报酬也有明显提高。另一类是由木船船工变为机动船老板，他们自己购买或者承包机动船，从事客货运输，收益颇丰，过上了富足的生活，如涪陵区白涛镇由原来的木船船工变为机动船老板的彭昔非所言：

① 黄永林：《"文化生态"视野下的非物质文化遗产保护》，《文化遗产》2013年第5期。

我二十六七岁开始拉船，反正我们生产队的船七九年都是我在那上头弄了。七七年都是，那几年开始上船拉。在船上二十年，八九年就放的手的嘛。土地下户，我们那里的那个木船都承包给我的。七九年都是承包，八一年的时候就是生产队那个船承包给我了之后就卖给我了，八一年都是我的了，八九年的时候各人就有机动船了。

总的来说，上船没有找钱，那时候。我没找到多大的钱嘛，河沙在白马去装下来，卖八块钱一吨。你算那个八块钱一吨，还有两块钱的车费，除人工费，哪还有钱呐？当个船老板一个月有五百块钱。五百块钱你还有油钱开支嘛，没得好多的。那是只能说饭一吃，娃儿读书，没得好多的那还是。（彭昔非）

机动船老板彭昔非的上述表述是一种客气的说法而已。当时一个老师或者工人每个月的工资就是小几十块钱，他一个月挣几百元，是工人或教师的十几、二十倍，甚至是几十倍。当时搞承包或者当个体老板要是对路的话，那个时候可是一个挣钱的黄金时期。

（二）作为木船坚守者的乌江老船工日子蒸蒸日上

改革开放以后，我国经济社会等全方位发展，这又是一个大好时期。打渔船工杨学文及其哥哥杨达文这一个大家族，他们的生活状况发生了翻天覆地的变化，有了质的飞跃，他们生活的幸福指数大大提高，表现为从"三无"到"三有"："三无"即无电、无车、无学可上，"三有"即扶贫搬迁之后有电、有公交车、每个孩子有免费义务教育。而且，现在政府在五里乡场镇所在地和洪渡电站管理所旁的乌江河边，为他们家族六代64人修建了两栋两层楼的钢筋混凝土楼房，作为扶贫搬迁的安置房免费提供给他们居住（图4-12）。而且陪同我们做船工口述史田野调查的毕节市交通局前任领导的老家即是在五里乡，他十多年前是毕节市派驻黔西市和五里乡的脱贫攻坚督导员，杨学文家族的搬迁是由他亲自督导的，当时上级政府是以搬迁倒计时的方式，要求当地基层政府按时完成杨学文全家的扶贫搬迁。正如杨学文所讲述的那样：

> 但是我那个时候都主要靠打渔，没有靠木匠石匠来维持生活。主要是那时交通不便，我们那哈儿，只有两家人在那点儿，那没得车，又没得电，只有山上才有点儿电。那点儿反正几十年没得电，都是用煤油灯。我小的时候没得哪样书读，但是我还是去过学校的，在这个老家，要拢茅草坪，都要拢老鹰岩。好远的路，要遭走两个小时，我像读过一二年级，我现在写、算还是没得问题。

> 我那五个儿子和一个女儿他们那些没得书读，都没进过学校。那哈儿，我们老人死归颐①，然后那哈儿娃儿也小，又是集体活路，没得书读。然后我孙孙那辈，

---

① 归颐：结束。

他们现在都在读书。这些年读书条件好了，以前老家的
时候，走路走不去。读书的话，学费是从小学到初中都
不要，到高中开始要。那个生活费、学费主要是儿子打
工来拿。（杨学文）

图 4-12　杨学文在政府修建的钢筋混凝土楼房前

改革开放以后，继续在乌江拉船的船工，他们感受到自
己掌握的空闲时间比以前更多了，时间更灵活，货源更多且
收入更高。他们明显地感受到社会发展给自己带来的红利：

过年啦，我们十几年都在外头过年。土地下户了，
每年都回来过年。（张羽福）

作为渡船的船工，日复一日地将乘客渡到对岸，人们到
对岸赶场、走亲戚、做生意等，他们随身携带的物品是有时

代差异的。实行土地承包责任制以后，人们的生产积极性更高，劳动效率也更高，人们也获得了更好的发展机遇并享受到更多的发展实惠：

> 土地下户过后，七八十年代过后，那是你各人选择，那个卖法多得很喔，下户过后哪样都来卖。土地下户过后各人有权了嘛。（朱海龙）

作为乌江沿岸为数不多尚且健在且仍然坚持本行业的水木匠，石本明默默地坚持干本行，尽管这个行业不景气，他也不愿意轻言放弃。虽然他不能逆转水木匠这个行业的衰败甚至消失，但他仍然坚守着：

> 我是 1967 年就开始学木匠，只是这哈咯少了嘛，没得了嘛，就没做了咯嘛。当时做得最多的就是渔船，还是木头的。我大约是最后一个木匠耶在白涛，莫谈白涛镇啰，我怕在江东都没得几个了，江东啊，原先的江东啊，凉塘啊。
>
> 我做这个工资比外头做家具的要高点儿，还有就是做旅游区的木船，这个哈旅游区的小木船哈，再囊个都要二百五十（元）以上。我们这个门子①，都一般是做天数。（石本明）

---

① 门子：职业。

（三）转行其他"高处"行业的乌江船工

一般来说"人往高处走"，转行从事其他行业的人，他们的收入和行业状况要好于原来所从事的行业，而且现在用人机制灵活，就业机会众多，人们可以不断变化工作以寻找更多的发展机遇和更好的发展平台。这位年轻的时候在潮砥镇一带打过鱼的老船工，在转行从事其他的工种后，可以说是活出了丰富精彩的人生，他不无自豪地告诉我们：

> 我用木船打渔可能在二三十岁左右，是各人的木船，各人钉的嘛，就请师傅来整的。船是柏木和杉木造的，打我那个渔船只要四天，好像。收工钱那阵儿最多三四百块。打渔船的木船比装货的小得多哟，我们开始最多装四个人，但是后头呀是一个人。打渔有两个人，拿个推船，拿个打。船有一丈多长，宽呀就是两尺宽左右，没得一米。最后头，我没打渔呐。
>
> 打流水鱼，我们最多出去两天。第一天，我们出去到思南，就歇呀，就那两天。下头，走八角沱、长堡，没拢沿河，在那大桥边边。我们不是像他们那个出去打几个月才回来，都是出去跳①一天、两天就回来。歇的话，是在坎坎。那船小了，不能在船里头歇啥，歇岩洞。网都放在那的②，第二天早晨鸡叫呀，就去收。

---

① 跳：跑。
② 那的：把网撒在河里。

我就是二三十岁打哈鱼。后头基本上都没打渔了，少得很，那阵儿又不得空呀，老了呀。我在三十几的时候，就搞农业这些为主。在三十岁以上到四十岁这个，做了十多年嘛。四十岁过后搞手艺去了，是石匠。在四十几岁的时候，我就出去搞小工程了，搞这些房子建筑去了。五十几岁呐，我就跟坟打石碑，做了十多年。现在没有做了，有十年没做了。我在我们这个地盘上，这些村寨子基本上是做皋①了的，走皋了的。

我搞的还多耶，我还搞过水利安装呀，搞过电呀。还没下到地方②都开始搞，我都到广东去，我也到开平去搞过铁路，搞了一年，八五年没搞了。我还修过电站，就在我们本地修过，在玉屏修过，那几年也都还没下到地方。

还有团坟的话，那阵儿那个碑才几十块钱。团个坟有的时候五千块呀，有的时候七八千呀。还不是有几种呀，包抬呀……复杂的都贵点儿。（刘朝怀）

（四）安享晚年的乌江老船工

20世纪20至50年代出生的船工，一直到今天，已陆陆续续从工作岗位上退了下来，安享晚年。他们的职业起点是相同的——乌江船工，中途可能有不同的职业选择。但他们的终点也是相似的，他们到了退休的年龄，都从自己最后所

---

① 皋：遍。
② 下到地方：指土地包产到户。

从事的职业岗位上退了下来，休养生息，享受退休后的晚年生活。我们在乌江沿岸的乡村、古镇、县城以及较大的城市见到了当年气吞山河的老船工们，他们的退休生活用"丰富多彩"来形容一点儿也不为过：曾经当过村长的老船工、黔西市素朴镇的罗伦贵，跟老伴儿一起，到地里种点儿新鲜蔬菜自己吃；思南县关中坝办事处的刘官儒则是每天必须喝上几两白酒，日子才算过得有劲儿，他在早上先喝了二两白酒才接受我们的访谈；思南县大溪口的张羽昌，因为年轻人都出去打工了，老两口在家看孩子，他还要当村民小组长，带领留守的老人、妇女和小孩搞好生产，为年轻人看好孩子，看家护院，为他们外出打工解除后顾之忧；德江县潮砥镇的黎启强每天还要与老兄弟伙们一起打牌，摆龙门阵；龚滩古镇的老船工冉崇辉，每天在老街帮年轻人看一下门面，顺便跟游客讲述龚滩曾经的辉煌和自己永远也讲不完的船工故事；作为居住在县城的羊角碛老船工，冉茂兴愿意作为全区老船工的"形象代言人"，接待区文化系统或者其他人推荐的来访者，为他们讲述乌江航运文化，讲好乌江船工故事……

笔者在乌江沿岸的城市和乡村，见到众多乌江老船工，他们今天的生活条件真的很不错，吃、穿、住、行、用、医疗、养老等各方面都好。例如，张羽福的家就在离乌江50米左右的悬崖边上，几个女儿在外打工挣了钱，在这儿修建了高大、宽敞的小洋楼，老两口就在家看住这栋大房子，过着安静、富足的日子。老船工们说：

1968年社队企业垮了，我回农村当大队长、村长一

直到九几年。六十岁过了我就没有当村干部，我就种地、弄小船打渔、装点儿东西赶场、下街，一直到今天。（郭祖荣）

八〇年过后我就是又搬到上河来了，在那儿拉沿河，沿河比较轻噻，拉了这条河又拉那条河，还是自己拉。八〇年，我做生意到贵州，我就把这条河甩了，在那里做木材生意，就是放那个根根，做了十一二年嘛。六十四五岁就没做了呀。这二十多年就做那些小生意。（冉崇辉）

我保管当嘚回来，八〇年过后的话，就种粮食、种地。就是从沙沱岭电站修好以后，有船都各人卖了，就是嘚个的。八几年、九几年呐都没出去打过工。（张羽昌）

小 结

下面我们从乌江传统木船的类型变迁、动因、材质等方面总结乌江木船的发展脉络。乌江船工的生计类型、特征、变迁、动因等也是本章探讨的重点问题。而且，我们还将以纵向的视野归纳、分析乌江船工生活发展变化的特征及其原因。

　　乌江传统木船的主要类型、发展变迁及其动因是一个值得探讨的问题。乌江船工以弄船为主要的生计方式。要弄船，则首先要有船这一劳动工具。传统乌江木船船工的主要类型包括上下水航运的木船船工、打渔的船工、渡船上的船工、水木匠等。船工们所使用的传统航运木船主要有以下几个类型：思南一带为"麻雀尾"船，思南以下则为厚板船，还有郁江等较小河流中的蛇船。1955 年，政府主导把厚板船改造为舵笼子船，改造后的舵笼子船更加平稳，体积和容量更大，此时龚滩以下开行的是舵笼子船，龚滩至思南开行的仍然是改造前的厚板船，思南一带则还是"麻雀尾"船。在乌江试航、推广、普及机动船，主要是在 1949 年以后进行的。乌江机动船推广与航道整治紧密结合，在 20 世纪六七十年代逐步推广开来。在乌江上千百年来行驶的木船，少有变化发生。乌江木船从厚板船改造成为舵笼子船，以及 1949 年以后的机动船推广、普及，主要得力于人民政府正确地组织和领导，发挥了社会主义制度的优越性。这也再次证明，我们的党和国家是伟大、光荣的，决策是正确的。

　　制造乌江木船所需要的木材也是乌江船工们非常关注的问题。在乌江流域制造木船的木匠称为水木匠。我们在田野调查中有两位专职水木匠——涪陵区白涛镇的石本明和德江县潮砥镇的冉启顺。其实，很多拉船、打渔、渡客的船工也会造船。从化屋基以上的乌江上游到中游、下游和涪陵码头，船工们对于哪些木材造船比较好，是有基本相同的认识的，即首选柏木、椿木，其次是杉木、枞树木、梨树木、茨木、酸枣木、梨子木、楠木等。选择造船所需的木材，主要考虑的是建成之后的木船能够耐水浸泡，船体比较牢固，木船比较轻便而便于打渔船工等抬着走或者扛着走。船工们对造船木料等方面的共同认识，说明乌江是其流域内各族人民的人流、物流和信息流流通的一个重要通道，这个水体廊道为流域内各族人民提供了交往、交流和交融的便利条件，各族人民互通有无，互相学习借鉴，使流域文化融为一体，这是中华民族共同体意识的体现，也为铸牢中华民族共同体意识奠定了基础。

乌江船工主要是兼业型生计模式。乌江流域船工既要弄船，如拉纤、渡客、打渔、造木船等，又因他们的家在农村，同时还要兼顾家里的农业。所以，乌江船工的生计模式主要是两大类：一类是农业为主、弄船为辅，这种类型占据了船工中的多数；另一类是弄船为主、农业为辅，这种生计模式占的比例相对要小一些。乌江船工的生计模式具有如下几个主要特征：一是兼业性，古代乌江流域的各行各业生产效率较低，依赖某一个单独的行业难以获取足够的生产资料和生活资料，所以船工们也多会在弄船和农业之间兼业，以获得更多的收益，增加生活的稳定性。二是取决于自然条件，农业收成主要取决于土壤、降水、气温等自然条件，而航运业也受到河流水量、河道宽度与深度、滩涂、礁石、河流落差、气温等自然条件的深刻影响。所以说，以航运业和农业为兼业型的乌江船工"靠天吃饭"的特征十分明显。三是环境友好性，包括乌江船工在内的乌江流域各民族人民心态是平和的，性格是温和的，他们善待环境，坚持可持续发展的道路，与环境友好相处，如以伐木、捕鱼等活动从环境中适度获取资源，而不是毁灭性获取资源。四是互助性，包括乌江船工在内的乌江各民族人民是热情的、耿直的，他们不管是在行船途中，还是在农业生产、生活的活动中，都互相体恤、守望相助。这既是当时极其低下的生产效率的必然要求，更是包括船工在内的乌江各民族人民的秉性使然。

以从事航运业为主体的乌江木船船工的生计出现分化、多元化的明显特征。木船数量和船工数量在 20 世纪 60 年代以后锐减，在 20 世纪 80 年代以后基本消失。除了年龄较大的乌江船工退休以外，其余船工则转向其他行业，其中两个高潮时期分别是 20 世纪 60 年代和 80 年代，职业转向后的乌江船工的生计出现了分化和多元化的特征。一部分木船船工转到机动船上，继续从事现代航运业；一部分木船船工转而从事其他行业，如木工、石工等；一部分继续从事木船航运，如用木船打渔、渡客等；一部分年龄较大的船工则退休养老。以 1949 年和改革开放为时间节点的乌江船工生计的三个时期，其纵向变迁的特征有两个：一是由单一向多元化发展，由单一的木船船工向机动船航运业、其他手工业、产业化农业、服务业等多元化发展；二是生计条件逐步改善，生计质量逐步提高。这具体表现在乌江船工弄船的劳动强度逐渐降低，获得的劳动报酬逐渐提高。影响乌江船工生计变迁的主要因素有两个：一是政策因素，如我国在 1949 年实行的社会主义三大改造，直接影响了船工的生产方式和组织方式，木船和船工基本纳入国有或者集体的航运社；二是经济因素，我国在 20 世纪 80 年代实行的改革开放政策，极大地提高了生产力和经济发展水平，也极大地促进了人们追求经济效益的欲望，乌江船工可能选择经济效益更佳的餐饮等第三产业，或者转行当建材老板等。此外，乌江木船航运业在20世纪还受到三大冲击，这当中既有经济因素，也有政策因素：一是乌江机动船的推广和普及，取代了船工的人力劳动；二是铁路、公路、航空业的发展，对整个乌江航运业形成巨大冲击；三是乌江梯级水电站的开发，阻断河流的连通性。尤其是后二者的阻碍因素，使乌江传统的放木筏、竹筏的生计方式不复存在。

乌江木船船工的生计变迁是一种历史发展的必然趋势。乌江木船船工的生计方式变迁产生了如下几个方面的主要影响：一是促进经济发展，乌江木船船工秉持乌江船工勇于拼搏、吃苦耐劳的精神，在其他经济行业也能很快站稳脚跟，打下一片天地，不仅改善了船工自身和家庭的经济条件，也促进了其他行业的经济发展，如彭昔非转行当建材老板和机动船老板，赚取了不少的收益；二是成为社会和谐稳定的促进力量，乌江船工用生命与乌江极其艰险的环境拼搏，他们将这种坚毅、团结的船工精神带到各行各业，是促进各行各业团结、和谐发展的"正能量"；三是乌江船工文化保护发展的危机，乌江木船船工在乌江上水、下水从事大规模航运业的整体消失，随着乌江最后一批老船工逐渐离世，如何挖掘、整理、保护、传承乌江木船船工文化，是一个意义重大、颇具挑战性的问题。

乌江木船船工的生活从1949年以前到"大集体"时期，再到改革开放时期，可以说日子过得"越来越好"。他们在

1949 年以前过着"衣不蔽体、食不果腹"的困苦生活，到"大集体"时期国家集中、有效地管理带给他们更好的生活，再到改革开放后百花齐放、富裕美满的开心日子，他们的生活质量明显呈现出一条上升的曲线。究其原因，一是政策红利。1949 年以后，国家对包括航运业在内的三大产业进行社会主义改造，铲除了乌江流域中压榨船工的黑恶势力；同时，解除了船老板对船工的剥削，将船工纳入国有或者集体性质的航运社，使得航运业的生产效率更高，船工的工作和报酬更有保障，而且待遇不断提高，生活环境不断改善。二是经济原因。1949 年以后的航运业生产效益不断提高，船工的生活也得到相应的改善。改革开放后，各行各业蓬勃发展，吸引仍在坚守的传统木船船工以及转到其他行业的木船船工大显身手，这些乌江船工为自己开创了一片欣欣向荣的职业新天地。

第五章

乌江船工视阈中乌江流域的民族关系

千里乌江之上，成千上万的船工拉纤、打渔、渡客，船工与船工之间、船工与非船工之间，形成了本民族内部和族际之间类型多样的民族关系。这些民族关系的发展历程如何、关系状况怎样，我们将通过乌江船工的口述史来展示这方面的内容。

第一节　1949年以前乌江流域的民族关系

1949年以前就能够弄船，并且对当时的民族关系有比较清晰的感知的老船工，其年龄目前在90岁左右，而且需要他们身体状况较好，能够比较准确地回忆和表述这些民族关系，这样的船工为数不多了。

一、1949年以前乌江流域的民族关系状况

总体而言，乌江流域的民族关系是和谐的，这与文献的记载一致。

（一）1949年以前乌江流域的民族关系概况

包括贵州各民族在内的乌江流域各民族人民，存在着一致的阶级利益，因此在求取生存的过程中，彼此间的关系必

然紧密联系在一起。这种友好关系具体表现在以下几个方面：在反抗封建王朝和土司统治的斗争中，各族人民总是站在同一边的，互相支援，互相配合，更多时候是同在一个队伍里并肩战斗；由于农业、手工业的发达，促进了商业的发达，包括木船制造手工业、航运业等与乌江船工相关的行业；汉族人民和少数民族人民之间增进了相互了解。① 1949 年以前，汉族与少数民族都没有进行细致的民族成分划分，大家你中有我，我中有你，不分彼此，友好、团结地融为一体，共同弄船求生。乌江老船工也讲述了同样的状况：

> 我师傅、师兄弟都是土家族，就是我们这一个镇都是土家族，土家族和汉族关系啊，那个时候的话，就说这些汉族、少数民族之间不存在哪个欺负哪个的问题，没听得到。（冉启顺）

> 我们那二十来个人，那儿拉一个船那些人呐，不晓得是汉族嘛，还是苗族，还是土家族。那个时候哪里搞清楚这儿哪样族哦？就彭水唛后头换成少数民族咯，彭水属于苗族咯，我们武隆都是汉族，武隆、涪陵啊这些都属于汉族。就是那时候，其实少数民族和汉族在我看来啊，也是没得多大区别的，都是差不多的。（郭祖荣）

---

① 保健行：《解放前五百年间我省民族关系试析》，《贵州民族研究》1981 年第 4 期。

整个乌江流域是一个多民族聚居的区域，但船工们越往上游行船，就越进入乌江流域少数民族聚居的核心区，就能够看到更多的各个少数民族的民众，观察到各少数民族交往交流交融的状况：

　　涪陵的船都是放在这些周围的呀，喊人拉噻，不分汉族还是少数民族。武隆、彭水有些少数民族的苗族、土家族，那时候看不出来，不会到下头来的。彭水的船他要把它推到涪陵来了，晓他是属于哪个民族欸，我也捞不到①。（王廷文）

　　那阵，我们到彭水、龚滩的话，是经常看到那些少数民族的，其他的东西我是记不清楚了。但是他们穿的衣服呀，我还是有印象，他们头上就是用那种帕子包起来的，穿的衣服是那种花花绿绿的，然后用的就是环肩扣给扣起来。像我们拉船到了龚滩后都要上街上去，那阵，有个血女，血女是小的，我们没见过。（冉茂吉）

　　就是说，我小的时候在郁山，也没看到过那些穿的花花绿绿衣服的人，也没听到过说苗语啥子的。（杜国发）

船工们在乌江拉船，经常会碰到少数民族的船工和民众。

———————
①　捞不到：不知道。

但是，大家友好相处而不是计较谁的民族成分，大家都是卖力拉船吃饭，大家都是乌江的船工，大家都是兄弟伙：

> 这个我说给你听，俺同志。我们那个时候走船，只要我们这个本队的哈，一个队的人走到什么地方就没有哪是土家族、汉族、苗族，根本没分。（张羽昌）

（二）民族特色鲜明的民俗现象和民俗活动

乌江老船工们在乌江流域上水、下水往来行船，从外在的服装、配饰、用具、动作等形式上观察和判断，乌江流域的少数民族文化特色鲜明。乌江船工们对此做了精彩、详细的描述：

> 龚滩的少数民族，挎几把刀，他们出来着重是卖药，那些根根药、动物药，样样药都有。卖点粮食、谷子啊嘞些的就少。
>
> 我们拉船的话，在沿岸看到少数民族少得很，都是来赶场啊、卖药啊嘞些①。在龚滩去逛哈街的时候，看到卖东西嘞些少数民族。因为嘞龚滩是民族地区，他们像包个帕帕啊。看得出来，他们那个衣服都不跟我们嘞边一样，他各是各的，他就是弄嘞个拴起、包到，用长纸帕，用壳壳装起的。当时也是汉族人居多，少数民族是少部分。

---

① 嘞些：这些。

　　解放前，羊角有那种苗族、土家族少数民族。那阵
还是小娃儿，那解放前是小娃儿，嘞在正真那样了。一
般各人在拉船了，嘞就是在下力了，一般没得空看他那
个。羊角街上还是有少数民族，他来卖药啊，嘞样那样
的。解放前的话，少数民族大部分是从山上来的。当时
我们嘞边又不属于那些地区，山上的少数民族很少。那
些桐油啊，那些地方产那些粮食，汉族和少数民族生产
的都有。那个哪样人都有，有些都运到你嘞边卖，是那
些做生意的嘛。恰像①那些大老板，那些包工头，哪样
找得到票子哪样都做。（冉茂兴）

　　跳花坡是黔西北苗族地区最隆重的民俗节日，也是苗族
一个古老的节日，已有数百年历史。跳花坡内容丰富，不仅
有山歌独唱、对唱，还有芦笙独奏、芦笙舞等活动。② 来自
黔西市新仁苗族乡化屋村的杨庭木老船工（图 5-1），给我
们讲述了乌江对岸的织金县自古以来的跳花坡习俗：

　　河对面跳花坡呀，织金县翻过那边去了。对面那些
都是苗族，苗族多得很。跳花坡的时候，在这一年老百
姓辛辛苦苦的，起个闹热作用个嘛，亲戚朋友呀，都去
花坡上，取个花来，起个闹热作用。一过年唛，这里多
远来，我们这点有个初九坡，这大寨有个初三坡；还有

---

① 恰像：正像。
② 刘丽娜：《论织金县官寨苗族乡小妥倮村跳花坡民俗及其音乐研
究》，《北方音乐》2016 年第 20 期。

十八坡，十八坡还像是快到了，就这个月十八；如果你们在这里待得长，还有个十九坡，这十九坡就在这河的斜对面。哪样族都来要，来了反正哪样都做嘛，是彝族呀这些咯嘛。跳芦笙呀，跳舞呀，还有以前老班子些唱花灯呀，现在近几年都不会唱花灯啦，只是跳芦笙啦，跳舞啊。饿了花坡上有人卖吃的。（杨庭木）

图 5-1　杨庭木在位于化屋基乌江岸边的自家院坝口述乌江船工故事

（三）浪漫色彩浓郁的民族婚姻

苗族的跳花坡也叫跳月，是一项历史悠久、异常隆重的苗族传统节日。跳花节主要为展示美好的生活、祈求风调雨顺、为青年男女提供一个选择伴侣的大好机会等。跳月（跳花坡）这种独具特色的婚姻风俗不仅是苗族群众数千年来繁衍生息之重要载体，而且也是维护民族团结的重要文化因素。其与各兄弟民族的特色婚恋文化一道，共同构成了和而不同、丰富多彩且有着顽强生命力的中华婚姻风尚。①

老船工杨庭木说，乌江流域许多民族的男女青年都是在民族民俗活动上相识、相知、相恋，最后结为百年好合的恩爱夫妻。他讲述了1949年以前不同民族的青年男女参加苗族的跳花坡活动，小伙子们、姑娘们在跳花坡上喜结良缘的故事：

> 有男女青年找对象这种活动，解放前、解放后这方面都还有。男女青年互相对话呀，还有些互相对歌呀，就是了解方式咯嘛。但是以前有些是送伞呀，还送其他哪样。还有些是一般属于男生们，在坡上你喜欢我我喜欢你，送的送伞买的买粑粑饼吃呀，买给她吃就对啦，这样就成交了嘛。（杨庭木）

二、1949年以前乌江流域各民族间的社会问题

乌江流域内的汉族与苗族、土家族、羌族、布依族和仡佬族等少数民族的人民，在历史上一直都是友好、和谐相处的关系。乌江老船工讲述了1949年以前乌江流域的民族关系，也可能存在一些小的纠纷、矛盾，乌江船工所见闻和描述的现象反映了当时的社会状况。对此，老船工作了如下的描述（图5-2）：

---

① 王树文，晏生宏：《月光下的浪漫恋曲——苗族"跳月"婚俗研究》，《贵州民族研究》2013年5期。

图5-2 老船工冉崇辉在乌江边口述昔日龚滩码头冉氏家族的强盛

那阵就讲，"上街不打罗，打罗就下不到河；下街不打冉，打冉就上不到坎"。那是旧社会，我没见到过，只是听说过咯。那些船工里头有没有少数民族我们分不清，你像我们都是没得文化的人，都是大老粗①噻。平时都不分那些，也就只晓得说的话有点不同，比如说酉阳说话跟彭水的不相和，彭水的跟涪陵的不相和，他那是口音不相和，听都是能够听得懂的，就是口音不和、调子不和咯嘛。但你要说少数民族发生矛盾啥子的话，因为是在旧社会嘛，多少有点，但是真的打架，我们是没见到过。(冉茂吉)

我们嘞边那个时候少数民族少的很，没看到，难逢

---

① 大老粗：不识字，无文化的人。

难遇看到一遍。你像在彭水嘞些，要不要①看到。嘞门那门的，解放前也不囊个多。(冉茂兴)

其他那些汉族、土家族都不敢惹我们，惹不起！干不过我们，他们不敢惹。一条街都姓冉，就叫"上街你莫打冉，打冉下不到坎；下街你莫打罗，打罗你就下不到河"。在河脚，你偷盐巴，姓罗的也要打你，你哪里逃嘛？所以，我们龚滩的扒老儿②很少，是这个道理。但有些其实没有办法的，就是要把行行打招呼。你去帮我负责那一条街，那一截货望到，抬盐巴装船的，就是这个的代价。那是山西盐巴、清溪盐巴嘛。(冉崇辉)

实际上，上述船工所描述的龚滩冉姓和罗姓两大土家族民众，是龚滩镇的主要居民，也成了龚滩镇传统的两大家族势力，同时与乌江流域乃至长江流域的袍哥组织交织在一起，两大家族在当地十分强势，垄断了当地的主要资源。历史上，龚滩镇发生的牵涉冉姓、罗姓的相关问题，更多是那个历史时期的特定地域性问题和社会性问题，这些问题与民族问题无关。

造成上述问题的深层次原因是，乌江船工口述其历史故事的时候，影响口述史可信度的因素包括：认识论因素、生理因素、心理因素、记载的准确性和选择性、影响历史见证

---

①　要不要：时不时。
②　扒老儿：扒手。

人口述精准度的因素。其中，心理因素又可以细分为：遗忘与想当然、记错与颠倒因果、隐瞒与误导、求美与涂抹、避讳与变形、随风而逝与不负责任。[①] 部分船工可能因为主观或者客观的原因，将社会问题误认为民族问题。

三、1949 年以前乌江流域民族关系的特点

1949 年以前，乌江流域的民族关系总体上是团结、友好的关系。虽然 1949 年以前没有进行像 1949 年以后那样大规模的民族识别，但是人们还是能够基本区别汉族与非汉族的人口，所以那时候也能够辨别汉族与少数民族的关系以及少数民族之间的关系。这些民族关系总体上是积极向上的，充满正能量的：

> 我们村全是苗族，只有两家汉族。苗族村民多数姓杨，有些姓尤、王，尤是龙字少一撇，有些写游泳的游。村里仅有的两家汉族，解放以前也是为了逃难逃到这儿来的，姓刘。村里苗族占大多数，与两家汉族都不存在矛盾，大家都还是很团结的。1949 年以前，村里的苗族与苗族、苗族与汉族都还是一样的好，都不存在哪样摩擦。（杨庭木）

当然，偶尔也会发生一些小的社会矛盾和纠纷，这些小

① 丁俊杰主编：《口述历史在中国》，桂林：广西师范大学出版社，2016 年，第81—93 页。

的矛盾有时候可能被误解为民族矛盾，但这些其实就是一般性的社会小问题。其实，船工们对此也有比较正确的认识：

> 以前要个把小时才遇得到人，周围团转那些哈①是些女的，那就没得人咯。我们那周围挨到坐那些，不管他是汉族，还是少数民族、苗族啊，我们关系都是囊个，人少，矛盾也少。（杨达文）

第二节　1949 年至改革开放初乌江流域的民族关系

新中国成立之初，我国就开展了民族识别工作。乌江流域的部分少数民族也属于被识别的对象。中国共产党民族识别政策的制定，延续了中国统一多民族国家的思想谱系，并在新型民族关系的形成、规范中奠定了良好的基础。民族识别是为了帮助少数民族实现其自主、自治的主体性地位；民族识别以后建立了一套新的民族关系的框架，新中国的民族关系在政治上、经济上、文化上都要求实现平等、团结、共同繁荣。② 这为乌江流域各民族处理民族关系，奠定了新的

---

① 哈：全。
② 蒋立松：《党的民族识别政策及其在民族关系结构中的意义》，《黑龙江民族丛刊》2008 年第 2 期。

更好的基础。

一、乌江流域各民族友好相处

从新中国成立之初到改革开放之初，我国的民族关系走上了一条构建新型社会主义民族关系的道路，党和国家、各族人民都在致力于构建平等、团结、互助的新型民族关系。这一时期的乌江船工及其所经历、见闻的民族关系主要表现在以下几个方面。

（一）乌江流域各民族关系密切，亲如一家

在老船工看来，乌江两岸的各民族之间是亲如兄弟的民族关系，不存在矛盾：

> 两岸这些民族没得啷个民族矛盾，因为过去过来都是亲戚，且都是弟兄，都没得哪样矛盾嘚。（杨庭木）

> 我们这里只有我们二组有少数民族，有几家素族素苗，花族就是苗族。我们这个地方是1950年解放的，我刚十岁，那段时间我还不懂事，不晓得民族关系。我一到醒事①以后，我们和他们少数民族都没得哪样矛盾。汉族和苗族关系都可以，反正那段时间是属于生产队，属于这种集体，大家统一干活没矛盾的。也有少数民族

_____

① 醒事：懂事。

船工推船的，少数民族船工和汉族船工反正没有闹过矛盾。（朱海龙）

这个码头上啊，这些潮砥啊龚滩，这些汉族跟少数民族啊他们的关系都是好的，解放过后，都是好的。（刘清茂）

乌江船工亲历的民族关系是友善的。其中，一句"一般农村啊，少数民族啊汉族啊都客气"，道出了乌江流域各民族平和、友善的民族性格，道出了乌江流域团结、友好、和善的民族关系（图5-3）：

图5-3　打渔船工罗伦贵口述打流水鱼的故事

我出去打流水，沿着乌江走的话，碰得到少数民族。五六十年代，有少数民族，肯定多啊。河边那少数民族多喔。他们上头穿白色的衣服，下头是穿青的那种裙子，那我也认不到是哪样族。我在那个铁索桥那儿打，我吃了一顿饭，到现在我还记得到。因为我在河边，我们煮饭吃，我就去问路，我们也没买菜，在铁市高头买菜。人家对我特别客气，他说他的媳妇些、亲弟弟去砍柴，他说我跟到这些去嘛，不走错路。给我拿面条、腊肉、豆腐整他一大锅煮起。那是六七十年代了喔，那些少数民族住得隔河边都远，从鸭池河到那儿，最起码都有两三里路，其他都远，要爬一个大坡走人家屋去。你要去找人家，人家就给你买菜啊，搞嘴呀，提点鱼给你吃啊。打渔唛一起去，你走我那儿，那遇到了唛大家玩哈。你经常去别人家，要去感谢人家，大家要那个礼尚往来。去嘛，要点菜啊。一般农村啊，少数民族啊、汉族啊都客气。你走那点去，腊肉啊都要给你整起。他要吃鱼啊，他要整几包鱼，河边提个把鱼呀给他。大家关系都搞好了嘛。(罗伦贵)

(二) 各民族之间缔结友好的婚姻关系

乌江流域是一个多民族杂居的民族地区，这里的多民族通婚现象比较普遍。多民族杂居的人口分布状况、经济社会的快速发展不仅强化了各民族之间的接触，增进了彼此的了解，而且促使各民族通婚比例逐渐提高。与此同时，该地区的民族关系也更加和谐。① 乌江打渔船工杨学文的几个子女们，相继与其他民族的青年结婚，大量的少数民族、汉族混合家庭的存在，从一个侧面说明少数民族与汉族之间的关系已达到相当融洽的程度②：

> 我们那个结婚的话，我下一辈的儿子和孙子辈呀，他们都是有时候跟苗族结婚，有时候跟汉族结婚。我有几个儿媳妇和女婿是苗族，有几个水族，布依族的也有。我的十儿子家的媳妇是布依族的，我大儿子家的媳妇是汉族的，老三家和老四家都是苗族的。我有个女儿，女婿是苗族的，女婿是从山脚织金县来的。我女儿和女婿他们是各人打工认识的，不是说她不愿意找汉族，这个都是看缘分的。（杨学文）

例如，苗族在择偶的时候，并不在意对方的民族成分，而是看重双方是否心心相印，即"谈得拢"：

> 苗族的婚姻一般都没得哪样讲究，都没得啷个标准，只要互相谈得拢，就可以成了。（杨庭木）

---

① 钟梅燕：《当代裕固族的族际婚姻——以肃南县红湾寺镇和明花乡为例》，《云南民族大学学报》（哲学社会科学版）2012 年第 3 期。
② 何俊芳：《赫哲人的族际婚姻——关于同江市街津口赫哲族乡赫哲人族际婚姻的典型调查》，《中央民族大学学报》（哲学社会科学版）2004 年第 2 期。

在乌江流域，汉族与少数民族通婚的现象比较普遍，各民族在风俗习惯方面有很大的相似性：

> 汉族和苗族结婚的也有，婚后汉族与少数民族之间的习惯是一样的。我们这上面民族村的都有一家是苗族和汉族结婚的。（朱海龙）

（三）船工之间关系和谐、友好

各民族船工在生产劳动中能够友好、和谐相处。作为乌江的水木匠和打渔船工的游荣利、打渔船工杨学文，各自讲述了他们打渔时了解到的民族关系：

> 我们那个时候打渔哈，河很小嘛，要把网撒到对面去，对面基本都是少数民族，没有发生矛盾过。没有为撒网争执矛盾，你想走哪儿去打就走哪儿来打渔，你想走我这儿打就走这儿去打渔。反正撒网的时候，没有争执说这哈是你家的、我家的。（游荣利）

> 我在打流水鱼的时候，在路上碰到另外打其他流水鱼的人也有，但是一般不会产生矛盾。如果你要在这里打，那是当地人，这个就让他。（杨学文）

（四）船工眼中的民族风俗

船工在乌江劳作的时候，能够观察、感受到各民族人民丰富多彩的风俗习惯，少数民族和谐、美好的生活画面如在眼前：

> 那些少数民族不打渔。钓鱼就是插的杆杆儿。那根杆杆一插起，就搓根那个棕索，以前那细棕索，就放两颗钩，穿个蚯啊、黄鳝那些，挨到那些石旮旯插起，他专门钓鲢鱼。他们钓得到鱼。那哈最小的几斤，最重的二三十斤、三四十斤。有些鱼多，你像那鲢鱼多。（罗伦贵）

乌江的少数民族是爱美的，他们对美的追求体现在他们的服饰上。这种爱美之心反映了他们友好、平和的心态和性格，自然也表明他们能够善待本民族和相邻的少数民族，以及建立友好的民族关系：

> 苗族妇女有个耳环，还有个项圈，一般是女的，有些戴几个，有些戴一个。苗族女性在十二岁以下的头上一般就是小辫子，一般长到十五六岁有个头发，绾圈圈，包布要到六十岁以上才包。衣服裤子都是麻布衣服，麻布衣服都是长衫子，扣子就是从左上往右下边扣起的。一般男生的衣服都没得哪样图，女生的裙子衣服都有花纹。（杨庭木）

二、乌江流域民族关系的特征

乌江流域在1949年后进行民族成分识别之后，乌江流域的各个少数民族有了自己确切的民族成分。乌江流域沿干流，除了离乌江口较近的涪陵、武隆外，其余区县的少数民族人口较多，民族关系相对要复杂一些。

（一）乌江流域民族关系总体上是团结、和谐的

1949 年以后至改革开放前的这一时期，乌江流域的民族关系总体上是团结、友好和互助的。偶尔有点小矛盾，那都是普通的社会问题、社会矛盾，而且很快就化解，大家依然友好相处：

> 那个时候，我们基本上都是土家族，土家族、汉族关系可以哟，我们这些还是可以，汉族、土家族不分你我。闹民族矛盾少嘛。矛盾哪个地方没得？没说特别因为你是土家族，汉族少些就欺负的，那种民族的矛盾没得哦。（刘朝怀）

（二）乌江流域中上游的民族交往更多

乌江流域的少数民族人口数量和人口比例而言，上游地区多于中游地区，中游地区多于下游地区。涪陵基本没有世居少数民族，武隆有较少的散杂居少数民族。武隆而上，彭水县、酉阳县、沿河县等都属于少数民族自治县。而且越往上游，世居少数民族的个数和人口数量、人口比重越大。少数民族的交往更多，也有更为多样化的民族关系。从涪陵籍船工的口述史资料可以看出上述特征：

那个时候这个地方没得那些苗族那些少数民族，七几年没得，少数民族也没得。（罗学成）

武隆啊、上面彭水、或者说贵州沿河、思南这些地方有少数民族，他们也运东西下来。少数民族交往，那里头很少。那里头像我们运船的这段时间的话，那就很少了。但是以前有，以前是哪样都有运起出来噻。运粮啊，运其他东西出来噻，像外头装盐巴进去噻。总体交往比较少。（彭昔非）

我们这截都没得少数民族噻，只有武隆才有苗族，我都没有碰到过。比如，武隆啊那些少数民族来的人交往啊，我师父曾经遇到过，但我跟到贵州没遇到过。武隆那些木匠师傅也都没得少数民族，就是跟乌江一样没有少数民族，是我也没遇到，那里头诶可能也有，但是那里头的木匠都没有遇到过少数民族。（石本明）

第三节　改革开放后乌江流域的民族关系

改革开放后，乌江流域全面进行梯级水电开发，对于航运、打渔、渡船等都有影响。改革开放后，虽然乌江流域基本普及了机器动力船，但仍然有少数人用传统的木船打渔、渡客、运送少量货物。当时，传统的大规模船运的木船船工都已退休，他们都对乌江流域民族关系的发展情况非常了解。

一、改革开放后乌江流域的民族关系更加和谐

改革开放后，乌江流域的经济、社会、文化等各项事业取得了更大的发展，各族人民不但延续了这一流域地区团结、友好的民族关系，而且随着各族人民生活条件的改善和个人素质的提升，民族关系变得更好。

（一）像"石榴籽"一样紧密团结在一起的各民族

如今，乌江流域各民族延续了团结、友好的传统，各民族依然相处得和谐、友好。打渔的船工们，在新时代也能与各民族的民众和谐、友好相处：

> 我们那些地方当时主要是土家族，苗族也多。在打渔啊、卖鱼啊那些故意欺负少数民族或者汉族的情况是不存在的，都属于比较融洽的，都不会产生矛盾，都是互相照应。（张鹏）

（二）扶贫搬迁后的船工融入汉族社区

打渔船工杨学文自从十多年前由老家茅草坪搬迁到现在的五里乡场镇居住以后，能够与周边的汉族民众友好相处，已经很好地融入当地的社区和当地的文化：

在我以前住那哈的话，就只有我们一家人是苗族，周围那底下没得喽。在现在这哈儿，也是只有我们一家人是苗族。我感觉那些汉族人跟我们苗族关系还是多好的，我们都是互相请吃饭，经常性一起喝酒、玩耍。我平时打渔回来也要给那些玩得好的送一条，差不多七八斤，一般送人都是送花鲢鱼。但是一般也是只拿给近的。鲤鱼不容易打点。（杨学文）

（三）各族人民延续了守望相助的良好传统

自全面禁捕以来，打渔船工不再用木船打渔，但是他在化屋基这一热点旅游目的地，利用木船载着游客欣赏化屋基的美景，摇身一变成了新时代的旅游船工。他这样描绘现在化屋村守望相助的民族关系：

我们村有三个组嘛，我们是黔织组。我们这哈儿全部是苗族，就有姓刘的一家是汉族。我们这哈儿苗族跟汉族关系都很好，大家很热情的。苗族跟苗族全部都很热情。反正，比如有一家有嘟个事情，我们大家都会走去，比如吃酒啊，老人过世啊，三个组的人都来，大家都走。（游荣利）

守望相助是中华民族的传统美德之一，这种美德在乌江下游地区的龚滩古镇也得到了传承和发扬，契合了我国新时代平等、团结、互助、和谐的民族关系主旋律：

我都是土家族，我们这哈儿姓冉的基本上都是土家族。这里土家族、苗族的人多，汉族的少。那龚滩啊，那都是一条的街，一碗米的街上去下来都认得到，它指拇那么长一街，公把两公里啊，是不是嘛，经常早不看见晚看见，都和谐噻。像我们这哈儿红白喜事，特别是白事，请都用不着请，只要听到火炮儿一响就往那儿拢去，它不像那些大城市有些地方唧个，他买的房子可能有些在那儿生活了十年，他连对方认都认不到，名字都不晓得是叫哪样名字。

当然就是以前的，他们传下来，是不是嘛。但是在我们记忆当中，基本上都是很和谐的。打个比方说，冉家要打发女儿，要结婚，他姓罗的多数帮忙，我们这儿的风俗你不可能喊冉家去接噻，我们这儿土家族的一个风俗就是不能同姓去接，他只有是喊异姓。那时候儿就是说不管姓罗的他做红白喜事，多数都是我们姓冉的去搞；如果是姓冉的做红白喜事，多数由姓罗的去搞，就去当夫子啊那些啊。有个职业叫夫子，就是去帮到起抬桌子板凳儿，抬被盖那些。去的时候儿背那些衬子①那些，那时候儿家具多噻，木家具它不是像现在恁个简单一个空盒盒。（冉茂生）

潮砥镇的新一代船工张鹏，同时也是祖国培养的优秀军人，在乌江出现翻船事故的时候，发扬军人的勇敢精神和优

---

① 衬子：帮助把家具垫平顺的小木条。

良作风，同时也发扬了土家族人的忠义、互助精神，发扬乌
江船工的勇敢、坚毅品格，奋不顾身跳进乌江救起落水同胞，
其精神可歌可泣，值得颂扬。而且，他还得到了政府的表彰
和奖励（图5-4）：

图5-4　张鹏勇救乌江翻船事故的落水群众而获得的奖状

　　1984年翻过一次船，原因是在下水，涨洪水，浪太
大了，把机动船匼①进去了，机动船一哈就栽下去了。
这个船从思南到潮砥，装客的，装了百多个。我们是首
先看到翻船的人就在喊了嘛，我们那天是一喊嘛，说船
翻了船翻了赶紧就听到，自己主动的就跑起去了，不需
要组织。后来政府又来组织我们救寻，但我没去参加救
寻哦。把那些人救起来，当时可能有四十五个人，死了
十几个，那死了的自动浮上岸了。这次翻大船，我们街
就死了三个。我们亲二嫂就在里头死了，当时人就找到

――――――――――

　　① 匼：翻转。

了，我二嫂有点胖哈，就是救起来已经遭水呛死了，当时急救都不得行了。后头那个船长遭判刑了。因为他超载，操作不当嘛。

像我们平时的话遇到那种船出了哪样危险，我们都要去救。如果是我一个人在那儿划船，有危险我一个人也要去救。它已经成为了一种习惯，反正救人嘛，反正都是亲人嘛，都是赶场的，坐在船上都是本街人做生意的。

我们住在乌江边上，就是说救人是做一种好事的嘛，我们救人还得过奖状唉嘛。就是第二回，那个是木船，装了五六十个人，在小河沟翻船了。他也是超载唉嘛，发洪水，那个小河沟很短，它那发洪水相当大啊，他推过去，洪水来哈，然后浪子匼①到里面一下子就翻了。我们当时听到了马上跑起去，直冲冲地跑起去。我当时就是凫水去救人。河水毕竟小一点，比大河小一点。但是还是相当危险哦，浪很大。我们凫过河去，船当时匼转来唉嘛，我们凫过去，把船弄到边边上去，把船销②开，船它中间有空隙的嘛，我们把它拖到边边，然后去救人的嘛，就把六个人救起来了，全部是活的。这次翻船总共淹死了三个，那三个都是被冲跑的，那三个都是乡下赶场的。（张鹏）

---

① 匼：盖。
② 销：搬开。

（四）省际结合部的友好民族关系

乌江有相当长一段是重庆市与贵州省的界河，用龚滩船工的话说，是以乌江河中最深的航道为省际界线。重庆市酉阳县的龚滩镇对岸，即是贵州省沿河县洪渡镇的刘家渡口，渡口其实只有一家人，悬崖上面还有一个寨子。虽然，研究者指出省际结合部往往是多民族杂居的区域，历史上，这一区域具有发生群体性事件的"小传统"①。但是，龚滩镇和乌江对岸的古路寨却保持了长期的友好交往。这个上百人的少数民族寨子与以土家族为主的龚滩镇民众交往密切，双方很多人之间是亲戚关系。下面这位船工的后代为我们讲述了龚滩镇居民与对岸古老寨子居民之间久远的友谊，以及友好的交往现状：

> 好像对面那些坡坡上去那边是苗族啊。那边坡坡上去，这上头有个寨子了嘛，喊的古路寨。这个苗寨说苗话现在不太可能了，多数被汉化了。那边苗族人多数是姓罗，隔得近。那年子灾荒年间，龚滩的好多都眺②到那边去，那边粮食多点儿。这边人多很了，像姊妹多很了不够吃噻。再加上这儿过去都是贵州，毕竟那边它条件还是要好些。那个寨子是属于洪渡，洪渡是个镇噻，那哈儿就是一个小寨子。小寨子现在随着那种社会发展，好多小的都出去了，都各人到外头去打工啊，有些都各

---

① 张成，许宪隆，郭福亮：《省际结合部民族因素群体性事件调查报告》，《西南民族大学学报》（人文社会科学版）2012 年第 4 期。

② 眺：跑。

人在外头修房子了。现在是留起那种吊脚楼，现在又搞恢复噻，因为属于乡村振兴嘛，又在恢复那些。有些房子该把它维修的就维修。寨子还是可能有百把人了，东一坨西一坨的，现在就基本上那些房子恢复了，恢复了但是实际人都是过年过节回来，他平时都没好多人的。那些关系都融洽噻，过去过来，有时候热情的很。像我爸爸都是那边来的啊，我们喊的爸爸都是说干爹。哦，很多都是亲戚。（冉茂生）

（五）民族交往范围扩大，民族关系更加多元

改革开放以后，包括乌江流域在内的全国各地区、各民族都转向以经济建设为中心。在市场经济推动下，乌江流域各民族人民的交往交流交融比以往更加频繁，民族人口频繁的流动促进了民族交往向乌江下游涪陵、武隆等地区发展。在改革开放之初，乌江下游涪陵沿岸的船工能够看到更多来自中上游地区的船工在乌江穿梭忙碌。老船工告诉我们：

> 我那个时候像白涛那些，七几年、八几年都是汉族豁，那些像没得少数民族。有时候有少数民族，那都是最多不过结婚几年，很少很少，基本上是没得。我看到过放筏子的人，就是我们的人，原木人。还有房子垮了，就是说那个季节，就很多季节暴雨季节房子垮了，什么东西爬起有人呀，会有烂房子垮下来呀，还有放筏子，那些是少数民族啥，土家族那些人呀。放筏子的，竹排木排，那种少数民族，都基本上都是男的，女的那高头

还是没得呦。服装都不是少数民族，还是跟嘞些差不多。
（彭永禄）

在改革开放初期，涪陵长江与乌江交汇处的老船工们到
少数民族散杂居的武隆区白马镇，运煤炭回来烧砖、瓦出售，
搞活生产队的集体经济。老船工王世均（图5-5）给我们讲
述了他们当时的见闻：

图5-5　作者（左）对老船工王世均（右）访谈结束后合影

到白马拉煤炭的话，那个时候那里头的人比我们外
头的人还穷，那阵我们进去都七几年了。那些人都是吃
光洋芋，吃洋芋疙瘩，当时都吃面面饭，吃苞谷。那阵
在国防厂406，农村都很少碰得到那些少数民族。他们
是跟我们外头这些穿的是一样的，那里头条件要比我们

外头条件还是要差，男的女的都包个帕帕，我们外头人就不存在这些，他们说话那些还是一样的。（王世均）

二、改革开放后乌江流域民族关系的特征

改革开放以后，我国逐步建立新型社会主义民族关系，乌江流域也不例外。包括乌江老船工在内的乌江流域各族人民，相互之间建立起了平等、团结、互助、和谐的新型社会主义民族关系。乌江老船工对此既有清醒、准确的认识，也能够率先垂范，运用于实践。

（一）乌江船工对新型民族关系的正确认识和实践

乌江船工们认为，他们之间是"一家人"似的民族关系。这种认识和实践依据达到了一种新的高度，这种站位极高的处理民族关系的认识和实践，能够促使乌江流域的民族关系在新时代朝着更加平等、团结、互助以及和谐的良好民族关系状态发展，促进我国各民族人民共同繁荣发展。正如这位沿河县的老船工所言（图5-6）：

> 我们这里拉船的都是土家族人，当时我也啥子都不晓得，分不清楚什么汉族人、土家族人，现在都是中国人，还是统一了好。像我们这儿整个姓田的人占好多唉，有七十人，整个生产队都姓田，比姓余哩诶、姓雷哩诶、姓徐哩诶、姓崔哩诶要更多。这个地方土家族人更多，汉族只有七家人，没有什么存在以多欺少的情况，没什

么你是汉族我就要哪个，都没有遭哪个欺负。也不存在
你是汉族，我是土家族我拿的就多些，大家都是一家人，
都一样的看待，凡是像现在你哪个在这儿来了都还是当
家人咯。（田宝荣）

图 5-6　老船工田宝荣讲述和谐的民族关系

（二）凸显对平等关系的追求

下面这位龚滩古镇的环卫工人，他自己是一位乌江老船
工的后代。同时，用他自己的话说，乌江边的男孩子从小都
会凫水、划小木船，他自己就是这样。他的水性很好，从小
就会独立划乌江的小木船。所以，他也是一位"准船工"。
他还是土家族，在如今已经成为 4A 级景区的龚滩古镇工作，
他是新时代民族关系的践行者。龚滩古镇所在的社区书记介
绍，打扫龚滩古镇景区卫生的工作由这位"准船工"承包。
他承包之后，组织打扫卫生多年。作为一个扫地的当地人，

他希望得到外地人和游客的尊重。看得出来，他对自己的职业地位比较敏感，希望得到尊重的愿望也是强烈的，他希望人格、尊严上与其他人是平等的。他的这个强烈愿望早已经实现，不仅在龚滩实现，在全国各地的民族关系当中都已经实现。人们对不同工种、不同地域、不同民族的少数民族同胞都一视同仁、平等相待、友好相处。他谈了他的看法：

> 我现在做环卫工作，就是经过南门、北门这就属于我们负责，我们下属有十几个工人，包括石板街儿、滨江路，还有就是公厕，都属于我们管。这个是那个山水画廊公司承包给我们的。它是那样，等于说以前找一个管卫生的噻，那时候儿又不像现在这样搞旅游那么多人哈，当时都反正是组织了几个人就打扫。那时候又在修建嘛，就打扫会儿嘛。现在逐渐随着这个旅游一起轿①，区域越大了，它的人员要增加噻，它的工人一哈就增加到十几个。工资的话就也不高，七七八八那些算起，反正知足就行。这个环卫工，也就是最底层嘛，是不吗？只要有人尊敬我们就行。（冉茂生）

---

① 起轿：发展。

小　结

民族关系在我国历史上是一种十分重要的社会关系。我国以前的民族关系处理原则和主要内涵是：我国各民族形成和巩固了新型的社会主义民族关系，核心特征是各民族平等、团结、互助；56 个民族谁也离不开谁；社会主义民族关系基本上是各族劳动人民之间的关系；巩固和发展社会主义民族关系是全面建设小康社会的一项重要原则。① 2018 年 3 月 11 日，第十三届全国人民代表大会第一次会议通过的宪法修正案，将宪法序言第十一自然段中"平等、团结、互助的社会主义民族关系已经确立，并将继续加强"修改为："平等、团结、互助、和谐的社会主义民族关系已经确立，并将继续加强。"这些都可视为我国新时代处理民族关系的重要指针。研判乌江流域过去的、基于船工视阈的民族关系，可参照上述规范和原则进行评述。评价改革开放后乃至今天的乌江流域民族关系，更是要按照上述原则进行。

从乌江船工的视阈来看，乌江流域从 1949 年以前至今的民族关系发展历程，其总体上是平等、团结、互助、和谐的。

---

① 青觉：《当前我国民族关系的主要内涵和发展趋势》，《中南民族大学学报》（人文社会科学版）2005 年第 5 期。

乌江流域各民族都性格温和、相处友善，这些内在的优点外化为实际行动，能够很好地处理民族关系。这是乌江流域各民族能够平等、团结、互助、和谐地处理民族关系的重要前提和根源之一。

包括乌江船工在内的乌江流域各民族人民都能够平等相待，大家都一视同仁。如杨达文所说，他们在外打渔，大家都是一样的，没有当地人、外地人之分，没有不同民族的区别，大家平起平坐，在人格尊严上是平等的，在社会活动中也是平等地处理各种事务。在乌江弄船多年的张羽福也讲，乌江中的船工之间、船工与其他人之间是平等相待的关系。事实上，他们的这些说法，既是各民族处理民族关系的共同愿望，也是他们实践的反映，在现实生活中也是实现了的。

其实，我国的传统文化非常强调团结一心，人们在历朝历代抵御外来侵略、打击恶霸坏人、抢险救灾等，都表现出极好的团结精神，我们历来认为"团结就是力量"。包括乌江船工在内的乌江流域各族人民，都秉持、发扬和实践团结的优良传统。乌江船工们在同一条木船上要团结协作才能把船安全地拉到目的地；在船打滩的时候，几十人、上百人换棕拉滩，那更是要团结一心，把生命和汗水凝结成一股向上的巨大力量，大家只许成功不许失败，船工们是"一条纤藤"上的共同体，他们在因团结而爆发出的巨大力量的推动下，往往能够把一帮船逐个拉上大滩。就像老船工冉茂兴所说，我们船工都是"用命拼出来的兄弟伙"，那是必须团结。乌江船工等乌江流域各族人民，表现出的团结精神和实践案例还有很多。团结精神在包括船工在内的乌江各民族人民那里，得到传承和发扬。

互助精神也是乌江船工和乌江流域各族人民秉持的重要精神之一，也是他们处理民族关系的重要原则。互相帮助是我国的一个优良的民族传统，更是乌江流域各民族人民的美德之一。乌江船工们在推桡、拉纤、打渔、渡客等劳作过程中，无时无刻不需要互助精神。当乌江发生船难的时候，作为退伍军人和船工的张鹏多次冒着生命危险到滔天洪水中营救落水同胞，是乌江各民族人民互助精神及其实践的典范，他得到了民众的普遍赞许，也得到政府的肯定和表彰。乌江流域各族人民在实践中，也很好地贯穿了互助这一民族关系处理原则。

包括乌江船工在内的乌江流域各民族，总体上都能够和谐地交往交流交融。乌江历来是贵州、重庆等省市对外交通的重要通道，也是一个人流、物流、信息流的重要集散地，为包括船工在内的乌江流域各民族人民和谐地交往交流交融提供了载体。乌江流域的各族人民已经在这一区域和谐相处几千年，各民族和谐相处的历史经验和现实美景，都将证明乌江流域各族人民会一直和谐地相处下去，而且在将来会相处得更和谐。实现多民族地区各民族的和谐相处，国家在场是族际和谐的动力与导向；族际间多方面、多维度、多层面的交往互动是族际和谐的必要及基础条件；族际相互认同的机理及族际互动的保障机制是族际和谐的必要保证及关键要件；民族交往交流交融是族际和谐的催化剂及助推剂。①

从乌江船工的视阈来看，这一地区也存在一些小的问题、矛盾和纠纷。首先这些都是一些小的、日常性的问题，而非大的、根本性的问题。其次，这些小的问题很快得到解决，小的矛盾、纠纷很快得到排解。再次，这些矛盾、问题和纠纷，几乎都是一般的社会问题，而不是民族问题，就像打渔船工杨学文所言，小矛盾跟民族没有关系，就是打渔过程中渔民之间的小摩擦而已。船工们能正确地认识到这些是民生问题②，避免了出现错误的判断。

总体而言，纵观基于乌江老船工视阈的乌江流域的民族关系，船工口述为真实内容，非刻意粉饰，也非刻意拔高。所以，我们做出一个判断，即乌江流域的民族关系从 1949 年以前发展至今是越来越好的，各民族也发展得越来越富裕、繁荣，各民族之间也相处得越来越和谐。他们的内心秉持的是中华民族共同体意识，这是乌江流域平等、团结、互助、和谐民族关系的原动力。在新的城市化、高科技时代，乌江流域的民族关系跟其他地区民族关系一样，也会出现一些新的问题、面临一些新的挑战，如老船工等留守人口问题、乡村振兴问题、发展不平衡问题等，需要引起关注，值得深入探索、研究。我们把铸牢中华民族共同体意识作为乌江流域民族工作的主线，上述乌江流域可能出现的问题都会迎刃而解。

---

① 袁东升：《论民族和谐的形成要件及文化生态》，《广西民族研究》2017 年第 6 期。

② 马戎：《如何看待当前中国的民族关系问题》，《理论视野》2011 年第 3 期。

第六章

乌江船工的社会关系

本章主要从乌江老船工的视阈，围绕乌江老船工的社会关系，包括船工与地方的政治关系、婚姻关系、经济关系以及船工与船工之间的关系、朋友关系、袍哥组织等方面的关系，将分为1949年以前、1949年至改革开放初、改革开放后三个时期进行探讨。

第一节　1949年以前乌江船工的社会关系

下面将从船工与管理部门的关系、船工与袍哥等地方势力的关系、船工与船方的关系、船工之间的关系、船工的家庭关系等几个维度，探讨1949年以前乌江船工的社会关系。

一、1949年以前国民政府对乌江船工的管理

1949年以前，乌江流域的国民政府极其腐败，官匪勾结、官匪一家的现象比较普遍，严重伤害了乌江船工的利益，严重阻碍了乌江航运业的发展。

（一）国民政府对乌江航运管理不善

1949年以前，当时的国家机器及其下属管理机构，对乌江航道疏浚、纤道修缮、航运组织等做了一些具体工作。但

总体上腐败无能，对乌江船工的管理效能比较低下，利用直接或者间接的方式剥削、压榨船工，成为 1949 年以前乌江船工贫病交加的重要引致原因。

> 羊角滩有个乌江工程处，有个叫木教官，弄舌条酿些竹子酒的，下来的话，拉拢了龚滩了，就不开火，都不拿饭给我们拉船的吃，都是恁个。那阵儿，旧社会都恁个呦。（冉茂吉）

国民党反动统治时期，其伪工会组织的分支机构延伸到了羊角镇，企图控制乌江航运，控制乌江船工。

> 之后那阵是成立的伪工会。（冉茂兴）

（二）官匪勾结剥削和镇压船工

尤其是国民党反动统治时期，官匪勾结致使政府机构贪腐无能，没有积极对乌江航运进行管理，没有很好地改善船工的工作环境和提高船工的福利待遇。国民党反动派低效的管理机制、贪腐的管理机构和人员严重阻碍了乌江航运的健康发展。

> 解放前这有袍哥。它欸说不清楚，嗨袍哥他都少受些芐①噻，加入袍哥就是加入某个组织的。他有那些人，

---

① 芐：欺负。

你看到他这个袍哥了嘛，差不多不能挨他噻，相当于是后头那种黑社会组织。这个码头就是我这个袍哥把守到起，过去的船不收过路费这些，差不多不敢挨他就是恁个，就相当于是帮派欤。参加袍哥的人，我们这个骈骈①很少。土匪就是琬二，袍哥就是土匪，我们这些好点的都遭抢了嘛，周家马寨的也遭抢了，还有我们那屋里都是遭抢过了的欤。解放前，袍哥也跟当官的勾结，那当官的好保障噻，当官的就是恁个管，也跟他们一起的，晚上就来抢，他不渍到②他遭整噻。袍哥的话，有十哒个人啊几个人啊，他来抢、杀人啊，就是又狠又恶的，他才敢了嘛，你像温柔的不敢去了嘛。后头他被镇压了，解放过后没得喔。（王廷文）

（三）乌江边官匪一体的现象

位于贵州境内的乌江沿岸著名的大滩——潮砥滩，因为旁边滩口的货物转运业务形成了著名的码头——潮砥，潮砥1949年以前也有袍哥势力和袍哥组织，控制和影响着船工的航运生活。而当时当地的国民政府区长同时也是两大袍哥派系的掌门人之一，融官匪于一身，足见当时国民党政府的腐败程度及官员的胆大妄为。而且这名既是匪又是官的区长，善于伪装自己，外表伪善以蒙蔽群众从而博得好感，而内在的实质是败坏透顶。老船工讲：

---

① 骈骈：这一带地方。
② 渍到：依靠。

解放前，潮砥的袍哥他只有两派嘛，黎志成大哥和祝湃。黎志成是过去的区长了嘛，欸黎志成本身没讨嫌。祝湃就讨嫌，那黄汤谷子是几万斤那嘅，是群众凑起的呐，借谷、又吃又卖。群众去借，你送得好点儿咚，借百把斤你，那一百斤还一百二呐，你说得不好点儿的话不借厮你。喔，但你谈他的怪话，拉你去关起，他各人有那批人来拉你嘛，他各人养了一批人了嘛。（冉启顺）

二、1949 年以前乌江船工与袍哥等地方势力的关系

袍哥是清朝中后期至民国时期以四川等西南地区为主要活动区域的一种帮会组织及其成员的统称，具体说就是哥老会在四川、云南、贵州等西南地区的俗称，古名"汉留""汉流"，民间又称"嗨皮"。袍哥与青帮、洪门为旧中国三大民间帮会组织。在清代，四川地区参加袍哥会的人并不多，但是到了辛亥革命之后，参加袍哥会的人数陡然增加，四川大部分成年男性都加入了该组织，"当袍哥"成了一种社会风气。袍哥组织在四川存在了 100 多年，参加的人数众多，可以说是近代四川势力最大的非官方组织，扮演着十分重要而复杂的社会角色。巴蜀地区的近代社会生活中，袍哥会是一个牵涉面极广的社会组织，袍哥是巴蜀地区特有的社会现象。"讲究江湖规矩"是袍哥组织的一大特色，这与其崇尚的精神及道德标准密切相关，核心内容就是"尚义"，所以

说袍哥所提倡的"讲规矩"归根结底是要求其成员"讲义气"①。

有了码头，也就有了在码头上凭力气谋生的码头工人。1949 年以前，乌江码头多被当地恶势力、袍哥帮会把持，因而为了各自利益持械相斗的流血事件时有发生，当然最终受害的还是码头工人。乌江的码头多有袍哥帮会等黑社会组织把持，大大小小的袍哥堂口 28 个，他们各居一个"码头"称强称霸，为所欲为。本来按照袍哥的规矩，"天下袍哥是一家"。由于乌江地区的码头地处偏僻、贫瘠之地，不光当地袍哥头子少出门，实际上对外也无甚所求，因此乌江袍哥便顾不得江湖规矩了。于是，乌江边流传着这样的顺口溜"是皮（袍哥）不是皮，难过羊角碛"②。

（一）涪陵的袍哥

涪陵作为乌江与长江的交汇处，同时也是乌江沿岸最大的码头，其袍哥组织很大，影响范围也比较广。据 1949 年以前在涪陵码头嗨袍哥的老船工的后代回忆：

> 在我们那个时候，我们老头③参加过袍哥。反正那个时候像那个袍哥啊像个名片，确实你是走到宜昌啊武

---

① 张嘉友，叶宁：《四川袍哥内幕探秘》，《兰台世界》2015 年 25 期。
② 刘冰清，田永红编著：《乌江文化概览》，武汉：崇文书局，2008 年，第 29 页。
③ 老头：父亲。

汉没得钱了，你是哪个袍哥哪个社会的名片拿了，迥①你吃迥你穿，拿点路费又不用各人走路。那个社会还有点讲义气。上头重庆都有，整个沿江地方都有。那个袍哥相当于一个组织，有的袍哥有个组织。囊恺②说也，看你掌舵的人囊个掌，有的袍哥就反动了，有的袍哥诶仁义啊道德方面还可以，那个就说不清楚。就像我们老一辈袍哥都多，我父亲加入袍哥的，不加入别个欺负你。那个大袍哥就是这当地人，大地主，他们就在涪陵城区就在这大东门。这些人还有势力有威望，没得势力不得行。涪陵大的袍哥有那个叫谭文毕，他是在大东门那一带是最大的一个，像社会上乱七糟八的，打架啊都来找他，他来断理性，他说了算。他势力大收好多钱哦，涪陵城整个乌江的船、长江的船都是他管理，外地的船不拜码头的那肯定要遭。在解放后就不存在了。（王世均）

（二）乌江沿岸遍布的袍哥组织

1949 年以前，乌江沿岸的袍哥组织遍布主要城镇，其势力延伸到沿江的几乎每一座城镇、村庄，几乎每一个乌江老船工都直接或间接地受到袍哥组织的影响和控制。因此，每一位健在的、经历过袍哥文化的乌江老船工，都能够讲述那些记忆深刻的袍哥文化。

---

① 迥：免费提供。
② 囊恺：怎么。

我们小的时候，彭水就有袍哥。像我们老汉①就是在袍哥里面的，我们大哥也是在袍哥里面的。我老汉他们那个就叫单刀会，是拜武圣人关羽的。但是像那些嗨袍哥的话，平时一个人走迷路、走掉队，或者走哪哈他没得钱吃饭哒，就在路上，就望袍哥大爷送他回去。但是在郁山那个风味还要浓得多，就是你没得钱，你要要得干脆，在大悦谷耍个一年半载没得来头②："你吃饭了吗？""光吃饭用点零用钱了吗？""没得莫乱来。"就是了。袍哥里头那头分大哥唛、二哥唛、三哥啥子的。我老汉和大哥就是一般的人，也不是红旗管事，也不是大哥，就是老了嘛就喊他大爷咯。我记得袍哥帮派就有童德宫、汉隶宫，我就记到这两个宫了，他们主要是以仁义礼智信来称这个。袍哥他们是不打架的，其他人打架他们也招呼得住，几个大爷一出来招呼，那些人就散了，算的咯。(杜国发)

我们这里还是有袍哥。羊角是复合社吧。我们这(龚滩)是正义社，也有复合社，有清茗社，清茗社就是年轻人。有几道社会的嘛！袍哥就是组织起来，来维持这个安全事故的，就是哪个社会同哪个社会，他要冲突起来，双方领导人就下来招呼，不能打了。为这点事情，等会儿我们在哪儿会面，哪个餐馆，去就是直接拿

---

① 老汉：父亲。
② 没得来头：没有关系。

钱，吃了就是大摇大摆的来，去了就一起拿钱，吃了就各回各的，以后就不能扯皮了，就是说的这个事情。他不惹你们，你们不惹他。袍哥的话还是冉家势力大，那时候姓冉的，大的小的都是袍哥。就是看到一个小孩撞到了，你给说嘛。你说了，大人小孩儿都买着东西去讲好话，陪小心，我的孩子就是比你大一点，不懂事，还是小孩儿，希望你们某大人、某大爷多多关照。我们大人给你要一个人情，就是这种情况。（冉崇辉）

（三）羊角的袍哥

在 1949 年以前的整个乌江流域，羊角的袍哥势力范围最大，影响力也最大。羊角既是乌江流域的第一大滩，也是千里乌江自涪陵江口而上的第一大镇，可以说羊角镇是船工关于袍哥记忆最深刻的一处。

羊角的袍哥说是全乌江最有名的，最凶的。因为今天哪个不买你账，有些他还不是要假冒充啊，哪门哪门的啊。袍哥，都讲仁讲义。我看羊角，要叫杨那些大哥，还有陈世清那些也算凶。要不要你个别人，看到说你是大哥，我兄弟伙走来那说了，那还可能记得到会儿。你是像出门吃酒，那街上一位，哪门哪门的略，多得很。他还要拿出言语，你是哪个哪个派的。我跟到的是黄大哥，大家都是弟兄，很少有欺负的那种。不过就是来讲，要欺负你是办不到的，他也有一堂人，你也有一堂人，仁义礼智信。你像大五哥啊，我们那阵儿才十几岁，当小老幺，恰像那个跟帮忙一样的，说某人，去哪儿把那弄一下。诶，要得，好，那样又行，有时间他要培养你。做五哥这一角的话，那个要嘴巴会说咯，那出门到处都会闯。我们拉船拉到重庆去，那点到处都有袍哥。所以有时间你一个人出门去没得办法，你就去哪个茶馆，到那儿去言语一拿，把大袍哥一弄来，我是哪号哪号，兄弟遇到些啥子，马上都给你凑一百块，或者该走的你就走，不该走的你就住哪个，那阵都是那个。袍哥嘛就是，你遇到事啦，你出去逃难的没得钱，你要钱走路，言语一拿，好，你是哪个哪个，他那些都把钱些凑起来，都拿给你拿起走，都是哪个。羊角的袍哥有仁义礼智，就是这四堂人。袍哥他主要也是找钱吃饭，解放后袍哥都陆陆续续解散了。乌江边上还是有那样的风气，他就来找门吃黑，你有些弄了哪样，你要去他那里报到，你报道他来柯平①。（冉茂兴）

　　袍哥那就是一个组织，我还当嗨袍哥的。那阵不是说的仁义礼智信嘛，仁就是仁号，智就是番号咯。那就是一个组织，专门是一年只办一会儿盛会，就是恁个。我们喊当头的就喊大哥，你像羊角就有仁号、方号、智号、礼号这几个堂口，我当时就是在方号，我两兄弟都在里头。老幺嘛就是打个杂、端个围腰啥子的。加入袍哥嘛就是比如说拉船出去，遭别个欺负了，或者说遭偷

---

① 柯平：摆平。

了、遭抢了的话，你就报个"我是哪个堂口的""认识哪个袍哥"，他就不敢惹你，出了事的话，就由他们来组织解决。在旧社会的话，袍哥都不算帮派，就是个社会组织咯。解放过后，像陈世清呀，王昌武呀，还有嘞些，因为凶狠了，都还是遭镇压了。（冉茂吉）

（四）加入袍哥组织的门槛

袍哥组织也不是任何人想加入就可以加入的，它还有加入的限制条件。据健在的船工们回忆他们前辈船工们的讲述，如下这几种人是进不了袍哥组织的：

> 过去他叫袍哥，龟儿是参加不到的。龟儿嘛，嘞些说的是偷人得的，找不成老汉的。（彭永禄）

> 过去嗨袍哥，哪几种嗨不到啊？就是剪头的、修脚的、装烟的、龟儿子。修脚、装烟、剪头这些都没得本事。这些人是嗨不到袍哥，就是你没得本事，就是这个意思。龟儿子，就是偷人得的。铁脑壳是剃头匠啊，修脚的啊就是现在修脚趾甲这些，装烟呐是制烟品装烟那些。（彭昔飞，男，汉族，1949年生，重庆市涪陵区白涛镇三门子村6社人）

三、1949年以前乌江船工与与船方的关系

1949年以前，乌江流域中的装货、载客、打渔等的木船，

多为个人所有，或者为私人设立的船务公司所有，形成了船工与私人船老板的关系，或者是船工与私人船务公司的关系。

（一）船工与船老板的关系

1949 年前，乌江船工的生命随时受到威胁，他们要是损害了船老板的利益，会受到船老板的严厉惩处，轻则挨打被揍、抽调脚筋、脸上刺字等，重则被身绑石头沉江等方式处死。船工号子唱道："哪个老板不黑心？哪个大爷不整人？天高河长无路走，地宽山多难立身。"[①]

1949 年以前的船老板都是拼命榨取船工的剩余价值，对待船工冷酷无情。船工用生命和血汗为船老板创造了巨大的价值，自己却拿着勉强维持生存的微薄薪资。

> 那阵儿过去的老板，你晓得过去的地主、富农只抢人。现在哪个敢抢？那是穷的喔去扯船。那些地主、富人些呀？他各人有吃有穿，他不去的哟。就是那些穷人啦，那个去拉、扯、弄。（冉启顺）

> 还有些老板就是经常不给我们拉船的饭吃，旧社会的日子是苦得很。（冉茂吉）

---

① 段明，胡天成：《川江号子》，贵阳：贵州人民出版社 2007 年，第908 页。

（二）船工与桡头的关系

1949 年以前，有专门为船老板召集船工拉船的捎客即桡头，他们从中收取中介费，同时也暗中从船工薪水中提成。

解放前的话，桡头专门吃①我们的钱。比如说，解放前你是船老板，你有个船，你又固定有那几个人。但是你还差好多人拉，那桡头就帮你喊拢来，喊拢来他就要吃钱噻。帮你喊起，你要 16 个人、要 5 个人、要 6 个人，郎②齐了老板他就少发点工资啊，扣点下来就拿给桡头。所以，解放了，这种人就被打成坏分子了！斗啊我们，我们就斗他啊，就是恁个咯嘛。（杜国发）

你如果偷力啊，那有些他要医③你的。不是船老板医你，还有个排头儿噻！喊你去的人唛，有个头儿噻。（冉茂兴）

（三）船工与管事的关系

1949 年以前，乌江木船"每帮设趱纤管事一名，价月卅元"④，木船上的管事就是专门帮船老板代为管理行船之中各种事务的人，他们对待船工十分凶狠、无情，一心只顾维护船老板和他自己的利益。

---

① 吃：贪污。
② 郎：凑。
③ 医：收拾，教训。
④ （民国）柯仲生：《彭水概况》，成都：巴蜀书社，2013 年，第 225 页。

拉不起格老子①就是棒槌拿起，一打啦把你打痛了。格老子，都没得躲处的咯。反正一句话，乌江嘞些把头个个都是遭枪毙的个别。（易世禄，男，汉族，1923年生，重庆市武隆区羊角镇人）

解放前，有领航员，就叫管事，一对船有两个领航员。领航的他就是一个领航员领5个船，他就开道路咯。前头这个船走领航员，后头那几个船就跟到他一起走。你要是走错了呀，就要出事故嚛，就是恁个的。诶，坡上就有管事，连前管事，他拿的那个棍棍，就像你那个角架恁个长。你没绷得紧，你就要挨好几棍，那要打人嗒。打人呐，搞得快的一钻过去又钻过来，就打不到他嚛。船上有船上的管事，坡上有坡上的管事。（杜国发）

我第一次拉船是和我堂哥哥一起的，我拉的是露船，露船是冉从良的船，他的管事都叫冉配习。那阵在旧社会的时候，管船的就叫管事，解放后就叫把头，一般一队船上有两个管事，他们专门帮船。像我们拉船的话，时不时还要遭挨打、挨棒棒。那阵②，管事动不动就打你咯，他要是觉得你没用力的话，老板或者管事就用动花打你，动花就是那种用很多篾条索索搅成一坨的那种，用那个使劲抽你的背咯。

那阵出船都会翻个历书，或者说找个八字先生算一

---

① 格老子：衬音词，无实意。
② 那阵：那个时候。

算。老板还有管事在准备出船前就会找人算这些，多少带有点封建思想，现在还不是带得点，还是有这个习惯。你像造船的话，那造船的过程啊，好久开工啊、好久下水啊，老板或者说管事都会搞点啥子敬一下，比如说请先生看时间啊或者说烧点纸呀这些。（冉茂吉）

四、1949 年以前乌江船工之间的关系

（一）乌江船工之间是"用命拼出来的兄弟伙"

我们常用一条绳上的蚂蚱来形容利益共同体、生死相依的关系。其实，乌江中一条木船上的所有船工之间也是这样利益相连、生死相依的关系。木船一旦翻沉，岸上、船上的船工都是凶多吉少。

> 解放前，我们拉船的船工之间，那还是大家用命拼出来的兄弟伙。（冉茂兴）

上面这句话是对乌江船工之间关系，尤其是同弄一条船的船工之间关系的总体概括。当然，人无千日好，船工之间有点小摩擦也是常事。

> 我们弄船这二十来个人呐，相互之间关系同到人都好，不同到人就不好咯。（郭祖荣）

下面这首原生态乌江船工号子，展现了乌江船工用力气、

酒气、豪气和胆气，齐心协力地拼命拉船盘滩的悲壮场面。

下河攒劲来行船①

（平水号）

田永红　搜集整理

羊角碛边吹羊角，吹响羊角能应山。

龚滩是那霸王滩，土坨峡内把船湾。

撑篙如同猴爬树，拉纤就像牛耕田。

上岸喝上两斤酒，下河攒劲来行船。

（演唱：田贵扬）

下面这首原生态乌江船工号子，表现出乌江船工是生死与共的命运共同体，他们凭借大无畏的英雄气概和兄弟般的情谊，历经千难万险，踏平险滩恶浪。

踏平乌江个个滩②

（拉滩号子）

向光中采录

好兄弟！好英雄！出力气的就是好英雄，

不出力气是大懒虫，乌江英雄汉哪！

---

① 思南县土家学研究会编：《思南民族文化丛书——乌江船工号子》，北京：中国文史出版社，2014年，第56页。

② 思南县土家学研究会编：《思南民族文化丛书——乌江船工号子》，北京：中国文史出版社，2014年，第64页。

磨断根根纤哪！踏平乌江个个滩。

（演唱：谢怀应）

（二）1949 年以前乌江船工之间"貌离神合"

1949 年以前，乌江船工的推桡、拉纤等船工生活异常辛苦，船工们不停地吵架，甚至破口大骂，船工们称为"闹、吼"，这几乎成了乌江船工们行船生活中必不可少的组成部分，船工们通过这种方式来排遣寂寞，减轻劳作的辛苦程度。船工之间表面上不断在争吵，实际上他们都不记仇，甚至这本身就不是仇恨，吵闹之后马上就和好如初，依然是生死相依的兄弟伙，他们之间是"貌离神合"的关系。他们称为"吃武力饭"，就叫作"武力找来笑和吃"。而认为唱戏的则相反，是"笑和①找来武力吃"。这也是乌江老船工的行业、职业特征。

所以弄船的人呐，就说武力找来笑和吃，吃东西了就算了，再你囊个日妈日娘日你仙人样都诀②尽了，吃的时候就是，来来来，管他吃酒也好，吃好菜也好，大家都来吃。那边唱戏的人呐，就是笑和找来武力吃，吃的时候各煮各，在门旮旯去吃。我们嘞些拉船的虽然是说在弄船的阵儿，样都狗日的都来了，他吃的阵儿就不像怎个，喊吃了哈都拢来，嘞种。（冉茂兴）

---

① 笑和：和谐、友好。
② 诀：骂。

　　所以我们那个就叫"武力找来笑和吃"。像唱戏的就是"笑和找来武力吃"，他吃饭的时候个人轷到①旮旯边边吃哦，他就怕别个放痨药②，放痨药吃了声气③没得，唱不出来，唱不出来他就赶不到别个嚓。像当搬运是"武力找来笑和吃"，白天迦又在骂、诀④，黑了大家又一起喝活⑤酒哦，坐茶馆的话，"来呀泡碗茶，泡碗嘛就多泡碗个"，所以说这些都是我们弄船的。（杜国发）

　　那船上嘛，你武力找来笑和吃。麻批娘批他各人舅子，样都诀⑥咯。你一放手哒，"走，我们来喝酒哦；""上街哦，走茶馆呢。"弄船的就囊个咯，一上坡啦"好生扯到你那个舅子！你那狗日抬腕的看你批抬的哪样腕嗒，你抬的力批饭碗嘛？"嘿，他抬起力批纤藤诀你了嘛。我们这船上就那二十来个人弄船的话，总体上关系还是可以。打架，哪打架哦？吵架时间多。吵架只要力批不接，拖起纤藤走咯，一天都力批吵架咯。他吵坡上的嘛，他说的，船上呐驾长不扒闸嘛，坡上的会拿翘。他就说你那个角拿回来点嘛，你那舵，你拉回点嘛，你拉边边点，我拉起松活一点嚓，你怎拿那当中就拉起费力嚓！后头那驾长他又说，看到跟那哈爬起去啊，其实

---

①　轷：蹲。
②　痨药：毒药。
③　声气：声音。
④　诀：骂。
⑤　活：口。
⑥　诀：骂。

他还是过不去，他别个拖起了，去不到了那哈，他看到跟那哈上去，你跟到恁个去。（郭祖荣）

（三）打渔船工之间的关系

打渔船工与船工之间，也会发生各种关系，甚至也会发生不愉快的事情。但是，这只是一般的人与人之间的小问题。而且，遇到这类问题的船工发扬了乌江流域各少数民族团结、友善的性格特点，总是谦让地、妥善地处理这类问题。

别个在那哈打渔的话，我到其他地方去打，我就不能在那里打了。打渔那个地方就不仅是我们一家人打渔，除了我们还有其他人在那哈打渔的。我们打渔的时间都少，现在打渔的人就太多了。其他打渔的人的话，苗族也有啊。那些去打渔的，钓鱼的，哎呀，有些讨嫌的！有些你弄船他都要叫你弄远点，他不准你在那头钓鱼啊。我们一般不同到他们吵，他不让我在那头钓我就不在那头钓，你同他吵没得意思的。（杨达文）

打渔船工讲，像在打渔过程中，打渔人之间是同行中人，大家基本是平等相待，不存在去干涉对方，不存在抢劫行为，不存在强买强卖等比较恶劣的不公平现象。打渔人之间有传统渔业行业的行规，我们称之为习惯法，这些习惯法对渔船来说，有约束行为的作用。另外，乌江流域的少数民族和汉族都有本民族的一些为人处世的乡规民约，这对于船工之间建立和谐的关系大有裨益。就像这位船工所说的那样：

　　　　像抢鱼啊，还没得哪个和我抢哦。在那点干涉的，没
　　得哪个干涉过我的。就是说比如说你拿到鱼，他一股劲给
　　你拿到起的这种没得，他不敢。（杨学文）

五、许多乌江船工通过家族传承行业技艺

　　从乌江船工的讲述中可知，常在江边走哪有不会凫水，
哪有不会划船的？尤其是男孩子，自古以来他们从小就在乌
江边长大，人人会水性，人人会基本的划船技巧：

　　　　因为我们那时候，乌江边边儿的人都会凫水、划小
　　船，都那种。（冉茂生）

　　因为生长在乌江岸边，一些船工有祖祖辈辈弄船的传统。
乌江里的弄船技巧和经验，通过一辈一辈地口传心授传承下
去。这种乌江弄船技巧和航运文化的家族式传承方式可以称
之为濡化，即是人类有别于动物而独有的文化的习得与传
承——濡化①。乌江船工王廷文讲述了他们世代弄船的经历，
他爸爸是弄船的，他大伯在 1949 年以前就教他如何撑船：

　　　　我十二岁上船，我父亲也在船上，他在那弄求生噻。
　　1948 年，我堂的大伯有个小船，私人的小木船，它也有

――――――――――

　　① 庄孔韶主编：《人类学概论》，北京：中国人民大学出版社，2006
年，第 287 页。

十四五米长，可以装二十几个人。也装柴呀、香呀，卖那些咯嘛。他经常照顾我。（王廷文）

老船工郭祖荣也说，他承袭了他父辈的弄船的习俗：

我父亲那一辈四弟兄中我们老的是老二，他们就是弄船。他们做小船咯，装货啊，给别个装柴啊，装那些卖呀，去来就装那些咯，各人也划船。（郭祖荣）

六、1949 年以前乌江船工的私生活

乌江船工的性生活是乌江船工口述史研究避不开的话题。人非草木，孰能无情呢？他们常年在乌江沿岸艰辛、恐惧地生活，作为体壮如牛的乌江船工，他们满身充满雄性的荷尔蒙。不管他们婚否，他们常年在外有性的渴望，需要性满足，这是人的本能欲望的爆发，也是情理之中的。

（一）乌江船工的"摘野花"生活

乌江船工是一个纯粹的男性劳工群体，乌江船工的性生活是一个绕不开的话题。老船工对航运途中的性生活作了描述：

我们拉船那个地方也有窑子，拉船的人拿起钱去耍哈，喝点酒。但是嘞没有像后面嘞些有专门的机构，只有各人几个认识相好的。（冉茂兴）

船工不敢唱歌去逗那山上穿得好看、长得漂亮的姑娘，从来不敢。我从来不，其他拉船的人也不敢！不敢！不敢！那阵儿像你跟我熟哎哈，我是个女子哎，你两个拉起走累珀珀①的哎，开句玩笑，只能是恁个。说你风骚咯哪样？话一多，所以这就不好啦。嗯，不敢，不敢开玩笑。（冉启顺）

我本来是问这位船工关于"袍哥"的故事，他误听为"嫖哥"。他滔滔不绝讲了一通之后，旁边看热闹的村民才告诉他不是问的"嫖哥"，而是问的"袍哥"。也不知这是歪打正着，还是正打歪着。我把他关于"嫖哥"的口述展示如下：

听说过解放前的嫖哥，那种事情船上的任何人不敢。船上有正驾长，有副驾长，每一条船，我们农村说的每一只船有正驾长、副驾长。如果谁人像晚上特别是哈！当然，大的唛是夜间弄起眺②，啊奔起索索走。晚上到那个码头，船到哪个码头、哪个船工人员也好，驾长也好，上坎去当嫖哥不说，要传起八万里，不说八千里，再说他的名誉不好听，那就不要你，那个时候根本就没得。有是有唛，很少。（张羽昌）

---

① 珀珀：衬音词，无实意。
② 眺：走。

（二）明媒正娶为主的婚姻

乌江船工唱或者吼的号子，多少伴随劳动的歌谣，想象、夸张、浪漫的成分为主，并不是现实生活的写照。既有情妹思念船工的，也有船工想念情妹的，这些都是船工的"单相思"，更多的是排遣寂寞孤独、协同弄船动作、加油鼓劲等功能，下面的两首船工号子即是这样。

心中只有拉船郎①

喜洋洋，闹洋洋，大城有个孙二娘，

膝下无儿单有女，端端是个乖姑娘。

少爷公子她不爱，心中只有拉船郎。

情姐下河洗衣裳②

郑一帆记录

情姐下河洗衣裳，两脚踩在石梁梁。

手拿棒槌朝天打，两眼观看少年郎。

棒槌打在妹指拇，痛就痛在郎心上。

---

① 邓晓：《川江航运文化研究》，北京：中国言实出版社，2009年，第203页。

② 思南县土家学研究会编：《思南民族文化丛书——乌江船工号子》，北京：中国文史出版社，2014年，第60页。

　　乌江船工的婚姻也并没有人们所想象的那么浪漫，也没有文学作品所描写的那么传奇。毕竟，乌江船工是社会最底层，收入低、地位低，而且常年在外奔波。乌江船工自身拥有的资源少，对婚姻要求的门槛较低，一般也不太可能找到条件非常好的对象。而且，他们的婚姻方式，更多是在原籍所在地以明媒正娶的方式来找对象。

　　（拉船的时候）看到哪个姑娘好，有熟人介绍啊，把她弄来成家的，嘞种都少的很。我们拉船的时候，解放前，四七年、四八年，像在龚滩啊、彭水看到哪个姑娘好，就把她喊起走啊，正儿八经找个媳妇来结婚的啊，嘞种少。还不是有。（冉茂兴）

第二节　1949 年至改革开放初乌江船工的社会关系

　　1949 年以后，乌江流域木船船工经历的政治关系、经济关系、婚姻家庭关系、同事关系、船工与码头的关系等，都是全新的关系类型，也具有全新的特征。此外，一个重要的事实就是大规模乌江木船航运业是在这一时期消失的。下面将分门别类进行述评。

一、国家对乌江航运进行集中、高效管理

新中国成立后，国家下大决心、花大力气整治乌江航道，提升乌江干流的通航能力和运输效率，具体举措包括整治航道、成立航道管理机构、完成木船运输业的社会主义改造等。总之，新生的人民政权对乌江航运的管理取得了史无前例的、明显的、巨大的成效。乌江船工口述资料只是碎片化地讲述了上述宏观环境和政策对他们的影响，原因之一是他们当时不太了解宏观情况，信息不太对称；原因之二在于，时隔久远，他们年老且记忆力差，如今也只能回忆起 20 世纪的航运故事片段。

（一）成立乌江航道管理机构

在 1952 年，国家分别在乌江流经县城所在的城镇设立了乌江航运管理机构——航管站。乌江老船工们在回忆过去的航运生活时，也会偶尔提到航管站。这是一个全新的乌江航运管理机构，对乌江航运的航道、码头、船舶、航运从业人员等乌江航运业的所有相关业务进行管理。这一新的管理机构对船工的影响也是全面而深刻的，最明显的特征是实行国有化、集体化性质的生产。我们从船工的口述史资料中来还原航管站的职能情况。

第一种职能：航管站招募和组织船工拉船。新中国刚建立时都是木船，后来逐步推广机动船。正如船工所言：

> 我十四五岁就开始拉船，那个时候已经是解放过后

了。那阵我拉船的话，拉了两三年，大概是在六四年，那阵已经结婚了，就去了航管站，就干了几年航管之后就没干了。我在那高头是二驾长，后头来当的副驾长。在七二年，我就去潮砥参加搬运了，我就没在船上了。（黎启强）

我原来参加扛东西，我后来跟到去就在航管站，那都没考虑后果嗫，没有考虑后果。到现在，参加扛东西欻有工资嗫，航管站就没得啦。（冉启顺）

第二种职能：航管站组织航运船舶编组，包括每一组（帮）船舶数量，每一个船舶的吨位等；货物装卸安排，包括装运物资的种类、数量、出发地和目的地等（图 6-1）。

他一帮船不全部是 80 吨的嗫，有些 70 吨的呀，60 吨的呀。那 80 吨的船起码最少都要拿 50 吨以上的船去构成一帮，他航管站给你配嗫，你那船随便在哪，同哪个一帮，你才够得上，他航管站会给你想法呢。船小了就跟大的，跟大船两个一帮，那都不行嗫，他走的路子和你走的路子不同，但是人员不够。（郭祖荣）

那时候我们从下头涪陵、沿河往上头拉，拉哪样东西些，那个没规定了嘛。有个统一，由航管站要规定，装哪样子肥料啊、一些盐巴啊，它派你拉哪样你就拉哪样。那拉起上来，主要是盐巴、煤和粮食，还不是那样乱七八糟。往下头拉呀，上下都是那种。它下面要哪样，你上面就要对下走；上面要哪样，下面要朝上面走，就囊个。装桐油下涪陵，那时没囊个，少哦。(刘官儒)

图 6-1　先品酒后口述船工故事的老船工刘官儒

　　第三种职能：航管站进行人事关系管理，这也是计划经济时代一种非常重要的管理职能。人事档案的记载和管理，这两种职能都是属于人事职能。

　　六几年咯，给我调回来社办企业当木船驾长。那阵儿是当地公社找航管站指名要调我回来当驾长。后来等到了六五年的时候，我社办企业一来哒，就弄得有船，那就是木船咯，那就没得机器的咯。就说我年轻，人又有点技术，就是怎个把我调回来，就喊到江口社办企业。随便你哪船在航运公司，找航管站去，没出过问题，没出头过，没打别个，没拖个人，没伤过人，我敢说那话。你航管站就我们这个记载，他就有嘞。有个驾长，出了问题他就赶忙进去。我们没得档案喏。（郭祖荣）

第四种职能：航管站对船舶驾驶人员、驾长（图6-2）等进行资格考核、认定工作。

当个驾长又还不简单，那个撞到了嘛，要伤人嘞。那是估计在航管站，现在的航管站是一样的。要考评驾长，要考起了、检验起了才发一个本本，航线你才熟悉，是恁个道理。（冉崇辉）

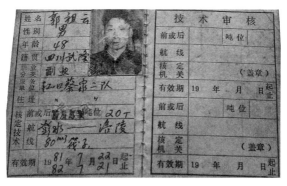

图6-2　郭祖荣展示他的非机动船舶驾驶证

（二）对乌江各类船舶实行工商业改造

1953年至1956年，四川省对个体木船进行改造，全行业合作化。1954年，各地全面展开了编组编队的工作，实行了按组队派载，开展三大互助。全省木船行业先后组织互助组、试办合作社、全行业合作社三个阶段的社会主义改造。木船业社会主义改造的意义是改变了生产关系，解放了生产力，生产积极性高了，生产效率也就提高了；解决了国家计划运输与个体生产的矛盾；发挥了集体经济的优越性；公共积累增加，可以扩大再生产等。[①] 乌江的四川段（今重庆段），在这一时期也完成了木船业的社会主义改造。

1953 年至 1956 年，贵州省进行了木帆船运输业的社会主义改造。依次进行的是个体木帆船的编组互动、水上运输的合作化运动、集体运输业经营管理的初步探索等社会主义改造运动。作为贵州省最大河流的乌江（乌江贵州段）木船运输业，也在这一时期完成了社会主义改造[②]。

1949 年以前的各类船舶收归国有或者集体所有，船舶运输业属于第三产业，这属于对工商业的改造，全国的这项工作在 1950 年代中期就已经完成。我访谈的都是航运业底层的普通船工，他们对此谈得不多。如果访谈的是 1949 年以前的船老板，则可以获得更多这方面的信息。

> 我在武隆木船去搞过的呀，喊我到木船社我不去，我说我这个不安逸，一天都在河坝。我说我去拉船，然后我就去了咯，就是囊个咯，我不学了咯。（郭祖荣）

---

① 王绍荃主编：《四川内河航运史》（现代部分），成都：四川人民出版社，2000 年，第 72—82 页。
② 廖国平主编：《贵州航运史》（现代部分），北京：人民交通出版社，1999 年，第 14—23 页。

比大集体时候在农村里面要吃的饱些，毕竟这些都要在我们自己的工钱里面扣，就相当于是吃的自己的，所以那些人都是争到起来拉船。那反正就是你自己报名，然后前后驾长来选，上船了之后那些老人就会带你，教你哪个拉船。（袁子乾）

（三）镇压乌江流域的袍哥等地方恶势力

1949 年以前，乌江沿岸的袍哥组织、土匪组织等地方黑恶势力众多，严重阻碍了乌江航运业的发展，严重伤害了乌江船工的利益，也严重影响了乌江沿岸人们的生产、生活。1949 年以后，人民政府竭尽全力铲除乌江沿岸各种恶势力、坏分子，为乌江航运业营造了一个良好的发展环境，也为船工提供了更好的权益保障。

1949 年前，包括乌江在内的众多河流，形成了船帮等民间帮会组织。这些帮会组织剥削欺压船工，自立帮规，把持航线、险滩和码头，控制货源等。以上各种封建把持，危害极大，严重影响物资交流，束缚水运生产力的发展。这些封建势力根深蒂固，直至解放初期仍然存在。解放后，各级党委和政府，结合清匪反霸、镇压反革命运动，对木船运输业进行整顿，取缔封建组织，废除封建把持制度，法办了那些罪大恶极、为船工船民所痛恨的封建把头，打击了封建势力的嚣张气焰，激发了船工船民的生产积极性。随后，开展水上民主改革运动，消除水运业中的帮会等封建残余势力①。老船工们对此多有讲述：

> 我们那阵还是有袍哥这些人。解放以后，袍哥会就没得了。我们这哈就是有两堂，有仁字号和德字号。那个时候我们都小，黎启辉在那哈就是仁字号，那个黎树豪嘜是德字号，它由两个号合并成的。那阵我才几岁，那个袍哥当时是做的哪样名堂，我就不晓得耶。听爷爷讲啊，父亲他们摆，五零年前后就接近老班子人了，他们摆那个袍哥就是个组织，那阵还兴哪样老大、老二、老三，哪样五哥，哪样三哥，兴那些。反正大哥说话就算，由大哥做主。假如你是思南袍哥会的，你去潮砥去，你吃饭做哪样它都不要钱。解放后，袍哥就没得了。解放前，他是一派一派的。赌钱又输了，他就喊黎道仙来，说："大哥，我输了"。他说："输了你就不来啦，输了也要来呀"。给点米，拿点钱，大家一起过个年，还倒要拿钱。这个黎大哥没打脱，病死的，解放两年前就病死的，他还当过区长。解放后，在的那些就枪毙了，那解放过后的话，就没得帮派了。(黎启强)

> 1949 年以过后就没得袍哥组织了。只能说有些呀有点作恶的呀，在那 1949 年以过后，作过点恶了嘞些呀，

---

① 王绍荃主编：《四川内河航运史》（现代部分），成都：四川人民出版社，2000 年，第 62—67 页。

还是略略调查他了哈的，是嘞种的。那些看喊办自信，你去看你的经历咯嘛，叫办自信，那是 1949 年以过后了。其他对嘞些，嗨了皮的，没有作斟究，完全没看。那个是嗨了皮①了，要遭死那种，只有作恶了的，那是1949 年以过后，批斗人家呀（彭永禄）。

（四）成立工会组织等船工的群众组织

为了巩固水上民主改革胜利的成果，彻底废除封建把持制度，政府在民改后期加强了木船运输业的组织建设，整顿船运工会，成立了船民协会。1954 年，全国总工会做出了撤销内河航运工会的决定，四川各地分别逐步将航运工会与船民协会合并起来，至此，四川内河航运只有船民协会一个群众组织，其他一切帮会都被取缔。1957 年，木船运输业实现了合作化，成立了木船运输合作社，船民协会完成了历史任务。交通厅指示各地撤销了船民协会，将船民协会的财产、医疗机构、子弟校，一律转入木船运输合作社。②

1949 年以后，乌江船工成立了许多工会组织，它们成为联系船工和国家的桥梁，代表船工管理各项事务，代表和维护船工的利益。老船工对此作了介绍：

我们当时在乌江弄船的二十来个人呐，船上那些到

---

① 嗨了皮：参加过袍哥组织。
② 王绍荃主编：《四川内河航运史》（现代部分），成都：四川人民出版社，2000 年，第67—70 页。

处①的都有咯。武隆应山的、涪陵北塘的也有人，还有彭水郁山镇也有人。我们那时间拉船他成立工会，看你在哪哈登的记咯嘛，哪哈喊你咯。登记嘛，看你在涪陵工会登的记嘛、看你在彭水登的记嘛？彭水还不是喊的有人去。(郭祖荣)

二、船工与船方的关系

只要在弄船，就存在着船工与船舶拥有者之间的关系，即船舶归谁所有、船工为谁弄船等关系。还包括船工与船方的劳动合同性质，比如是临时工，还是建国后的集体所有制、国家所有制等关系，包括工资的获取等方面。

显然 1949 年以后，三大改造完成之后，乌江航运业的社会主义公有制基本建立起来，实行的是以计划经济为主的运行机制。乌江航行的船舶要么是国有性质，要么是集体性质。乌江航运中的船工与船方的关系，就变成了船工个人与国有航运单位或者集体航运单位的关系。这种劳动组织方式和经济运行体制对船工的影响是深远的，也是乌江航运史上的一次深刻而重大的变革。

这位郁山籍的老船工，为国有轮船公司拉船，讲述了拉船需要的时间、拉船的收入状况、拉船的起点和终点等，这就是新中国刚建立时为国有轮船公司拉船的概况。

---

① 到处：来自不同地方。

　　我刚开始拉船，就是从涪陵拉起走，拉到彭水就要
拉十天半个月。那点儿发工资叫发生钱，水上嘛拉一回
就发十一块啊、十四块钱。拉到彭水去呀，要半个月。
要是拉龚滩呀，就要拉咯二十天。当时那些河头①的名
称我现在是记不清楚了。(杜国发)

　　新中国刚建立时，船工为生产队的社队企业性质的船队
拉船，这种船属于集体企业性质，其收入分为两个部分，一
部分作为工资给船工购买草鞋等，而另外一部分则如下文所
说，作为工分参与生产队的年终分配。下面主要介绍了工分
分配方案。

　　那时我们队有一个船，一个砖瓦窑，又有两个灰窑。
相当于社队企业，经济就要富裕一点，我们这些最高扣
(一个老劳动日的价格) 过六角几的哎。五零年，相当
于是解放之后，就完全是那种大集体了。另外就是说出
去没得任何钱，就是凭屋头在干活一天十分，你在农村、
在家里干活十分，他们也是十分，然后在年终的时候统
一按这个分来套这个钱。(罗学成)

　　下面这位曾经拉过船的生产队长，讲述了他所在生产队
的船队拉煤烧砖瓦、所得收入的分配情况。其中，也包括了
船工收入的分配。

---

　　①　河头：河段。

> 我们生产队拉煤回来在两个窑子来烧砖。那个砖卖四分钱一块，那个做一天管不到好多钱嘛，加上除去船工工资，工分也提高了。（王世均）

下面这位船工在 1949 年以后在外拉船，算是搞副业，副业所得要给生产队一部分，剩下的还要交税，然后才是自己的纯收入。他没有告诉我们税率是多少，但从他的讲述中可知，拿到手里的钱不多。

> 六几年拉船，那钱不多嘛，十几块钱一趟，一个月能找到百把块钱，一两百块钱。得的钱抽 10% 交给生产队，那是大集体嘛。六几年，交了税，还要剩点，剩不到好多了嘛。（刘清茂）

其实，1949 年以后乌江流域的这种国有或者集体的航运业运行体制，其优势就是便于集中统一领导，能够集中力量办大事，提高办事的效率。如乌江的数百公里通航河段在 1949 年即迅速全线疏通，整个乌江流域的航运业在 1949 年以后获得突飞猛进式的发展，这就是其优越性的充分展现。

三、船工之间的关系

此时，乌江船工的工作条件有较大改善，比如通过打滩等方式疏通河道以后，他们上水拉船的劳动强度降低。他们此时被纳入国家统一、集中管理，工作岗位和工资更有保障，此时的乌江船工这一职业群体生活水平明显提高。国家的民族团结、民族优待政策，也使少数民族船工政治上更有地位。所以，这一阶段的乌江船工在各方面都比1949年以前显著进步。

虽然1949年以后的乌江船工数量逐渐减少，但在20世纪六七十年代前，仍然有一个庞大的乌江木船船工群体。他们在弄船时粗犷、豪迈的秉性仍然存在。他们自己称为出门就"闹"，包括讲话、唱号子，甚至船工之间拌嘴，他们用各种声音排遣寂寞，发泄劳累之情和心中的苦闷。他们表面是粗俗、吵闹，实则是互相关心、团结一心，否则逆水行舟、上滩怎么能实现。乌江船工骨子里是团结的，是共同促进航运事业发展、进步的。下面这些船工的口述史资料，仔细品其中的真意，其实没什么大不了的问题，大家还是生死相依的"兄弟伙"。

> 每一天扯一天的船，就是扯船一天搞到晚，就说吃晚饭，大家就说洗脸、洗脚、睡觉。第二天早上，只要说待亮待看到就快点起床了。就又要开始的话，放起心来大家又扎起，每人有根小索索扎到大纤藤上，又要对上扯耶。我们各人那十二个人还是嘿团结。如果说在路途中，不论是晚上休息也好，有哪个有一句两句纠纷不说，当天晚上就各人消除了。你要记哪个的过，那个是叫做就不能走船的样子啦，那就是这个情况啊。（张羽昌）

> 我是土家族人，我们一起拉船那些都是本地人，都

是土家族。像我这个拉船哪，那拉船的十来人，关系就是拉不起就闹啊、吵啊。你没使力，就要闹。我们也只是吵哈不动手，就过吼。你要用力，不用力不行。我说你，你说我，你吼我，我吼你呀。你没用力，你说我没用力，我说你没用力，就恁个。我们那些内部，一般还是没得哪样大的矛盾。(黎启强)

我们那个拉船的，有的跟我一样是苗族，有的是汉族，有的是土家族，但是大多数都还是汉族。我们一个队一起拉船就是拉武力船，你像我们就是都是姓袁的就一起拉，那就还是很团结，没得太大矛盾。其他拉武力船的就容易有矛盾，主要就是因为一把手故意整人嘛，就是看哪个做的不顺眼嘛，看他们哪个人不当中用哦，大家就说他嘛，说他嘛那个人就不服，不服这个事，那个它就容易闹矛盾嘛。你像我们这个做啷个容易闹哪样矛盾闹嘛！我们招人都是招自己人。走船都是吃武力饭，没得法。(袁子乾)

四、船工的婚姻与家庭关系

乌江船工用双肩扛起一个个家庭，他们在1949年以后各方面的生活条件得到大大改善，这为他们的婚姻、家庭生活奠定了更加牢固的物质基础，使得乌江船工们的婚姻、家庭生活更加幸福美满。乌江船工是如何处理爱情、婚姻和家庭生活的，我们可以从船工的只言片语中窥探其真实状貌。

（一）船工常回家看看

老船工的家就在乌江边的悬崖上面，离乌江直线距离只有几十米。我不太方便直接问一位老船工关于夫妻生活的问题，便比较委婉地试着问了一些，他也委婉地作答。他经常回家看望老人，教育、关爱孩子，抽时间陪伴妻子。老船工告诉我们：

> 收工收得晚，起又起得早。我家在乌江边，拉船过路肯定回家来换件衣服啊，有些时候到家里面耍哈儿。（张羽福）

乌江船工弄船极其艰辛，因而他们更加渴望拥有漂亮的情妹和浪漫的爱情、婚姻，他们也渴望家庭这个温暖、安全的港湾。他们希望得到心上人的挂念、关心，希望享受爱人、子女相聚的天伦之乐。船工们的号子对这些内容多有反映，虚实成分兼而有之。如下面这首船工号子所唱：

天上落雨地下炸①

（上滩号）

田贵扬　搜集整理

斗劲来，

天上落雨地下炸，

---

① 思南县土家学研究会编：《思南民族文化丛书——乌江船工号子》，北京：中国文史出版社，2014年，第52页。

> 黄丝蚂蚁在搬家。
>
> 过路大人莫踩我，
>
> 为儿为女才搬家。
>
> 鼓儿咚咚，鼓儿咚，
>
> 打起锣鼓唱一通。
>
> 听我把上滩号子唱起来。
>
> 拐当拐，拐乖拐，
>
> 拐上流水，要歇台。
>
> 这只船儿下陡滩，
>
> 头打湿，尾巴干。
>
> 这盘联手多听说，
>
> 拢了码头各走各。

包括乌江流域在内的川江一带有"水流沙坝"的说法，即指过去江边的船工说话、做事最不讲文明，最为下流。原因是船工作为穷人中的最底层，基本上不读书不识字；而且只要不是太冷的天气，他们弄船时经常一丝不挂，也不管路途中有没有人或者有多少人看到。据笔者的观察分析，跟文学作品类似，爱情婚姻也是船工号子的主要题材，乌江船工们用号子直接表达对漂亮姑娘的喜爱和思念，对婚姻生活的向往甚至幻想；船工们或者间接用号子歌唱其他事物，而言外之意还是在描述男欢女爱的爱情、婚姻生活。船工们用这些号子排遣孤独、消除疲劳、协调劳动动作，表达对爱情和婚姻生活的向往。下面这首号子短短几句唱词，表面看是在描写简单的推船动作，实际上也可以理解为对婚姻爱情动作的描写，船工号子唱道：

推推搡搡①

（横梢号）

田贵忠、王纯生　搜集整理

推的推来，搡的搡，

推推搡搡，一瓦房。

（二）打渔"夫妻上"

常言道："打虎亲兄弟，上阵父子兵。"从对船工的访谈中可知，乌江拉船的船工没有女性，毕竟这是强壮的男人才能完成的任务。但是，打渔的船工有夫妻共同上阵的，因为女性干划小渔船、撒网和收网这种对体力要求小的活儿是没有问题的。打渔船工杨学文告诉我：

> 我六铺网上很多鱼，网怕还装不完，装不完我们还有大背篼。在我的印象当中，打的最多的一次，收起来有几百斤，最多的一回得过四五百斤，就是那一早上就收起来的。我们是一个船，两个人去收，另外一个是我媳妇，她会打渔，也会划船。（杨学文）

乌江船工号子的歌词里也唱道，男女二位有情人一起下

---

① 思南县土家学研究会编：《思南民族文化丛书——乌江船工号子》，北京：中国文史出版社，2014年，第51页。

河打渔的浪漫，一起享受捕获众多鱼儿的快乐，一起品尝乌江鲜鱼美食，这是乌江男女一起打渔的真实写照。务川乌江号子唱道：

三板船儿下了河①

周书俊、罗来江　搜集整理

思南下来一条河，一条河有些滩多。

对对鲤鱼如穿梭，三板船儿下了河。

撒网情哥摇船是娇娥，猫子老鸦一坡坡。

叮咚跳下河，顺水船儿漂得快。

叫声小情的哥，有些鱼虾多。

快拉网紧拉索，连忙把网拖。

那板鱼儿有斤多，叫声那小情哥。

娇娥那笑呵呵，你忙烧的水快洗锅。

打碗汤来喝。

（田茂祥演唱，土家族，流传在贵州务川。）

（三）"赔了夫人"损失惨重

据相关研究文献记载："（船工）除船户外没有妻子儿女在身边"②，说明船户是带着一家老小在船上生活，而船工偶尔让家人、亲朋搭乘自己拉的顺风船。

---

① 思南县土家学研究会编：《思南民族文化丛书——乌江船工号子》，北京：中国文史出版社，2014年，第61页。
② 邓晓：《川江航运文化研究》，北京：中国言实出版社，2009年，第141页。

　　下面这个案例，记录了老婆、孩子随丈夫上船生活，结果夏天发大洪水将老船工的老婆淹死、冲走，没有下落。这虽然是一个偶发事件，但说明当时的船工生活还是存在一定的风险，洪水无情啦！

　　　　我有个娃儿是一九六一年生的。生了唛，我就带上船。带上船唛，我老婆婆儿①就落水淹死了。落水淹死了我是连尸体都没有捞到咯，那水涨的太大了。(杜国发)

　　文献也有类似记载。木船航行，操作复杂的，体力要求高，随时有性命之忧。乌江每年都有一些纤工跌入河中溺死，乌江有"半年走一转，十船九打烂"的说法。因拉船工种艰险，随时可能丧命，又称船工是死去没有埋的人②。

　　乌江船工号子也描绘了乌江船工拉船的艰险，老船工唱道：

鼓劲朝前奔③

（拉纤号）

田永红　搜集整理

　　……

　　走了一滩又一滩，过滩如过鬼门关，

<hr />

　　①　老婆婆儿：妻子。
　　②　王绍荃主编：《四川内河航运史》（古、近代部分），成都：四川人民出版社，1989年，第331页。
　　③　思南县土家学研究会编：《思南民族文化丛书——乌江船工号子》，北京：中国文史出版社，2014年，第70—71页。

最险莫过羊角碛，十回走船九回翻。

……

（冉启才演唱。冉启才，土家族，1936 年生，酉阳龚滩人。流传于酉阳龚滩的乌江）

五、船工与其他民众的关系

乌江作为一个多民族混合居住的地区，社会关系都不可避免地带有民族关系的特征。处理民族关系，我们主张三个离不开：汉族离不开少数民族、少数民族离不开汉族、各少数民族之间也相互离不开。建国后，广大汉族地区积极支援民族地区，包括乌江民族地区也得到汉族地区的大力支援和优待。现在，随着民族地区民众知识文化水平的提高，随着各族人民民族团结、进步、融合的思想素质的提升，他们更多地、更主动地团结汉族和其他少数民族，促进各民族共同进步，以实现中华民族伟大复兴的梦想。潮砥镇的船工就为我们讲述了他的优良家风，也是在当地普遍存在的民族风俗，可以说是一种伟大、典范的民族精神：

我母亲比我父亲先死。我母亲去世那些领导都来给她买花圈呐，她是在镇上开饭馆的，她为人相当慈善，相当好。那些领导以前在那吃过饭，她经常教育我们，她说人家有钱的拿给他吃，没得钱也要拿给他吃，他们来的时候哈没得钱肯定有困难。这种情况也遇到过，那个时候，我刚刚退伍回来，可能是八六年吧，东北的过来卖东西，卖不走了，最后我请人家吃了两顿饭。最后，他们回家没得路费，我还拿了一两百给他们当路费。出门嘛，哪个都有困难，你不帮他，他可能就走绝路了，这就是我母亲从小教育我们的。我母亲七十岁就没干饭馆了，我就继承她的班了。（张鹏）

作为土家族船工的张鹏，在自己不是很富裕的情况下，无偿帮助从东北远道而来做生意失败的汉族同胞。这是少数民族和汉族互相离不开、互助互爱的典范，是民族团结、进步的又一个典范。其实，在乌江流域，诸如此类的民族团结、进步、融合精神在少数民族心中普遍存在，而且外化于实践。就像打流水鱼的船工罗伦贵所言：在乌江流域的农村地区，不管是汉族还是少数民族，都很客气。这个客气一词就包含了团结、友好、和谐、融合等丰富内涵，正是张鹏家族、他所属的土家族、整个乌江流域少数民族所秉持的优良的民族品格。

第三节　改革开放后乌江船工的社会关系

准确地说，改革开放以后，因为木船航运业的消失，乌江流域从事大规模拉船的航运业的木船船工已经不存在。我们不妨把这一时代称为后木船航运时代。改革开放后从事木船作业的船工主要是打渔船工和渡客船工，不过这两类船工数量较少，而且主要分布于中上游地区的非通航河段。

一、船工与国家政策的关系

国家的宏观政策对仍然靠木船维持生计的这部分船工的影响更为直接、深刻。我国正在实行的脱贫攻坚、乡村振兴、生态保护等都是重要的大政方针，对乌江流域的木船船工产生了较大的影响。

（一）扶贫搬迁政策对船工的影响

杨达文和杨学文两兄弟及其子孙后代共有六十多人，政府组织异地扶贫，他们搬迁到了现在的黔西市五里乡场镇上居住，各方面条件都大为改善。我国一贯强调，扶贫先扶"志"，扶贫先扶"智"。他告诉我们：

> 我没读过书，我兄弟读过的。我那下一辈他们因为距学校太远了，走河对门赶场都要个多小时，走半天才得拢，都没兴读书。孙子那辈上来就有书读了，这学校都要教这些学生。我还是觉得政府对我们好，把房子砌起了，搬上来坐，让孙辈有书读。（杨达文）

政府对杨达文两兄弟家族组织异地扶贫搬迁的同时，还重在扶"志"和扶"智"，从他们自己未上学到孙子辈全部都得到免费义务教育，这是扶学。扶志、扶智、扶学就形成教育精准扶贫"三位一体"模式:"扶志"针对贫困农民和学生,重在树立脱贫信心,从文化根源上斩断"穷根",激发脱贫致富内生动力;"扶智"针对贫困的农民,重在以生产与职业技能培训满足脱贫需求,增强短期内改善收入状况能力;"扶学"针对贫困地区、薄弱学校和师生,重在提供优质教育,让贫困地区学生接受良好的教育进而阻断贫困的代际传递。[①] 尽管老船工不识字,但他懂得一些朴素且深刻的道理,老船工体会到了国家的用意和善意,表达了对国家真诚的感谢。这是他对党和国家扶贫政策的认同,更是他对中国共产党的认同和对祖国的认同,也是对社会主义制度的认同。

(二)长江流域十年全面禁渔的影响

国家自 2020 年起实行长江流域全面禁渔,是国家基于生态保护的目的实行的一项生态环保政策,除了影响渔民经济收入外,还影响了捕鱼文化等。十年后,如果杨氏二兄弟还健在的话,他们因年龄原因也打不了渔了。同样,他们的儿子辈在十年后重返打渔行业的可能性也不大。而他们的孙辈从小不会打渔,他们随着城市化的大潮流入城市的可能性更大。故而苗族打渔的民俗文化可能就此失传。

下面是张贴在乌江源头石缸洞上的亭子墙壁上的禁渔通告(图6-3),其内容如下:

---

① 左明章,向磊,马运朋,杨登峰:《扶志、扶智、扶学:信息化促进教育精准扶贫"三位一体"模式建构》,《电化教育研究》2019年第3期。

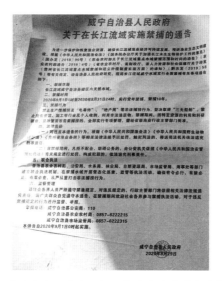

图 6-3　张贴在乌江源头石缸洞上的亭子墙壁上的禁渔通告

威宁自治县人民政府
关于在长江流域实施禁捕的通告

　　为进一步保护和恢复渔业资源，确保长江流域渔业经济可持续发展，推进渔业生态文明建设，根据《中华人民共和国渔业法》《国务院办公厅关于加强长江水生生物保护工作的意见》（农业农村部通告［2019］4号）《农业农村部关于长江流域重点水域禁捕范围和时间的通告》（农业农村部通告［2019］4号）（省农业农村厅、省财政厅、省人力资源和社会保障厅关于印发〈贵州省长江流城重点水域禁捕和建立补偿制度实施方案〉的通知》（黔农发［2019］58号）等有关规定，经自治县人民政府研究，现将长江流域威宁水域实行全面禁捕有关事项通告如下：

一、禁捕范围

长江流域威宁自治县辖区内天然水域。

二、禁捕时间

2020 年 9 月 1 日 0 时至 2030 年 8 月 31 日 24 时，实行常年禁捕，禁捕 10 年。

三、禁捕行为

禁止生产性捕捞及"电毒炸"、"绝户网"等非法捕捞行为，坚决取缔"三无船舶"。禁止所有餐饮、加工等行业及个人收购、利用非法渔获物。禁捕期间，因特定资源的利用和科研调查、苗种繁育等需要捕捞的，全部实行专项管理，需经省级渔业行政主管部门批准。

四、法律责任

（一）对违反本通告的行为，根据《中华人民共和国渔业法》《中华人民共和国野生动物保护法》《贵州省渔业条例》等相关法律法规予以处罚。触犯刑法的，移送司法机关依法追究刑事责任。

（二）在禁捕期间，凡拒不配合、妨碍公务的，由公安机关依照《中华人民共和国治安管理处罚法》有关规定进行处罚。构成犯罪的，依法追究刑事责任。

五、联合执法

自治县农业农村局、公安局、水务局、林业局、自然资源局、市场监管局、海事处等部门建立联合执法机制，在禁捕水域开展常态化巡查、监管等执法活动。确保有令必行，有禁必止，有案必查，从严从重打击非法捕捞行为。

六、监督管理

请社会各界人员严格遵守禁渔规定，对违反规定的，行政主管部门将依照相关法律法规追究责任。请广大群众自觉遵守本通告，在禁捕期间欢迎社会各界参与禁捕执法活动，对于违反禁捕规定的行为进行监督、举报。

举报电话：威宁自治县公安局：110

威宁自治县农业农村局：0857-6222215

威宁自治县市场监管局：0857-6222315

本通告自 2020 年 9 月 1 日 0 时起实施。

威宁自治县人民政府

2020 年 8 月 29 日

主要依靠打渔为收入来源的人，对长江流域十年禁渔令的反应更强烈：

安排我在这卖东西。我那没有挨到土地。然后呢，那控制禁渔期了，三月一号到六月三十号，这禁渔期唛有个好处。这哈控制，我没得鱼打，如果说不给我这五六十个人口想个办法是做不过来。我转过我老家来这待起，来这点打渔，现在是待不下来了嘛。泥巴都是人家的，山呢到处都是别人的，我啥子都没有。（杨学文）

而具有多种经济收入来源的渔民，他们对长江流域十年

禁渔令的反应比较平淡，表示会支持、遵守。

> 我不是专业打渔，禁渔过后就一直不敢弄鱼，一弄
> 就违规；钓鱼独竿独钩。我以前弄鱼没得好大的兴趣嘛，
> 没得好大的钱。这是法律规定的，法律摆起在这里的，
> 没得哪个敢动的。（游荣利）

上面这位船工有法律意识，表示遵守禁渔规定。这是他
对国家法律的认同和对国家政策的认同，更是他对国家的
认同。

二、船工与船方的关系

虽然如今乌江里的大型航行木船已经消失，也已经没有
人拉纤了。但逝去的货运木船对健在的船工的影响还依然存
在。下文两位老船工都是1949年以前出生，在1949年以前
开始拉船，但人生选择不同，人生发展轨迹也就不一样。具
体表现在，他们如今的养老保障方式不一样。第一位老船工
出生在郁山镇，后到彭水、涪陵的轮船公司上班，先后当过
纤夫、厨师、船队管生活的业务组长、趸船工作人员、轮船
工作人员等。他后来一直在国营轮船公司工作到退休，所以
他现在每个月可以领到几千元的退休金：

> 我在一九六一年到行船，到涪陵这边来了，那就在
> 川陵轮船公司的客船走船，一直搞了三十七年。我一共

> 在轮船公司走了三条船，起先是复红号，后头是十一号，
> 最后调到十六号，十六号做过一段后就退休。(杜国发)

第二位老船工则是从国营的武隆轮船公司调到了江口镇社队企业，但社队企业在 1968 年垮了，他就回家当村长，一直到六十岁左右才辞去村长职务。他现在就没有退休工资，尽管曾经是国有轮船公司职工且当过多年村长。不同的选择可能会有不同的人生轨迹和生活状态：

> 我是 1952 年到 1954 年在乌江拉两年船哈，我是拿纤藤拉船。我在 1954 年调到涪陵航运公司，在长江去了四年，1958 年又转回乌江武隆航运公司。在武隆航运公司，还是在坡上没拉到一年，我就撑船、烧火做饭、收纤藤。1965 年把我调回江口社队企业当驾长。(郭祖荣)

三、船工与船工的关系

改革开放以后，乌江船工之间的关系分为两大类，即退休后的船工之间的关系和仍然在木船上工作的船工之间的关系。

(一) 乌江老船工团结、互助养老

农村互助型社会养老是将"自助—互助"(守望相助)理念寓于社会养老之中，把老年人力资源组织动员起来作为主要服务力量，为老年人提供互助型社会养老服务的新型社

会养老模式。① 乌江船工退休后，绝大多数成了空巢老人，或者说成了中国大量的空巢老人的一个组成部分。这些主要位于农村的空巢老船工，如果相互之间居住的距离比较近的话，他们可以互相照应、照看着养老。这既可以增加老年生活的乐趣和温度，也可以降低养老成本。如潮砥镇的黎启强经常在镇上与老船工、老哥们儿打打牌、拉拉家常、溜溜弯儿等（图6-4）。

图 6-4 老船工黎启强退休后正在跟一帮老兄弟伙玩牌

位于思南县大溪口的张羽昌、吕胜和等老船工们居住在乌江边的一个居民小组，他们都在家居家养老，看小孩，同

---

① 刘妮娜：《互助与合作：中国农村互助型社会养老模式研究》，《人口研究》2017 年第 4 期。

时也种点蔬菜、粮食等，他们经常互相来往、关心、照顾。
例如我去访谈当天，社长张羽昌还邀请吕胜和专门为我演唱
乌江船工号子。张羽昌（图6-5）还告诉我们：

图6-5　张羽昌（左）讲述乌江船工故事后与作者（右）
在乌江岸边的院坝合影

　　那阵我们拉船的话，一直拉成土地下户。八零年之
后的话，我都没弄船了。因为那个时候就上面改装了，
改机动船装客呀、赶场。就是那种大型的机动船，比如
像现在可能我们这吭①就是有赶场船一样，到云家沱。
它们和那种赶场船是一样大，就用那个来装煤。我那个
时候就停止，那时候就没搞了。回来以后就是当我们组
的粮食保管员，老老少少都信任，就说我这个人老实，
保管这个粮食，责任心是搞得很好的。当了四年的粮食
保管员呐，七六年、七七年、七八年、七九年，就没有

————————

① 这吭：这里。

了。就八零年下马了，就完了。(张羽昌)

回来以后，张羽昌就在家看孙子，干点力所能及的农活儿，一直到现在。这些互助养老的老船工们，在退休后继续发扬老船工们当年推梢、拉纤的团结互助精神，践行互助养老，以此减轻国家和家庭的负担，营造和谐的老年生活环境和老年社区氛围。这种团结互助的精神，是乌江船工精神的核心和灵魂之一，是乌江船工们在行船过程中世世代代创造和传承的伟大船工精神，也是中华民族共同体意识的重要组成元素之一，值得我们各行各业传承和发扬光大。

（二）正在从业的船工之间的关系

目前，正在乌江弄船的主要是渡客的船工。2020 年以前的打渔船工也已经成为历史。鉴于刚实行禁渔，我们在此将打渔船工列为从业的木船船工一类。正在从业的木船船工之间的关系主要分为两个类型。

第一类，木船船工之间的友好关系。同行相亲、同行相近，是我国的优良行业传统。同为乌江木船船工，他们都是为乌江而生，同呼吸、共命运。乌江船工都认为在生产力低下的过去，在乌江弄船既辛苦又危险。他们互相帮助、团结一心，铸就了乌江航运精神或称之为乌江船工精神。他们也坚信多一个朋友多一条路，广交朋友，广结友谊，船工们俗称"兄弟伙"：

> 我打流水鱼，结识的打渔的兄弟啊、那些好朋友不

多。打渔交那个好朋友，只是藤山有个杨星干，那也是十几年了呢，那时在部队当兵回来呢。（杨学文）

以前捕鱼、做木匠的好朋友多得很哟，有十多二十个，现在来往都很少啦，都出去啦，打工去啦。弄鱼的，有些出去了，有些死倢死倢啦，那些打渔的搞事的都不在啦。造船的水木匠朋友还在，主要是兄弟啊，而且我父亲他们那辈人全部是学这个的，我家幺叔、幺姨父好几个都会做。（游荣利）

第二类，木船船工之间存在的一些小矛盾。同行业之间存在竞争关系，甚至产生矛盾、纠纷，但这都是行业角度的问题，与其他性质的矛盾、纠纷没有任何关系。这些行业角度的矛盾、纠纷都是小问题，而且很快就被解决掉：

像我们去打渔的话，那过程当中跟其他那些打渔的、钓鱼的，发生哪样不高兴的啊，发生争吵啊，这些唛都有。这去钓鱼的，你的网要安对，如果你擦到了，会有闹的。但是我没闹过。我觉得他们那些汉族啊在这哈儿住起的，以前打渔那些，他们对我们都挺友好的，只有少部分有一些不讲理。（杨学文）

捕鱼的时候，初步哈子，哪些地方去不接触，那么他想整你一哈。但是大家坐起一摆哈，哎呀，我们都是亲戚，不要盘到那种事，我们就又是亲戚又是朋友了。他是干涉你的话，但是这种情况出现的都很少。把好打

渔的水面霸占、把持，渔民不敢这样做。(游荣利)

四、船工们的家庭关系

推桡拉纤的最后一批乌江老船工已经步入老年甚至是晚年，我们在此次访谈中发现，他们的养老方式是多种多样的。从城乡二元分异来讲，主要分为在城市养老和在农村养老。但是，在农村养老的模式中又可以细分为多种。

(一) 老船工在城市中居住的子女家里养老

由于我国正处于城市化发展最为迅猛的时期，农村的中青年人要么到城市上班，要么到经济发达地区打工，所以农村的人口空心化问题严重，留守人员主要包括乌江老船工在内的老人、儿童和妇女。部分老船工到居住于城市或者工作于城市的子女家中养老，这与老船工有没有退休工资无关，这个主要取决于子女的经济条件和孝心如何。

乌江老船工没有退休工资，原来弄船，后来回到农村从事农业，在农村干不动农活儿了就到在城市居住的子女家养老。也有在国有轮船公司退休以后，跟子女一同居住，由子女照顾、养老，如杜国发老人就居住在涪陵城区其女儿家。中国讲究"百善孝为先"，这些乌江船工的后代们的做法是对传统孝道文化的尊重、认同和践行，老船工讲：

> 我叫冉茂兴，我是 1929 年生的，汉族。我们那阵在看到湖广填四川，张献忠填四川，我们就从湖广过来的。

> 在羊角我们都坐了六代人嘞，我现在在在花园（武隆区的
> 一个高档小区）那边坐。（冉茂兴）

老船工杜国发年轻的时候干过多种职业，职业生涯的后半段主要是在船上当厨师。他在 20 世纪 90 年代退休以后，在外面干了一段时间的兼职，后来就一直在位于城区的女儿家里养老。他说：

> 我开始是在拉船。在曙光社搞了几个月哎，后来就把我调到涪陵行船公司来照①趸船，彭水有趸船噻，哎就在那里照，照了几年趸船。照了几年趸船嘛，最后又换了个主任呐，主任又调回来做那个科长，好像是人事科长。他在那彭水当主任的时候，就晓得我嘿②负责，他一走哎就把我调到行船来。

（二）老船工在乡下老家独居养老

这种老船工和老伴儿独居乡下，子女们都出去打工、奔前程，孙辈们都出去上学，留守的两位老人看家，他们有的种点自己食用的粮食和蔬菜，有的什么都不用干，他们的养老费用由子女们提供。下面这位老船工不拉船了，就回家做些手艺活儿，近些年做不动了，就在家休养：

---

① 照：照看。
② 嘿：很。

2000 年从思林电站高头①转行就没拉了。我回来了就是捡瓦②，就是瓦匠，盖瓦，就是都是请到外地帮到起盖，现在都还在做，我没出去打过工，县城都没去过，就是捡房子。(刘清茂)

老船工在乡下独自养老的比例较大，原因是中国目前的大背景是乡村中青年人基本外出打工、生活，乡村空心化严重，老船工在乡下独自养老也是在这个大环境下出现的。老船工张羽福的子女在乌江边修了一栋漂亮的楼房，子女都外出打工，剩下他和老伴在老家养老、看房子，他说：

我是 1948 年生，今年满七十三啦。我们是属于土家族。读书我读起③小学六年级，我们就遇到生活紧张的年嚓，五九年、六0 年生活紧张我们就没去，就搞生产，就专门划这个船啦。我们这些从 12 岁开始就上船，一直划到这个断航。断航是哪年搞不清楚嘞，反正断航很可能有七八年的时间啦。

我们以前都是集体船，土地到户后就是自用船拉。1980 年前后都还是一直拉船，也做农活。从 40 岁开始当驾长，一直搞起 2010 年前后，60 岁左右。

----

① 高头：上面。
② 捡瓦、捡房子：帮别人新修建或翻修的房子翻盖瓦片的师傅。
③ 起：到。

（三）子女在家照顾病重的老船工

船工长期在野外作业，对船工的身体伤害较大。加之，船工们年事已高，患有许多疾病。比如，有的船工患有慢性、严重的疾病，其子女们则留下一个或者几个在家照顾老人，他们宁可少挣钱也要照顾好老人的身体，这也是对乌江流域各民族民众所秉持的优良孝道文化的最好诠释和践行。下面这位老船工因为生病，自从回家以后就一直由子女照顾：

> 我21岁，七一年上船，那时候还要拉纤，拉成八九年，八五六年都还在拉，都有人拉船。我也没拉好阵，我也才拉一年多，就去当后驾长去哒，就是掌舵的，我还是当很多年诶，后头下户了我都在帮别个弄了嘛。七几年拉成九几年，最后我在816（三线企业）搞几个月，搞几个月我又在这里（家里）了嘛！在船上总共拉了二十多年嘛。（罗学成）

朱海龙一直是黔西市六广河渡口的渡船船工，他没有正式的工人编制。修建电站以后，他就没有开渡船，而是回家继续他的石匠手艺，也在地里搞粮食生产。后来，他年纪大了，就在乡下的子女家养老，由子女照顾。他说：

> 我第一次开船是哪年，我记不得了。应该是1949年以后，快十四五岁啦，五三四年。我要到那个时间我才开得动船啊，人小开不到喔。我就是开船横渡，就是这条河嘛。我都记不到哪年开始开船，也没得哪个叫我们

去学开船。这之后，直到九几年我都没开船了。从那修了电站之后就没跑船啦，回来就搞生产、种粮食。

我没出去打过工。我原来时候是个石头工，没开船了过后，又回来打石头，一年在外做屋基、做堡坎，打点坟墓碑啊，还是找得到钱。那段时间我们这哈儿搞石匠，每一天只得五角钱。大集体的时候我们都没交副业，小集体的时候土地承包到户了哟，这是各人的收入。下户过后，八几年九几年，那个时候收入就少得很，一块二角一天。九几年的时候，我在修桥了嘛，搞了两年，十块钱一天。

60 岁我就没干活啦，那段时间身体不好。

五、改革开放后乌江船工的经济活动

在这一时期从事经济活动，尤其是近年来从事经济活动的船工们，都是在六十岁上下，多数是在六十岁以下，因为他们才具有年龄和精力的优势。在市场经济大潮中，船工从事类型多样的经济活动。在船工们从事各种经济活动的时候，也为乌江流域创造了更多物质财富，为乌江流域这一民族地区的繁荣、发展，为这一地区实现各民族平等、互助、团结、和谐的大好民族关系奠定雄厚的物质基础。乌江船工转行做其他工作、其他生意的人很多，这里列举几个调查所知道的典型案例。

（一）做买卖赚钱

我们习惯于将做生意俗称为做买卖。在一定的时期内，针对特定的人而言，做生意买卖的收益要远远大于做船工。俗话说得好："要想发财快，做生意买卖。"新时代的船工也是秉持利益最大化原则，做船工和从事其他行业，哪个岗位收入高就到哪里去就业。

这是一位脑瓜儿灵活的船工，而乌江船工们也瞅准了时机，靠水吃水，在改革开放初期做起了鱼生意，有的打渔船工就不打渔了，而是做起了打渔船工的下游生意，将船工们捕的乌江品质极高的鱼低价买进、高价卖出，赚取中间差价，收益颇丰，游荣利说：

> 我原来收过鱼，做过两年的鱼生意，到处是朋友。在六冲河上半截的多点，水尾哟嘛。我去收他们的鱼下来卖，我收的是小鱼，当时我生意还特别好！人家打好的，每天早上我划起小船去他们那里收，收回来拿在鸭池河下面去卖，那还是 9 角，在那个水坝那哈儿。鲢鱼收六到八块一斤，发到十二三块一斤，一斤也可以赚对半，那倒是赚点钱。鲤鱼收 3 块，卖 5 块，鲤鱼赚不到好多钱，鲤鱼死得太多了。那是 1995—1996 年，1996 年生意最好。

餐饮业成为市场化程度高、活力强、发展快、特色鲜明的重要产业部门，在刺激消费需求、构建和谐社会、增加税收、促进就业、增进国际交流与合作以及拉动地方经济持续健康发展等方面发挥了重要的作用。[1] 作为新时代的船工，张鹏当过打渔船工，在乌江搜集石头做奇石生意，最后在潮砥新场镇开餐馆，一直到现在，他说：

> 那时候房子遭国家占了，实行搬迁，算起来搬过来可能已经有五年了，这个地方的位置好。房子是我自己修的，当时国家补助四十几万给我自己来修的房子，但钱还不够。我修这个五层楼的房子花了一百一十五万元，当时靠做乌江石头生意赚了点钱，才把房子修起的。

（二）当职业经理人

职业经理人又称之为企业家。按照现代人力资本理论的解释，职业经理人与技术创新者共称为人力资本，也就是说，职业经理人属人力资本范畴。[2] 职业经理人的定位，是以担任管理职务为职业的专业人才。从本质而言，职业经理人是以其专业管理能力，协助企业拥有者执行经营管理职责的人，其对于现代企业的运作能力，必须使委托他的股东们能够获得高度的信赖感与应有的回报。

职业经理人要做到以上的境界，需要三类主要的职业化能力即 KAS。K 指的是拥有充足的专业知识，例如商业知识、政府法规、产品行业知识、科技知识、管理知识等；A 指的

---

[1] 邓念武：《改革开放以来东莞餐饮产业发展历程研究》，《东莞理工学院学报》2008 年第 6 期。

[2] 魏杰：《职业经理人制度建设中的一个重要问题》，《财贸经济》2001 年第 6 期。

是敬业的态度，例如积极热情的工作态度、负责守法、保守业务机密、不从事与公司利益相违背的工作，能与他人合作、愿意栽培部属等；S 则是指纯熟的工作技能，包含四个方面，思维能力、组织能力、绩效管理能力以及专业风采。只有通过以上这些能力的组合，才能使职业经理人有效的完成任务，换句话说，具有这些能力才称得上是职业经理人。①

　　有的船工有一定的文化知识，外出当兵锻炼过，而且也开阔了眼界。他们从事过其他很多职业，也从事过管理工作，他们还当过自家的小老板，具有丰富的阅历和一定的管理经验，他们被聘请为中小企业管理者，成为"准职业经理人"。船工谢维光（图6-6）说：

图 6-6　作者（右）访谈谢维光（左）后合影

---

①　林正大：《职业经理人的十二项修炼（上）》，《中外管理》1999年第 10 期。

我从部队回来就是放电影，回来一九八三年就开始放电影，放电影就放到了一九八九年，放了将近十年的电影；后来，电影不行了，遭当时的录像给冲击了，我就不搞了。后来，我就又调到田贵杨那里去了，田贵杨是香港行业公司法人代表，他是我们那哈本地人，那点有几条船撒，开始他调我去，喊我去涪陵坐岗，去搞一百天，我没去；后来放电影不行了噻，我就去他那哈儿当了六七年的厂长，帮他搞煤矿。搞了六七年后，我就回来了，回来了我就一直在屋头种庄稼。

（三）船工从事旅游业

乌江流域是典型的喀斯特地貌，山奇水秀，风光旖旎，被誉为乌江画廊。加之乌江流域航运文化绵延数千年，民族文化荟萃，历史文化厚重，民风民俗多姿多彩，故而乌江流域自然和人文旅游资源丰富多样。乌江流域的各个区县都在凭借其丰富的旅游资源大力发展旅游业。乌江船工在寻找职业转型的时候，许多人将目光投向了旅游业。龚滩古镇对岸的属于贵州省的洪渡镇的刘家渡口，其船工就转行从事旅游业，利用老年游客对木船怀旧情感，青少年游客对木船感到新奇的心理，发展渡船旅游：

这个渡口对面那家人，他是专门划船的。他不收钱，他一年只是让那些农民给他弄点粮食，他因为本身不讲啷个收钱嘛，都过去过来的。它那儿原来是叫刘家渡口，专门划的。他是专门划船，热天迦的话就生意好，热天

　　迓过去他那边，等于说他那边也有个农家乐，他那边也给游客提供土鸡。（冉茂生）

　　乌江流域的三岔河和六冲河交汇的化屋基，两江交汇后往下游流去的河流正式称为乌江，这里是乌江上游和中游的分界点。化屋基两江交汇处高山耸立，雄奇俊美，颇有三峡夔门之气势。山上的绿色植被覆盖了整个山脉，各种花卉点缀期间。因修建东风电站而形成东风湖，使这里形成了闻名遐迩的乌江源化屋基百里画廊景区。化屋基现为一个苗族村寨，它是化屋基的苗族先民在四百多年前为逃避战乱而在此建立，化屋基在苗语中的意思是"悬崖下的村寨"。化屋基在近些年变成一个著名的旅游景点，尤其是 2021 年春节前夕，习近平总书记对贵州进行慰问考察，他的第一站就是黔西市新仁苗族乡化屋村。此后，化屋基的旅游业发展进入一个崭新的阶段，旅游业发展得更快更好。而生活在化屋基的船工游荣利，则抓住化屋基发展旅游业的大好时机，开行木船和小型机动旅游船，接送游客游览化屋基、东风湖、乌江源百里画廊等，他自己讲一年能够挣不少的收入。

小　结

　　1949 年以前的政府腐败无能，与袍哥、土匪等地方恶势力互助勾结、互相利用，把持了乌江航运业，控制和压榨乌江船工，严重阻碍了乌江航运业的发展。1949 年以后，新生的人民政权建立起来，逐步建立了社会主义政治制度、经济制度和文化制度等一系列的社会主义制度体系。这些制度为铸牢中华民族共同体意识奠定了坚实的制度基础，这些制度对乌江航运和乌江船工的影响是巨大而深远的。人民取得了当家作主的地位，这是铸牢中华民族共同体意识的关键环节。1949 年 10 月之后，中华人民共和国地方政府在乌江沿岸各县城建立航管组织，加大力度整治航道和纤道，20 世纪 60 年代实现余庆县至涪陵的全线通航。1949 年以前乌江船工受到袍哥组织、土匪组织等多种反动势力的盘剥和压迫。1949 年以后，人们当家作主了，地方政府铲除了袍哥等地方恶势力，净化了乌江航运环境，彻底消除了乌江沿岸的袍哥组织等恶势力对船工的剥削、欺压，减轻了船工的经济压力和精神压力。

1949 年以前，船工与木船所有者的关系是不稳定的，是被动的。船工几乎没有什么话语权，只是在船老板那里混口饭吃。他们受到船老板、梢头、管事等的无情剥削和压迫。1949 年，人民政府紧接着对乌江的航运业进行社会主义改造，建立国有或者集体的木船社等经济组织，船工也被部分纳入国有或集体经济组织。这样就使船工的劳动条件大为改善，工作岗位更有保障，工资待遇明显提高，航运劳动更有尊严和荣誉感。改革开放后，当年一直在国有或者集体轮船公司上班的人，退休后可以获得比较稳定的退休金。有的中青年船工在国有或集体公司拉了一段时间的船之后放弃而回家的，就没有这一笔退休金。不过，不管老船工是否能够拿到退休金，他们的养老、医疗、住房等基本民生条件都不错，有他们子女的孝敬，有国家的养老、医疗、失业、五保等各种保障和福利政策，即使他们有什么困难，都会马上得到解决。这也体现了社会主义制度的优越性。

1949 年以前，乌江船工的拉纤劳动和日常生活非常辛苦，甚至危险随时相伴，乌江船工为了完成拉船的活动，必须团结、互助方能完成任务，而他们性格的骨子里也含有团结、互助的文化基因。乌江船工在拉船的过程中，尤其是拉滩的时候，最能体现互助、团结的精神。乌江拉滩特有的换棕拉滩的习俗，即数艘甚至十余艘船在滩口等候集结，然后所有的船工将木船逐个拉上滩，然后再各自继续前行。乌江船工有吃"武力饭"的俗称，即"武力找来笑和吃"，船工们表面上随时在吵、闹，实际上他们并不记仇，内心都是暖和的，都是视彼此为亲兄弟。他们在弄船的时候彼此吵闹，但在平时亲如兄弟，吃好东西的时候又照顾对方，所以有"武力找来笑和吃"一说。1949 年以后，乌江船工的劳动条件大大改善，劳动强度大为降低，他们依然秉持了弄船劳作时互助、团结的精神，尽管 1949 年以后至改革开放初期，乌江船工数量逐渐减少，直至木船航运业退出历史舞台。改革开放后，乌江上继续使用木船作业的只有少数打渔的船工和渡船船工，而随着长江十年禁渔的推行，打渔船工也不能重操旧业。过去在乌江拉船的弄潮儿，还有部分健在，尤其是留守在农村的老船工，他们帮着年轻人照看孩子，照看房子，做一些力所能及的小事。部分居住在乡镇、农村的老船工，实行互助式养老，互相照看对方身体，在精神上互相鼓励，一起参加一些锻炼活动和娱乐活动等，在养老的时候继续发扬了乌江船工的互助、团结精神。乌江船工在拉船劳作的时候凝聚、形成了团结、互助的船工精神。这种船工精神与我国平等、团结、互助、和谐的民族关系处理原则和民族关系发展目标相一致。乌江流域是一个民族地区，乌江船工精神具有地域性和民族性特征。乌江船工精神是中华民族精神文化大家园里的一个重要成员，乌江船工精神及其实践能很好地铸牢中华民族共同体意识。

改革开放以后，我国实行以经济建设为中心的战略，虽然此时的乌江木船航运业已经不复存在，这可以说是进入了一个"后木船航运"时代，但仍然有少量打渔、渡客的船工存在。部分木船船工转入其他行业进行社会主义建设，取得不俗的成就。社会主义市场经济的大好环境，为转而从事其他行业的木船船工提供了广阔舞台。这些转行的船工将乌江船工精神传播到其他行业，将这种勇敢拼搏、团结互助的船工精神运用到其他行业，一样能够像船工拉滩那样取得最后的成功。这些转行的乌江船工就像乌江船工精神的播撒者，让乌江船工精神在其他行业生根、发芽、开花、结果，促进其他行业兴旺发达。绝大多数当年的乌江木船老船工进入晚年，他们大多数在农村或乡镇养老，少部分人在城市养老。他们在大好的社会主义时期都过上了幸福的晚年生活。精准扶贫政策帮助少数贫困船工异地搬迁扶贫，摆脱贫困，过上富裕的生活。长江十年禁渔影响了部分打渔为生的船工，这就要个人利益服从国家利益。这两个政策恰好覆盖了杨学文兄弟俩的大家庭，他们总体上对国家政策持肯定和配合的态度。

总之，乌江船工的社会关系在 1949 年以后进入了一个伟大的光明时代——社会主义时代，乌江船工成为国家的主人，成为自己命运的主宰者，也成为社会主义社会中各种社会关系的主导者。1949 年以后，乌江船工的政治地位、经济地位、文化地位等各方面的地位大大提高，他们面临的是社会主义新兴的社会关系，不是 1949 年以前的庸俗的社会关系。

乌江船工精神的核心是互助、团结、勇敢、坚毅等。这些精神在乌江船工中代代传承，在 1949 年以后更加丰富多彩，为乌江船工开辟了广阔的人生空间。乌江船工精神是由乌江船工千百年来创造的，在社会主义新中国和改革开放后的新时代得到了很好的传承、发扬，并且吸收了新时代的积极的养分，具有了新时代的特征。乌江船工精神成为我国铸牢中华民族共同体意识的重要组成元素，它在与中华民族共同体意识的互动交流中，必将得到更好地传承、发展和繁荣。

第七章

乌江船工传承和创造的文化

文化有广义和狭义之分，广义的文化包括精神文化、物质文化、制度文化、行为文化等类型；狭义的文化则指精神文化。本章所探讨的文化内涵主要是指乌江船工的价值观念、包括行业信仰在内的狭义的信仰礼仪、行业的禁忌习俗等精神层面的文化。这些文化中，很多属于非物质文化遗产。本章主要探讨乌江船工传承和创造的文化，也广泛地涉及乌江船工所见、所闻的乌江流域的文化，因为乌江船工就生活在乌江流域，这些所见、所闻的文化就是他们的生存环境，直接或间接影响着他们。

第一节　1949 年以前乌江船工传承
和创造的文化

在 1949 年以前那样一个动荡的，同时也充满大无畏精神的年代里，乌江流域涌现了具有英雄气概的革命船工，也有许许多多的推梢拉纤的木船船工、渡船为生的船工和打渔为生的船工等，他们一同创造了辉煌灿烂的乌江船工文化。

一、乌江流域革命船工的典型代表——黔西市大关镇革命船工万正洪父子

在中国共产党领导的各个革命战争时期，从第一次革命

战争、第二次革命战争、抗日战争到解放战争，涌现出千千万万英雄的革命船工群体和个人。如前文所述，1935年川滇籍船工运送红军渡过金沙江，解放战争时期革命船工积极运送解放军大军渡江作战等。乌江流域的众多船工也积极支持革命、投身革命，把船工坚毅、勇敢的职业品格熔铸于伟大的革命精神，谱写了乌江船工献身革命的英雄赞歌。黔西市大关镇的万正洪、万家林父子，就是乌江流域成千上万的革命英雄船工的优秀代表，他们的革命事迹在乌江流域广为传颂，也在黔西市大关镇红色展览馆里展览（图7-1）。黔西市大关镇红色展览馆和盐道博物馆志愿者张祥忠，向笔者详细讲述了革命船工万正洪父子献身革命的英雄事迹：

图 7-1 张祥忠在口述乌江英雄船工万正洪父子的英勇事迹

这里有盐道博物馆和红色展览馆两个馆。红二、六军团红色展览馆和这盐道博物馆。后面那个是盐道博物馆，前面是红色陈列馆。

万正洪和万家林他父子两个。万正洪两爷子是西溪人士，家庭贫穷的一个孤儿，他逃难大关来的，就在这哈砍柴卖，挑水卖，当时的时间，来到这哈挣了点钱以后哎，就开一个栈房。

原来的栈房就是现在的小旅店，小旅店的栈房呢，然后呢这红军来了，红军的先头部队来了，来拢了。来的就歇在呢他家栈房里头，就发展他两爷子哎。然后，红军强渡鸭池河，那时间，万正洪和万家林遭跟土匪喊起去把船烧过了呢。就背起油下去，背起那个时候的桐油下去烧船。

烧船呢，然后，那两爷子和这跟到起烧船的几个呢，就暗暗商量，我们是否给红军留几条船。后来就留个十条船，十条小船。然后，红军强渡鸭池河，就得这十条小船，每个小船只坐到二十一个人，然后渡了几批批。红军的人些渡过来以后呢，然后再架浮桥，架了一个两米宽的浮桥，一百多米长的一个浮桥呢，红军大部队就过来啦。

红军来的时候——二月二号。1936年的二月二号来的，进入大关呢。大关这个地方呢原来叫滥泥沟，不叫大关，叫滥泥沟。来拢大关以后呢，红军就把当时大关的八大盐号，这个呢就是协兴隆盐号，开仓放盐的地方。

红军来了呢就了解那个当地的这个穷苦百姓和甘人，那个时候的穷苦百姓都喊甘人。甘人呢就发觉大关原来有八大盐号哈，这些穷人和甘人都吃不起盐巴，当时的盐巴是斗米斤盐。后来呢，就在这协兴隆盐号呢就开仓放盐，二月三号那天，就是当时开仓放盐的时间呢，当时群众的那个思想觉悟，还不敢来拿这个盐巴。当时土匪和这个郭营长，他又是营长又是区长，郭昆甫，他们就说是大家不敢来拿。当天呢只放得百把个人的盐巴。

二月七号那时间呢是春节，然后万家林又在这里跟这些群众这些做工作，又做些工作呢就，万家林就又走白岩脚下去买些猪，给红军买些猪。然后二月七号属于我们国家的大年，就是正月十五大年。然后买起猪呢就在黑成庙里头，就杀起猪呢出起菜呢，请这些穷人些都来吃饭，然后又重新开黑成庙那个库房里头，又放盐。

红军来了以后，然后呢红军的这种思想打动了大关的这些平民百姓，这些感人心的，然后这些人些就要参加红军，在大关都有几十个人参加红军嘛当时，去参加红军的都有几十个人。然后红军在这边待了十四天。一是当时的时间就是，借鸭池河的天险阻击国民党的围剿，他们就在大关待了十四天，然后在大关待了十四天再走。

那边万正洪家两爷子呢还在那边。红军走了之后呢，土匪郭昆甫都回来了。他又是区长又是营长，他又是土匪。回来以后呢就把万正洪捉到黔西去坐监狱，坐了两个多月。回来唛也遭打得恼火，生病就死了。万家林是他儿子，当时呢红军就跟他封了个游击队的队长，他就带起人呢，红军走了以后他就带起人呢就在大菁坡林场，大菁坡那时候还是个深山老林嘛，去和土匪周旋了嘛，在当时那种情况下呢，一是生活，然后呢最后憋到晚上悄悄跑回来。跑到这点呢前面两公里，大关这前面两公里白林麻窝这个地势呢，就遭土匪捉到了，捉到呢当时连舌头都给他割了，枪杀在那点。白泥麻窝这里，黔西，就是我们大关出去两公里这个地方。

红军来了，他们就说，现在的那就是我们红军来我们黔西北地方第一任委任的区长和游击队队长，万家两爷子。他们就成了我们大关的忠烈父子，这两个现在就成了我们大关的忠烈父子。现在呢，基本上坟墓这些都找到的，政府在给它修缮。

二、1949 年以前乌江船工的主要信仰、祭祀活动

乌江传统船工的拉船、渡河、打渔、做水木匠等都有相关的祭祀活动，如水木匠祭祀鲁班，拉船、打渔、渡河等船工祭祀河神等。古代乌江木船船工的祭祀活动与大运河的漕运船工祭祀相类似。船工们的祭祀活动，一方面可以强化自身身份，成为其内在特征之一；另一方面也是传统祭祀文化中人神互惠的体现。船工们的祭祀活动又象征性建构人与神灵之间的关系，传播了籍贯地与乌江沿线的风俗习惯，构成乌江航运文化与民间信仰的一部分。①

---

① 沈胜群：《"泊船祭祀"与"人神互惠"——清代漕运旗丁崇祀文化的规制与功效》，《民俗研究》2018 年第 5 期。

（一）祭祀鲁班和师傅

在历史上，包括木匠行业在内的诸多行业都有祭祀鲁班的习俗。共同的信仰使得不同行业共同组成了鲁班会，并且通过其内部的祭祀进一步得到整合，但又同样面临瓦解的命运。①

乌江水木匠都要祭祀木匠祖师爷——鲁班。因为鲁班发明了墨斗、锯子、曲尺等木匠劳动所需的工具，减轻了木匠的劳动强度，提高了木匠的劳动效率，为推动木匠行业起到了积极的作用。乌江的水木匠们在自己的师傅去世以后，也要给师傅立个牌位，纪念和祭祀他们。老船工说：

> 学水木匠哪个不是鲁班呢？要拜呀，人家拉个鸡来你就是怎个要挂号，要拜呀。要磕头捣鬼的。都是在人家船上烧纸啊，拜嘛。你过世啦唉，写个牌位贴在那里唉，你过年过节唉喊哈师公师祖唉，啊，这样唉就行了嘛。诶，现在的年轻人不信哟嘛。（冉启顺）

2019 年农历 6 月 13 日是鲁班生日，人们在鲁班故乡——山东省滕州市界河镇举办鲁班诞辰 2526 周年祭祀祈福活动。在传统社会里，在农历 6 月 13 日，木匠等建筑行业的

---

① 赵世瑜，邓庆平：《鲁班会：清至民国初年北京的祭祀组织与行业组织》，《清史研究》2001 年第 1 期。

师傅们举行隆重的"鲁班会",为祖师爷鲁班祝寿。在木匠
等传统工匠的家中,常年悬挂鲁班画像或者供奉鲁班木雕像,
每月初一、十五和春节等日子里,工匠们都会给祖师爷烧香
磕头。在我国传统的乡村堂屋正中间,常常挂着上书"天地
君亲师"五字的匾额,说明人们对于老师、师傅的感恩和崇
敬。老船工告诉我们:

> 说到敬鲁班这个习惯,一般都是过年的时候。恰恰
> 我们做船的人啊,那看你三十啊有哪样香火,我们的香
> 火,都有"洪州得道,鲁班先师"这几个字,有那个牌
> 子儿啊,有什么四观之神呀那些嘛。等于我们学木活的
> 人,做木匠的人都有,那神龛上都有那个条幅"洪州得
> 道,鲁班先师"这几个字。不等于说是没学过水木匠这
> 些啊都没得鲁班先师嘛。诶,一般他们这些都没得。我
> 们学手艺的人,如果屋头不管木石二匠嘛,都有鲁班先
> 师喔,神龛上都有"鲁班先师"这几个字。这里没有敬
> 鲁班的庙,我们就放在屋头,在屋头敬。(石本明)

(二)伐木造船前的祭祀活动

在我国民间存在一种观念,即年代久远的大树蕴含着灵
性,有的地方称之为神树。因此在砍伐这种大树的时候,要
选择一个良辰吉日,带上熟肉、活鸡、水果、酒等祭品,还
要带上香、烛、钱纸等物品,通过一定的仪式向神树和大山
进行祷告,请求树神规避,以免惹怒树神而遭祸患。同样,
乌江水木匠在砍伐树木造船之前,以及新船开始建造之前,

都会有一些祭祀性的活动。老船工讲：

砍树的时候，要烧点香、敬哈山、烧点纸，这要诶。你去开山人家林头，那几年猫猫儿多诶！柴虎、柴狗、老虎都有欸，豺狼都有呐！你去开山是好嘛，就拿点香纸，拿壶酒，拿个刀头①，那些烧了唛，那蚊虫咩咩儿②都不巴③耶，都不敢来粘你呐。喔，你开山啦，你这个山林砍啦，不要啦，就是说不要啦哈，各人就要封山呐，那就要个鸡公，点血，封山啦！任何东西都不得进的。你不要了嘛，就是说树都砍完了嘛。喔，没得讲究？怕畔④到人了嘛！

哪天、几点钟开始造船，这个是各人自己看。我看懂哎！我捏个草人在那哈儿，艾因野猫都不同我问。那过去讲鬼哟，哪样子，它各人走远点。都不敢走我那厂门跟前去。那师傅交给我那根五尺棒棒，各人多年没做啦，晓得甩到哪儿去了，只要一滇⑤到门口，它有那样东西他各人往门外头这个就过了，它不敢拢来，鬼神它怕哎，就怕哎。你不相信，我们安马，他们大队争过河，就在我们这下面，那水没涨喔，沙河坝没修喔。就这下面，那哈儿喊为沙堆子，就喊我去做。做呐可能装三吨

---

① 刀头：方方正正的大块熟肉。
② 咩咩儿：小蚊虫。
③ 巴：触碰。
④ 畔：伤害。
⑤ 滇：靠。

货，六千斤，那过河荄只造啷大了嘛。做二歇板子又差
了，那哈儿安子树安德其，他对这个最负责啦，假设这
长在这哈立起，他就买三四斤那吥鸡公，他说拿去招呼，
二天玛个啥子些。我说光叫我们拿来招呼，你这个板子
又不够，我们回去啦啷个办呢？他各人交给你啦，他就
回去啦。后来，我把那冠子掐点血，拿来点在那仓门上，
那点有个仓喔，点在怎哈儿啦，扯一根鸡毛粘在那哈儿，
你各人做，艾因野猫不能爿①你的。那做荄，人咯嘛你
啷个捉到他了嘛，那人坐啦我就不怪他。（冉启顺）

乌江上游地区打渔的船工，他们在造船之前也会举行一
系列的祭祀活动，表达他们的信仰和对未来打渔生活的美好
期待及向往：

神树在这边半边有棵吧，那烧不烧哈纸啊，烧个香
啊，去拜呀，我就记不到了。还有我们造船的话，好久
造船，哪一天造，好久开工，历书看黄辰吉日，那各人
看也可以不看也可以，你要看嘛找人看，不看也得行。
如果我要看的时候，请个人看个期，看了之后你给他拿
点钱，如果我不拿钱，就给他送两条鱼，各人打的鱼，
那是可以的。那个他没得讲究，随便你钓的那些，提个
斤把。（杨达文）

---

① 爿：触碰。

（三）新船建造成后下水前的祭祀活动

在乌江流域，传统的新木船建成之后、下水之前，会举行相关祭祀活动。主要祭祀活动就是焚香、烧纸、杀鸡、洒鸡血、粘鸡毛等，具体细节详见下面的船工口述资料。这位乌江老船工既是拉船的船工，也是水木匠，而且他也会看期辰：

> 我会看期辰呢，我有那个书诶。就是用甲子来推日组，首先明白，假如说今天就看今天的，日组的甲次就要明白这个，然后你才把这个日子、甲子翻开，再着手翻那个通书，通书划一甲。（郭祖荣）

新船造好之后，下水之前要做一系列的祭祀活动，主要祭祀鲁班，也祭祀河神，同时要聚集亲友帮忙把船弄下水，也要给前来道喜的亲友一定的奖赏：

> 我们那个时候还是有些讲究的，我们这过去拉船了哈，就是那种木匠才造好的新船的话，那个就要老板烧香了咯、敬菩萨。敬菩萨我就记不到耶，只记得到那话囊个说的呀，他就说："哪个叫你来做船，鲁班叫我来做船"。他就说那样："我拿起斧头上山，上山去砍木料，砍断头啊扫到巅①，不用两头用中间。一丝码起千竹头，你一扯啦我一挪，中把杆子逮出头。就把板子逮

---

① 巅：树尖。

出那边了噻。大的改来做船体，小的改来配船舷，那就是鲁班走来做船身，你去瓢子一场灰，才把船头做成，做成过后就好了。我三刀两刀我的透光生，珤①盎刀一插就给老子顺起，就透光生②"。嘿嘿……他敬菩萨就说那些咯。烧香嘛，就三炷香咯，就是恁个咯。那个三炷香一点起、刀头③煮点，就是敬菩萨。别个做船还要拿利息钱了嘛，那说，哈哈哈！那些说你那个船做的好啊，生意又找得又好，钱又找得多啊，又顺畅啊，又安全呐，顺步好起啊，护好你的船，就是说不出问题咯嘛，风正④他嘛，你要拿起钱给说风正话的。

我们弄船还不是给别个看期辰啊，哪天我才来给你做，才能做的过做的起。看期辰嘛做下墩，下墩啊就是那坡上做的，船在水弄头做唉，坡上的做起了过后，才扯水头去了嘛。要是你船大的话，还找十几二十个人呐，喊起人去下墩啊，还要办招待耶，下墩、办招待、放火炮！所以说，我就要传给你，你要传下墩办招待。下墩的就要敬鲁班，按书上囊个烧了咯，你那书上就各人敬的，烧香烧起就各人就烧了，在水上敬菩萨。下墩的时候还有个杀鸡公哦，那还不是掌墨师的咯嘛，捉起去；刀头煮起各人端起吃了咯。掌墨师做船嘛，有个师傅噻，他有大掌门、二掌门，你像一般做几吨、十哒吨的船就

① 珤：举。
② 透光生：很干净光滑。
③ 刀头：方方正正的大块熟肉。
④ 风正：美好祝愿。

各人一个师傅咯。船上那个鸡公你把鸡冠子咬的咬出血了过后，就用那鸡毛扯来沾鸡血，然后粘到船的枢脑上，你敬菩萨就做个揖。（郭祖荣）

那造船要讲究，它要敬菩萨噻，他反正是像现在那看个期噻，看两哈然后烧哈纸烧哈香这些。还是要敬个菩萨，拿那个鸡公做噻，香纸啊。造好了下水的时候也有讲究。我们就在这当门做好几个船，还要看期，它是有个规矩的，还是要公鸡，还要敬个菩萨噻。那船下墩嘛，他那软毛都扯呐，粘在船脑壳上噻，相当于做起了也打一顿牙祭。那个水木匠三天一个牙祭，还要给他买点酒这些。（王廷文）

船造好了，就是刚才谈这个鸡公嘛，拿去唛就按枢脑上，那枢脑嘛这么长嘛（1米5左右），做好的了哈，那阵就下水了嘛。就去跟它拿来杀啦唛，挂号嘛，扯两根鸡毛，粘在枢脑上嘛，尾巴唛抽来嘛就插在船屁股的囵囵上嘛，那艄那哈儿嘛。耶！就是避邪的嘛，那水头溧①多水鬼，那交给主人家唛就是这样的嘛。（冉启顺）

（四）行船过程中的祭祀活动

包括乌江在内的川江流域地区，在旧社会因受封建迷信影响，船只在航行和停泊作业中有许多禁忌，船工如有违犯，轻者置办酒肉香烛祭神，保佑航行平安，重则扣除工资被遂

---

① 溧：很。

令下船。①

传统的乌江木船船工在拉船过程中有一些祭祀活动，其祭祀对象主要是河神等，目的是祈求河神等神灵保佑船工和木船平安、顺利。老船工告诉我们：

> 那个时候信点风水。拉船，有些还兴敬哈王爷菩萨，要弄点刀头，割点肉，在船上头儰起②。
>
> 我们那个时候信菩萨的少有，根本连生活都不能解决好多，哪里去信那些哦！要拿票子才弄得拢来，还要二两肉，要几分钱才拿得来。要敬个菩萨唛，要花几分。要不要各人有的，好，水头去敬一哈就是。那些就是嘟个。（冉茂兴）
>
> 船上说话那不准乱说。你恰像改小手③那些，屙屎的在船脑壳上去屙，一定要他去割块肉来敬下。那些过场都多，你都难得说。（罗学成）

（五）乌江船工的语言禁忌和语言崇拜

乌江船工在语言交际中忌讳说"翻""沉""倒""搁"等词语，与此同音或近音的词语也忌讳使用，例如"帆"与"翻"同音，则不将船称之为"帆"。老船工们讲：

---

① 王绍荃主编：《四川内河航运史》（古、近代部分），成都：四川人民出版社，1989年，第347页。

② 儰起：放好。

③ 改小手：小便。

一般我们这边走船还是讲究一些规矩的，我外公他们走船啊、坐船啊都有些规矩要遵守，你比如说早上起来，他一般喊动了，他就不喊起来了。（谢维光）

还有就是在船上不能说滚水。（冉茂兴）

一般早晨起来都是不能乱开洋腔的，不准我们乱说，还有早晨泇起来洗脸不要说洗脸，要叫玛①面子，这些都是封建传统。（冉茂吉）

我们那时候不能乱说哈，莫谈"翻"，莫谈"沉"，莫谈"倒"啊，那个就要不得。又打比我要拉拢靠了，把船靠拢，靠在边边才能吃饭。（王廷文）

造船要忌翻、泼、倒，讲啦这些话就犯规啦，泼是打烂了。倒是翻唦也倒了，泼也是倒了。这些是忌讳，不能说。（冉启顺）

说上述"翻""沉""倒""搁"等词语，或者说与之音同或者音近的词语，与木船"翻沉"在河里，木船"倒"扣在河里，木船在礁石上"搁"浅所用的词相同。比如，在乌江流域人们说"船拢啦"，而不说"船到了"，乃至于今天乌

---

① 玛：抹。

江流域普通民众的口语中也普遍这么说。这些都属于凶祸词语禁忌的范畴。语言禁忌源于语言灵物崇拜，即社会成员以为语言本身能够给人类带来幸福或灾难，以为语言是祸福的根源。谁要是得罪这个根源，谁就受到加倍的惩罚；反之，谁要是讨好这个根源，谁就得到庇护和保佑。因此，乌江船工忌讳说"沉"，害怕说"沉"导致木船翻沉。另外，本来在语义内容上与禁忌语毫不相干的一些词语，由于语音形式上的相谐，也成了禁忌语。[①] 例如"到"与"倒"在意义上不相干，仅仅是因为同音，但却成为了乌江船工的禁忌语。

此外，乌江还有一些其他的语言禁忌，是间接跟行船安全相关但被认为不吉利的用语，例如：

> 我们拉船平时也还是讲究一些东西的，但是你莫闹[②]就是咯，一般都还是忌讳这些的。像洗脚啊这些，我们都不喊洗脚，就叫淘沙。倒水的话，你要莫说倒水，要说滑啦。（杜国发）

（六）乌江船工的行为禁忌

研究者总结了长江上游地区船工行为禁忌的八不准：不准上坡吃饭；不准船头解便；不准在跳板上提水；不准赤身看舱；不准拉跑头纤；不准乱开铺；不准看舱时说话；不准

---

① 张向阳：《语言禁忌现象的立体透视》，《解放军外国语学院学报》1999 年第 4 期。

② 闹：乱说话。

吃坐汤饭（先舀饭后舀汤）。①

　　乌江船工为了行船的安全，在拉纤行船和日常生活中有诸多的行为禁忌。这些动作与木船运动的翻沉等危险状貌相似，做这些动作可能预示木船将会遇到危险，所以船工们忌讳这些动作。有些动作则是太不雅观，所以要忌讳，比如在船头厕屎。老船工王廷文（图7-2）等人告诉我们：

图7-2　老船工王廷文在乌江边给我们口述船工的故事

　　锅盖不能匼②噻；筷子不能搁起，怕船搁在石头上。

_____

　　① 王绍荃主编：《四川内河航运史》（古、近代部分），成都：四川人民出版社，1989年，第348页。

　　② 匼；盖。

（王廷文）

筷子不能横起放那些，那后来都没得呐。以前唛，有时是嘚个。都记不起了那些。（冉茂兴）

我们在船上有忌讳的，但是不多。不在船头屙尿。还有就是吃完饭了，筷子不能放在碗上搁起，忌讳的就是船也搁起了。（冉茂吉）

还有就是做有些事也忌讳，早上从床上下来就要把裤子穿好，你要是啰啰嗦嗦的话，驾长看到的话，他就要说你。还有就是不准在船头撒尿，因为船脑壳就像房子的那个大门，比大门还要大点，不可能在大门前面撒尿噻。而且祭师就是在那哈祭祀，就更不允许了，如果哪个要是不下心在那撒尿的话，那就要重新买个鸡公来杀，还要烧些纸才行。还有就是讲究碗啊、瓢啊这些不能扑①到起放。

三、乌江船工号子

这部分主要探讨乌江船工号子的特征，并且老船工们饶有兴致地将乌江船工号子与长江船工号子做了细致的比较。

---

① 扑：口朝下平放。

（一）乌江船工号子的特征

研究者对乌江船工号子的特征，做了比较详细、精准的研究。乌江船工号子是乌江船工们在行船过程中创造出来的特有艺术成果。乌江自然环境条件恶劣，乌江流域大部分是石灰岩地带，风雨侵蚀，使两岸岩石不断风化崩塌，礁石密布，险滩连绵不断。除自然环境条件恶劣外，旧时以乌江水运为生的劳动人民还要受到残酷压迫与剥削。

在苦难而漫长的日子里，劳动号子成了船工们唯一的伙伴。通过号子振奋精神，迸发力量，统一步伐，协调动作，倾诉内心的忧愁和苦闷，减轻劳累，战胜单调和枯燥。随着时间的变化，不仅有了相应的唱词，而且有了旋律性的唱腔，甚至由单声部过渡到多声部，逐渐发展成今日这种纷繁多姿、风格鲜明的乌江船工号子。乌江船工号子具有劳动的实用性和情绪的表现性特征。乌江船工号子的节奏、节拍有固定型、对比型和交错型三种。乌江船工号子的曲式结构特征：号子的曲首呼唤句是一种引向性衬腔，襄有乐曲引子作用，又有实际的呼唤作用；多声结构中的复调形态，从多声复调雏型来看，有呼应式、衬腔式、对比式、模仿式等，较常见的是呼应式与衬腔式复调两种形态。

由于民族、文化、地理环境以及水势等原因的影响，乌江船工号子的调式形成了以地域为界的两个色彩区，即思南色彩区（包括思南至德江潮砥的航段范围）和沿河色彩区（包括沿河至四川涪陵的航段范围）。思南色彩区的乌江船工号子以声宫调式为主，其次是羽调式。这种宫调色彩极浓的船工号子，大多以宫、商、角三音为核心音，偶尔才向上扩展到徵音成羽音。另外，在思南色彩区的衬腔复调号子中，主领部与副领部常在不同的调式上进行，形成一种双调或多调的重叠关系。沿河色彩区以四声或五声羽调式为主，宫调式、徵调式次之。沿河色彩区的多声号子中，各声部的调式调性基本相同。这是由于它们声部之间内容与情绪的一致性，促使调性走向同一结果。[①] 由于此次调研，1949 年以前拉船的船工年事已高，基本无法完整地演唱船工号子，兹选取其他研究者现场采录的乌江船工演唱的长期流传于沿河色彩区、思南色彩区的船工号子，各选择一个案例。

往前进索[②]

（平水号）

田贵忠、田贵扬　搜集整理

往前进梭，

清早起来把门开，

妹儿拿起梳子来

前头梳个剪刀叉，

后头梳个燕尾巴。

（田贵忠，男，土家族，2014 年 84 岁，沿河自治县中界人，文化馆干部，土家族山歌歌手。）

---

① 邓光华：《乌江船工号子研究》，《中国音乐》1989 年第 4 期。

② 思南县土家学研究会编：《思南民族文化丛书——乌江船工号子》，北京：中国文史出版社，2014 年，第 57 页。

（田贵扬，男，土家族，2014 年 78 岁，沿河自治县
黑獭乡人，乌江船运上的船工）

拉船之人命好苦

田永红　搜集整理

拉船之人命好苦，丢了扬叉使扫帚。

船中载满绸和锻，拉船的尽是光屁股。

金竹篙竿尖又尖，一竿撑到天外边。

大风大浪我不怕，背起纤绳走天下。

（张羽生演唱。张羽生，土家族，2014 年 75 岁，思
南县鹦鹉溪桶井人，船工）

（二）长江船工号子与乌江船工号子的比较

在乌江流域，尤其是在乌江下游地区暨涪陵码头，人们
习惯于将长江称为大河，将乌江称为小河。

乌江船工号子同川江号子在很多方面都存在相同或相似
之处。如在演唱的领和形式、声部组合、节奏形态，甚至某
些音调（尤其是沿河航段）几乎都有一致的地方。从音阶、
调式方面看，乌江船工号子的旋律构成单位以四声（也有少
量的三声音列）进行为主，旋律进行以邻音级进较多，很少
有四度以上的跳进。而川江号子基本已形成完整的五声音阶
体系，并且旋律在八度内（甚至在八度外）进行，其旋法也
常在级进基础上产生四度以上的跳进，甚至不时出现七度以
上的大跳，而且，调式功能显得比较成熟，调式色彩也丰满

得多。在旋律特征方面，乌江船工号子同当地传统民歌关系密切。因此乌江船工号子在很大程度上具有土家族的民族性。相比之下，川江号子的汉族民歌色彩就鲜明得多，它同四川民歌关系尤为密切。

其次，在曲式结构方面、调式方面，它们之间也有较大差异。如乌江号子有突出的曲首呼唤句，旋法很少大跳，大多呈波浪式、进调式，富于变化，甚至有时出现连续向上方五度转调以及双调、多调重叠等特点。

乌江号子在很大程度上更古朴、原始一些。长江乃横贯全国的大江，自古便是西南地区通向沿海的主要航道。因此，长江流域不仅经济繁荣，而且文化开发很早，其传统文化受外来原因影响较深。处在这一历史条件下的川江号子，同长期处于封闭状态的乌江号子相比，乌江号子那原始、纯朴的一面，也是它的闪光之点和价值之所在①。

而我们在采录乌江老船工口述史的过程中，也有老船工为我们比较、分析了长江船工号子与乌江船工号子的异同。这位老船工既在乌江拉过船喊过乌江船工号子，也在长江拉过船喊过长江船工号子，他的体会比较深刻，分析也比较到位。他说：

> 我们那时间弄船，所以说你喊号子，我帮你唱过的那些号子我都喊得到些呀！那长江我去了一两年，我还不是学了一些的嘛，那就过河沙坝喊号子咯，那喊号子

---

① 邓光华：《乌江船工号子研究》，《中国音乐》1989 年第 4 期。

嘛就是过学的，又没得个本章，只要你记性力强，反应力越好，反应得过来，那就学。那喊蜀标号子就是："欸……古怪古怪耶，真古怪耶！河沙坝笑数出息来耶！"就起轿咯嘛！还抬高一点，那就这"欸……三个盆是两个斗，尚使累了我来救……"就怎个接起走咯，要喊起走咯嘛。

长江和小河有些号子还是有一部分同，他各人有些号子与乌江河号子不同，乌江敲拦大着、喊数板基本上跟大河是一样的。那个江急号子，大河我们这边就吆两声号子，大河就没得那高船去走，大河他没得那多呇兜，它那高头喊不走。你乌江河的水和大河的水不相同，乌江河的水要吵闹焊辣①些，大河的水是慢流水。乌江河的水焊辣些，你不喊快一点，桡不撑快一点，警防那水就给桡搅起眺②的。它就是那一种不相同咯嘛。实质上，江急号子都差不多，只能说那个1、2、3的快篙它没得大河去弄。数板与大河相同，但乌江河没得橹的，大河有橹的，它与我们乌江河就不相同了。摇橹的号子它又不行了，他与那个江急号子又不相同。那与我们叫长江号子，它没得"哦"和"诶"，这点不相同。它一喊车平号子，就"诶""哦""咦呀哦"起轿了噻。车平也是怎个，它长江那儿它又各人不相同。我们叫做啥子"哦豁喂"，又"呀呀哦哦"，那就是将比起较了，"哦豁

---

① 焊辣：非常厉害，水流更急。
② 眺：跑。

喂""呦""呦""哟嚯""哟嚯"，好这就是车回号子起
轿了咯。那滩上叫做"耶~耶~耶~，耶~耶~耶~，耶
~"这就是滩上的号子嘛！我们长江河与乌江河这点就
不相同，长江河没得那个号子。(郭祖荣)

第二节　1949 年至改革开放初 乌江船工传承和创造的文化

　　这一时期，一些传统文化发展的外部环境有所变化，中
国传统文化发展速度相对缓慢。但是，乌江流域文化、乌江
船工文化一如既往的在人们的思想中流淌，在乌江船工的言
行中传承。这是乌江流域文化和乌江船工文化传承至今的一
个重要环节。我们在这一节将着重探讨 1949 年以后至改革开
放初期，乌江流域的民生文化、祭祀文化、禁忌文化、船工
号子、地名文化等，这些文化就像乌江船工一样，具有强大
的生命力，充满了正能量。尽管其中存在一些祭祀等精神文
化内容，但这些内容都寄托了船工们的美好愿望，是一种善
意的精神层面的内容。这些文化是进步性的文化，是中华民
族文化大观园中的一个组成部分。

　　这些文化也展现了乌江船工、乌江流域各民族人民团结
融合的思想和行动。如乌江船工的号子文化、饮食文化、服
饰文化、节日文化、语言文化等文化内容，包含了丰富多彩

的、积极向上的、团结融合的文化因子。这些文化是铸牢中华民族共同体意识的重要精神文化力量。

一、乌江船工的一些民俗文化

在 1949 年以后至改革开放前的这一时期，乌江船工们所经历和所见闻的日常生活中的民俗文化，是丰富多彩、生动活泼的。尤其是少数民族的热情、活泼、大胆和开放等特性，仍然被秉持、传承和发展。我们从船工的口述史资料中可以获得进一步的认识。

（一）乌江船工的服饰民俗文化

少数民族的服饰，通常被认为是他们民族身份最外在的、最显著的标识。乌江船工生活的乌江流域，世居少数民族众多，有船工自观的服饰面貌，也有其他民族他观的服饰面貌。作为乌江沿岸最大的码头——涪陵，这里的船工到乌江里面拉船，张云龙（图 7-3）等老船工们就是从他观的视角来看待少数民族服饰：

> 我们那阵看到过少数民族的，那些人都包帕帕啊，穿衣服也和我们不一样，他们的衣服裤子稍微要次一点。少数民族那种花的衣服也是布的，那些布是汉族的布，不是其他少数民族的。我们那个时候在白马，白马属于武隆嘛，那些人的穿着呀、说话、吃饭这些跟我们下头

这些涪陵的，还是稍微差点。但是我们去的时候，那些
喊一般都是包了帕子的哈，背背篼的。我们去那个时候
基本上都是八十年代了，这个经济要好点了。（张云龙）

图7-3　老船工张云龙（右）与作者（左）合影

在乌江的其他江段，乌江船工们也看到了少数民族的服
饰，老船工刘清茂、刘朝怀（图7-4）说：

弄码头来看，像我们思南啊，做生意的呀，上坎
上①有，河边就没得。那时候看得到少数民族，衣服穿
的都是那些花衣裳，扣子的。有时候又戴一下帽子。都
很大一坨，他包个帕子，就是那样扎起来包起，一直都

———————

① 坎上：离河边较远的山区。

很大一坨脑壳，现在都有。（刘清茂）

　　嘞些少数民族呀，当时穿着都一样，跟现在差不多一样呀。五六十年代，土家族呀他包那个帕帕，那种白布拿来扎成个粽花了呢。包扎扎帕儿，我们这些。帕子就是那种小帕嘛，就像现在那种白布拿来撕了，撕了以后耶继续扎。就像那个纸纸扎了以后包扎扎帕，那是女子。衣服就是侧边扣，衣服花的少，都是白色的、黑色的。（刘朝怀）

图 7-4　刘朝怀（左）口述乌江船工故事后与作者（右）合影

（二）乌江船工的饮食民俗文化

　　乌江打渔船工，尤其是少数民族的打渔船工，他们的饮食方式与汉族地区是否相同，他们自己打的鱼怎么吃？这些都是很有意思的话题。按理说，这些饮食彰显民族的、区域的差异。但乌江流域人民的饮食习惯相差不大，说明乌江这一文化交流交融的大通道，使流域内各民族人民在文化上互相学习、借鉴，文化上的相似性极大。我们来看一看黔西市的苗族打渔船工所描述的鱼的吃法，其实与这一地区的一般吃法差不多。他们说：

> 我们那个时候的鱼的话是囊个，一般是煮酸菜鱼啊、豆豉鱼啊、麻辣鱼啊这些。（杨学文）

> 个人想吃就去捞，不想吃就不去捞。鱼都是拿来剖开过煮咯嘛，有些拿来炸了吃。煮鱼肯定要放些佐料呀，要放辣椒。鱼有几种煮法了嘛，有酸汤鱼，看你那边最喜欢的是酸汤鱼不？还有清汤鱼，清汤鱼就不放油了嘛。辣椒鱼就用油辣椒先炸过，就拿盐巴腌个把小时后，再就放进去煮，油都很少。（杨庭木）

众多打渔船工在一起打渔的时候，先打到鱼或者打的鱼比较多的船工，也会现场煮鱼招待大家，这是一种特有的行业饮食习俗。打渔船工说：

> 打渔的时候，它讲究的是大家去做这个，比如说去打渔网上做，过一段时间哈，我的网弄得啦，为这个大家很高兴，在岸上煮来大家吃，没有拿到各家去煮来吃。我先收到鱼，我走那去打的比较多，拿来煮来大家打个牙祭。（游荣利）

（三）乌江船工的爱情与婚姻关系

苗族的爱情与婚姻、乌江船工行船中的男女故事，被民间故事传说、文学作品等描绘得十分浪漫，颇具传奇色彩。而在1949年至改革开放初的这段时间里，乌江流域的"男女之事"是如何的状貌，我们不妨来听听船工们的故事，我们仿佛看到了一位擅长"风花雪月"的高手，他说：

> 在我们这个打渔的时候，收网搞都搞不赢，累到莫说唱歌。我们打渔的哈唱山歌容易，但是我不兴唱歌。是要唱歌嘛，我要有一个约到。打渔已经缠伤，没得意思。要唱山歌，我们一起，有时在十七十八那个时间，山歌你叫我唱山歌我也可以唱。打渔我不会唱山歌。但是那时候我一碰到姑娘我就要唱，只和姑娘对谈。和姑娘唱山歌还要摸到那卵筋，害怕她有男的，光唱山歌怕她男的一把把你打到河头。这东西就叫直觉，唱山歌是在那没得男人的家里去唱，可以。但如果说嫁了，有对象，和她开玩笑都不敢，不敢和她谈。这就要注意开玩笑，怕遭夹死了都不晓得。（杨学文）

我们仿佛听惯了乌江船工号子唱词中所描绘的，乌江两岸绵延千里的船工与岸上阿妹的浪漫爱情故事。其实，从船工的描述中得知，这种浪漫之事并没有描绘的或者想象的那么夸张，也许偶有发生。只不过，也有"失手"的时候。老船工刘清茂（图7-5）讲：

　　那有时间喊号子就亏呀，吃亏呀那些女子呀。她听见了嘛她就来找你，那也扯那皮嘛。号子有好多她都听不懂的嘛。唱号子扯皮我看到过的嚓，梢都抬了，大梢都抬了，在邵家桥儿高上啊。他就是弄起船上去，在那坎上扯，弄起那纤藤儿扯，他喊啦号子，欺负人家那个女的。那个女的就去喊些人下来，就跟他梢就抬上坎了。那船是开不走了撒，没得那掌舵的了，他船就要摆去摆来摆去的嚓。后头是说上好话嘛，说上好话了，他就各人把梢拿下来了嚓。多多少少还是要遭点钱嚓，三百两百吗，还是要拿一点唛。他就梢还你了唛，你就走了嘛。(刘清茂)

图7-5　船工刘清茂给我们口述发生在邵家桥的"号子官司"

351

（四）乌江船工的节日民俗文化

总结过去 60 年民族节日联欢促进民族团结的经验为：以假日烘托民族节庆团结氛围，以民族节日大联欢探索民族团结的发展模式，突出节庆团结作用，增强了民族凝聚力。[①]

在 1949 年以后至改革开放前这一段时间里，少数民族的节日文化发展状况如何，这个问题受到人们的关注。公开的、盛大的节日活动可能减少了，但是一些可以分散进行的节日活动，仍然得到传承并有所发展，因为这些节日文化已经融入他们的生活，深入他们的内心。老船工说：

> 像我们开渡船的时候，不唱山歌，那一地那姑娘又不来，我们很少碰到姑娘。我们要唱山歌啊，先是刽月亮之前现去找，晓得这哈儿的这家姑娘没嫁，我们去逗她出来。刽月亮那个分哪样时间喽？哪时想去哪时去，一五三六我都不去。（杨学文）

作为手艺人的水木匠，他在过节日的时候，是怎么样对待师傅的？这个非常值得关注。他们传承了尊师敬老的优良传统，没有忘记"衣食父母"——授业恩师。水木匠说：

> 过节的时候还是要给师傅送点东西，但是这个不是固定的规矩。再说嘛，过年过节嘛，就是说师傅在哈，

---

① 杨军：《以民族节日大联欢促进广西民族团结研究》，《广西社会科学》2018 年第 6 期。

现在来说嘛，过去的老传统唛，个吧座嘟①要拿噻。（石本明）

二、船工的一些禁忌习俗

乌江船工在从事航运的过程中，因为随时面临危险，所以他们有一套自己的禁忌习俗，以此来趋利避害，追求行船过程中的平安。这些禁忌习俗分为语言禁忌和行为禁忌。在1949年以后至改革开放前这一时期里，他们仍然在航运业中保留了这些习俗。

（一）语言禁忌

语言禁忌与语言崇拜可以说是密切相关的。人类在与自然的相处中，用"语言"这一特有的工具作用于人力难以征服的客体对象之上，并使其顺应主体的意志显示出语言所具有的超越自然的巨大的物质力量。因而在原始文化中就存在着人类对语言的崇拜，语言崇拜缘起神的属性、神的代码。因为远古初民无法解释人与自然的不同，无法解释自然的许多现象，分不清思维主体与客体之间的差异，经常把主观的心理活动当作客观事物的发展缘由，所以他们的思维带有泛化、混沌的特征，这时的语言符号也迥异于后来的理性化、逻辑化的语言，故而此时的语言成为人与神沟通的中介物。②

---

① 座都：猪臀部尾巴两边的肉。
② 邵英：《古人语言崇拜的心理分析》，《西北农林科技大学学报（社会科学版）》2011年第3期。

乌江船工的语言禁忌较多，主要是那些与行船不利的谐音的词改用其他称呼，最好是改用一个吉利的称呼。还有一些不是谐音而预示不吉的词语，也要忌讳说出口，而是改用其他比较吉利的称呼。老船工们讲：

> 船上说话不许说翻身，农村啊就说翻身哈，不许说翻身，叫你说啤①身。这个筷子就不喊筷子，他就喊篙竿。(张羽福)

> 搬，倒，不能说"搬"，不能说"倒"，不能说"矍"。(黎启强)

> 碗啊、铲子啊这些，都是喊其他名字，和我们在屋头喊得不一样。在船上就是不允许喊这些，特别是在出航的那天早上就更忌讳。(袁子乾)

(二) 行为禁忌

乌江船工在航运业中的行为禁忌是一个系统，比如从伐木造船开始到行船过程、到岸上的生活等。而且这些行为禁忌是长期形成且相对固定的行为禁忌，由不同时期、不同的船工一代一代接续传承下来的，一般来说变化不是很明显。行为禁忌是一种保护当地环境的手段，更是规范行为、约束

---

① 啤：转动。

欲望的一种"工具"，并以此世代传承。① 例如，乌江船工早上穿衣的习俗就是众多禁忌中的一种。老船工们讲：

> 还有这个像这些穿衣服，你早上迦起来，哪个在床上睡，就不能像这样坐起穿衣服，抱起衣服裤儿前头后头走，不能在床上蹬，为叫蹬台子。(张羽福)

> 还有就是早上起来穿裤子，把裤子拿到起，下来穿，不能在铺上穿，那就讲究。穿了蹬台子，就把船蹬破了。(黎启强)

乌江船工把老鼠称为耗子，认为耗子是有灵性的，能够预示祸福吉凶，是船工的朋友。新船修好之后，耗子上船了才能行船，预示是安全的。平时行船，如果耗子从跳板上往岸上跑，预示行船危险，要行祭祀仪式，等耗子返回船上之后才能起航。老船工彭永禄（图7-6）等告诉我们：

> 靠起，黑了哈，白天耗子②在上坡，你那船要注意，不一定要遭人嘛，要遭打皮嘛，就这规矩，那是肯定了的。(张德厚)

---

① 崔宇：《西双版纳勐龙地区傣族禁忌文化内涵探讨》，《红河学院学报》2020年第4期。
② 耗子：老鼠。

　　还有就是船修起了过后，在坡坡做好下墩，把它捵①下去。捵下水去了过后，都把跳②搭起，搭起过后撒石灰、撒沙啥，等这个耗子上船了，你嘞个船才得行，就是说你嘞个船吉利，就是这个意思。(彭永禄)

图7-6　彭永禄在自家院坝边烤火边口述船工故事

三、船工的祭祀活动

　　船工在航运业相关活动中祭祀的对象比较多，祭祀方式的类型也多样，祭祀的仪式、时间、地点等方面也有诸多不同。从纵向来看，这些祭祀活动的内容和形式变化不大。只

---

① 捵：推。
② 跳：连接木船和岸上的较宽较厚的大木板，也叫跳板。

不过，在这一时期，这些祭祀活动数量大幅度减少。在此，从船工口述史资料中选取一些不同类型的案例进行介绍：

（一）祭祀山林

村寨树作为苗族古村落相伴而生的聚落要素，在苗族古村落发展中承担着固土缚石、调节气候、涵养水源、防风御寒等重要的生态功能和精神、示引、评判、议事等社会功能，是苗族村落文化的重要组成部分。①

苗族有祭祀山林和嗜吃牛肉的习俗，他们也有牛崇拜。苗族是一个自北向南、自东向西的迁徙民族，他们多住在山坡上，常年与山、树为伴，所以他们的自然崇拜对象之一就是日常可见的树木。老船工讲：

> 我们这些地方爱吃牛肉，那相当爱吃牛肉。我们最小的时候，是每个逢年过节都杀牛。现在的牛到处都是了嘛。老人过世啊这些，我们是通通都杀牛。十三年一次那个鼓藏节我们这儿又没得。我们这儿原来有的是祭山林，信山林了嘛，还不是去烧香啊这些，杀猪祭拜呀这些，现在我看这些传统也失掉啦。敬神树了嘛，我们这哈儿祭的不是枫香树，我们都是敬栋青树，树林里的栋青树就很大了。祭山林每年都有个日期的，我们这儿祭山林是阴历的二月十六。当时要香和纸啊这些，集体

---

① 杨东升，张和平：《论黔东南苗族古村落寨树的生态及社会功能》，《西南民族大学学报（社会科学版）》2012 年第 9 期。

了嘛一个生产队人哈都去，当时哈那个也是个家族。香、纸啊，三斤肉两只鸡，烧哈。撮过后那个茅草，弄个反索索，把树树拴到。把猪杀了过后，祭拜以后，把肉全部在那点分开，把猪脑壳煮啦，就接那个下巴，把下巴插在树枝上挂起，保大家每一年都平安、都顺序①，与牲口有关。现在没有了，这些传统都失掉了。猪肉剩下就分，按户数分，每家人一块，拿回去，不管有 2 斤也好，3 斤也好，平均分了。吃点，大家都吃得嘿高兴。（游荣利）

（二）祭祀祖先

数千年来，在苗族形成、发展的历史进程中，祖先崇拜作为苗族人民群体性历史记忆的认同与传承，成其为原始信仰的主体与核心。苗族历经数千年迁徙分离，战胜社会与自然的种种艰难险阻生存和发展至今，创造、传承着丰姿多彩而独特的文化，其根源在于拥有以祖先崇拜为核心的民族凝聚力。② 苗族祖先崇拜是民间信仰的核心内容之一，既蕴涵着远古的巫文化，也承袭了先秦的宗法制度，更与儒、道本土宗教相融合，具有巫、儒、道共生互补的特点。苗族的祭祖仪式蕴含了民众关于人与自然、人与人、人与社会之间关系的原始认知方式，践行着因血缘、地缘关系而形成的区域运行规则，展演过程中实现了苗族的国家认同。在中华民族

---

① 顺序：顺利。
② 翁家烈：《试述苗族的祖先崇拜》，《贵州民族研究》2017 年第 7 期。

多元一体格局下，苗族祖先崇拜呈现出国家大传统与地方小传统的互动过程。①

乌江流域各少数民族都是尊崇祖先的，祖先祭祀也是船工们祭祀活动的重要内容。祭祀祖先，一面感恩和怀念祖先，一面祈求祖先保佑行船顺利、安全，保佑全家平安幸福。老船工讲：

> 像那些汉族，要去烧香，烧烛，烧纸，去磕头，我们不信。但是像我们的父辈或者说我们的爷爷那辈，去世了埋在那个地方，像正月初九或者春年啊，大家一起过去看哈儿嘛，烧点纸这些还是需要的。放炮就是有时间又放，有时间没放。
>
> 像比如说汉族那农历七月十五，到屋头要敬菩萨，我们也不信。但是过年了哈，我们要在寨子里烧纸，在这门口里头烧给老人。（杨学文）

（三）祭祀木船和码头

许多行业的从业者都有祭祀自己的劳动工具的习俗，犒劳它过去的劳作和贡献，祈求它以后能够顺顺利利，继续为主人效好劳、服好务。仿佛劳动工具有灵，仿佛可以通过神灵与劳动工具沟通、交流。老船工讲：

---

① 霍晓丽：《传承与发展：湘西苗族祖先崇拜研究》，《宗教学研究》2018年第3期。

因为在我们这些地方，老一辈渡船首先在过年过节的时候，就提前在初一呀，他要开船的时候，以前说的进口沙，他首先就要把船敬好呀！拿起香啊、纸呀、酒呀这些，去把船敬好，敬好了以后就可以保证一年的生活平安。一般都是早上，比如说他要开船，就去先敬。船和码头都要敬，在边上烧纸烧香、磕头。因为是用活鸡，拿公鸡抱去就弄船，那船头上磕几个头，他有几句口诀，反正我记不到。先把纸、香烧好，把公鸡拿去磕几个头。磕头之后公鸡就拿来杀，在船上杀嘛，把血抹在船上，逮个毛挂在船尾，鸡血撒了之后就可以了。鸡拿回来煮给他各人一家吃，吃就是了嘛。（杨庭木）

在河边去烧得等到打渔呢，三十夜那天呢，会拿个鸡到那船上去，会烧纸，会放炮。在地上烧香烧纸，鸡嘛，就属于拿去祭那张船，就是把鸡杀了，那个血在冒，滴到船头就得行了，鸡毛就粘到船头，然后把整个那个鸡拿回家煮来吃。（杨学文）

四、乌江船工号子

在这一时期，没有大力提倡舞台化、艺术化表演船工号子。但是，号子是一种劳动歌曲，在船工们劳作的时候就自然而然地脱口而出。令人感动的是，思南县的两位船工（吕胜和，简称吕；张羽昌，简称张）专门为我表演了他们当年拉船的号子，而且穿上了他们到思南县、铜仁市表演时穿上的表演服装，颇具仪式感，足见他们对我的尊重和对我的田野调查的配合。他们主要演唱了三种号子：齐头号子即平水行船的号子，壮壮庆即上大滩的号子，撑船号子即船上撑篙竿的人唱的号子（图7-7）：

齐头号子

吕：喔，到呃。

张：呵

吕：呃、清早起来哟，我不信邪哟

张：呵

吕：喔，打根胡扭喔，吃杆烟儿啰喔

张：呵

吕：喔，烟杆啰还在哟，铜匠铺喔

张：呵

吕：喔，胡扭还在哟，铁匠炉喔

张：呵

吕：我来了，喔，

张：呵

吕：喔

张：呵

吕：喔

张：呵

吕：喔

张：呵

吕：喔

张：呵

吕：喔

张：呵

吕：喔

张：呵

吕：喔

张：呵

吕：喔

张：呵

吕：喔

张：呵

吕：呵

张：呵

壮壮庆

吕：喔，呃呵

张、吕（齐声）：嘿

吕：喔，呃呵

张、吕（齐声）：嘿

撑船号子

吕：喔……呃……呃……

喔，看到，看到喔

要拢的来哟

喔……呵……

喔……过哎……

喔……过……

喔呃……喂哟哎……

（吕胜和，男，土家族，1949 年生，贵州省思南县
关中坝办事处大溪口村大溪口组人）

（张羽昌）

图 7-7　张羽昌（右）和吕胜和（左）
在位于乌江边的张羽昌家院坝演唱号子

对于乌江船工号子的作用，船工们自己有自己的独特理
解和认识：

解放后，拉滩的话，那阵还是觉得苦，苦中寻乐！
那有时候几个喊哈号子啊，开哈玩笑啊，那些荄，乱咚
咚，说了不起作用。在水流沙坝子嘞些都有，水头嘛哪
样没得？要不要还不是去喊两声号子啊，又是咋咋整个。
（冉茂兴）

五、地名文化

地名往往含有丰富的自然地理文化与人文历史文化，如地形、地貌、物产、经济、军事历史等①，地名文化也是乌江流域文化的一个重要组成部分。乌江流域有一个特有的地名文化现象——乌江河口的涪陵人将乌江称为"小河"，小河是对乌江的泛称和他称。涪陵人将乌江称为小河，本意是指乌江流域、乌江流域的人和物产等，乌江相比较长江是小河；长江相比较乌江就是大河，人们习惯称长江为大河。在使用小河这一词语的过程中，人们不自觉地将这个词语与该地区山水阻隔的地理位置、地貌类型、经济发展水平、文化教育水平、风土人情等内容和信息联系在一起，例如涪陵人说"他是小河的人"，乌江流域的人自称"我是小河的人"。久而久之，原本一个没有带感情色彩的地理名词被附加上了感情色彩，有的人认为小河这个词语带有地域性歧视色彩，是一个不太友好的词语。我们在此次从乌江源头至乌江河口的船工口述史访谈、记录过程中，很多船工都使用了"小河"一词。下面是一位涪陵的老船工从他称的角度和一位乌江流域内的老船工从自称的角度使用"小河"一词的语境，我们可以仔细品味一下"小河"这个词语及其附带的地名文化。老船工张德厚（图7-8）等说：

---

① 季丽莉：《淄博地名文化及其传播价值》，《管子学刊》2012年第3期。

涪陵都是下面的人，我们这里属于乌江哒嘛，和长江比起来，这里也算是小河，所以涪陵人就喊我们上头的叫小河人，说我们是小河人听起来也没得不尊重的，毕竟你是小河人就是小河人嘛，命中注定了，你去斟究那个就没得意思了，而且我们称呼那边也是叫小河人，涪陵那里是丁字形接着长江。所以说，只要我们上头的人一下去，涪陵人他就说小河人来了哦。（谢维光）

我们那个时候拉乌江的话，看不到小河里头那些穿花衣服的苗族、土家族啊少数民族。都是我们四川的，没得哪个来自贵州嘛，贵州才有那些人嘛。那个时候贵州没得船下来，水头也没得船下来。（张德厚）

图 7-8　老船工张德厚摆谈乌江地名文化

第三节 改革开放后乌江船工 传承和创造的文化

改革开放后，我国经济进入了一个大发展、大繁荣时期，也是我国文化进入百花齐放、百家争鸣的一个大发展、大繁荣时期。但是，这也是一个经济、文化转型时期，社会经历着巨大的变迁，伴随转型而来的阵痛是难免的。其中一个不争的事实就是，从事大规模木船运输的乌江航运业消失，取而代之的是机动船、高铁、高速公路和航空运输等，在乌江上孕育、传承几千年的乌江木船船工文化将面临失传的危险，比如船工号子、木船制造工艺、船工传统木船航运劳作技艺、传统码头文化等将面临后继乏人的窘境。随着经济社会的发展，以及人民生活水平的提高，人民的旅游需求也与日俱增，旅游业在乌江流域迅速地、普遍地发展起来。一些传统的乌江船工转行成为旅游业的船工，将传统的船工文化转变为旅游文化。总之，在新时代，各种文化的发展、变化非常迅速，此消彼长也是很常见的情况。乌江流域的文化状况，总体上呈现繁荣、丰富、发展的态势。

乌江船工文化是我国众多的地域性、行业性文化之一。乌江流域是一个典型的民族地区，船工中少数民族占的比例较大，所以乌江船工文化的人民族性突出。乌江船工文化是乌江流域各民族的魂魄，乌江流域各民族对船工文化的认同是乌江流域内各民族团结的根脉。乌江船工文化也是铸牢中华民族共同体意识的重要的地域性、民族性文化，乌江流域各族人民对乌江船工文化的认同，更是对铸牢中华民族共同体意识的高度认同。

本节主要探讨延续至今的渔民文化、新生的旅游文化，以及乌江流域与船工密切相关的非物质文化遗产面临的危机与出路。

一、打渔船工的文化

改革开放以后，乌江流域仍然有少数打渔、渡船等类型的船工在维持着这些行业。这里主要介绍比较有特色的打渔船工的饮食文化、女性打渔等。

（一）打渔船工的饮食文化

我国历来有"民以食为天的说法"，船工历尽千辛万苦打来的鱼，成为人们餐桌上的美味。那么，打渔船工们面对他们自己打上来的鱼，他们舍得吃与否，他们吃什么鱼，吃多少，怎么吃？这些都是一些既有意义又有趣味的问题，值得我们探究一下。船工们自己的讲述则更具有真实性和说服力，打渔船工说：

> 我们去远处打渔的话就要在那哈休息一晚上，碗筷什么都要带一路，我们没带其他的菜、肉，就是带点酱

油和辣椒。在船上煮饭吃，一般是煮面条吃啊，因为这个快点。我们想吃鱼的时候，各人又杀条鱼来煮面条，我们都是吃那个鲤鱼和白甲，一个人可以吃斤把。我们的做法很简单嘛，鱼宰成坨坨，就是弄鲊海椒，就是那个猪油哈酥了过后，掺点乌江河的水煮，那个水比现在哪样佐料煮得都好吃，在船上我们要简单弄嘛。（张鹏）

（二）女渔民的打渔生活

有研究者发现，自 19 世纪晚期以来，伴随着资源变动、技术发展与政策演进，胶东渔村的妇女摆脱了男性主导的渔业分工体系。在建国初期的合作化浪潮中，妇女广泛地参与劳动，向经济独立与政治平等迈进。这一过程挑战着以种植业为核心的传统研究模式。[①] 下面是一个苗族的案例，苗族在历史上是一个男权的民族，她们打渔并没有实现在职业分工里面与男性平分秋色的目标，她们打渔更多是给男性帮忙，是居于辅助的地位。在南方，女性作为打渔船工的情况并不多见。这至少说明，苗族妇女在男女职业平等方面迈出了可喜的步伐。老船工讲：

> 男的一般都会划船、打渔。女的闲到的时候，也去了嘛打渔，女的有时也会划船。但女的一般不得空出去，都做家务事。（杨庭木）

---

① 王楠：《资源、技术与政策：妇女的角色转变——以近现代的胶东渔村为例》，《妇女研究论丛》2016 年第 2 期。

下面这张难得一见的珍贵照片，是我们在黔西市素朴镇古胜村村史馆陈列发现的，照片上面的文字表明这是1992年妇女在乌江上划船的情景（图7-9）。由此可以推知，乌江上会划船、打渔的女船工不在少数。

1992年没有修建六广河大桥之前，村民到六广镇赶场都要划船过河。

图7-9 黔西市素朴镇古胜村村史文化馆陈列的1992年妇女在乌江上划船的照片

二、新时代的旅游文化

旅游文化可以说是改革开放以后逐步发展、繁荣起来的热门文化之一。旅游文化的概念应以旅游活动本身为主体来界定，因此，以旅游活动为核心而形成的一切文化现象和关系都可称之为旅游文化。①

（一）渡口船工与旅游文化

西阳县龚滩镇在古代是一个名震武陵地区和乌江流域的大镇，也一个著名的繁华码头。在古代有"钱龚滩、货龙潭"之美誉。现在，龚滩古镇是4A景区，也是享誉重庆市、武陵地区，乃至全国的知名古镇景区，也可以说是目前乌江流域旅游业发展得最好的古镇景区。龚滩古镇景区对周边旅游业的带动作用明显，包括古镇河对岸的刘家渡口即是受到龚滩古镇的带动作用而发展起来的景点。前面已经引用了另外一位口述者对龚滩对面的刘家渡口的介绍。在此，一位龚滩老船工从更加侧重于刘家渡口的旅游业发展状况的角度介绍。这个刘家渡口所打造的旅游文化卖点是传统木船为代表的航运文化；力推乡村特色饮食文化——绿色豆花、土鸡、乡土新鲜蔬菜和水果等；借助乌江画廊的绿色生态文化，包括对岸险峻和奇特的山峰、茂密的植被等；借力古村落文化，对岸险峻的山峰上面还有一个古村落，吊脚楼等民族民俗文化保留比较完整，对游客有较大吸引力。老船工站在临江的餐馆二楼窗边指着刘家渡口告诉我们：

> 龚滩镇对岸是属于贵州洪渡镇，河边有一家人，那里叫刘家渡口。对面山上有一个寨子。当地人坐他的渡

---

① 任媛媛：《旅游文化及相关概念思辨》，《河北大学学报（哲学社会科学版）》2012年第5期。

船，每人每年交 50 斤河粮。旅游旺季的时候，游客从龚滩坐他的渡船到他家吃饭，吃豆花、鸡肉啊那些，每人几十块钱。坐渡船的费用是来往一趟一个人十块钱。船上有安全设施、救生衣。他给游客划的是小木船。（冉崇辉）

（二）打渔船工与旅游文化

总书记在 2021 年 2 月 3 日来到贵州省黔西市新仁苗族乡化屋村看望各族乡亲们，把党和政府的温暖送到了当地各族群众的心里。时隔一个月，我们就来到这里开展乌江船工口述史的调查工作。总书记到化屋村看望各族群众，带给大家的鼓舞和激动心情，此时仍处在高潮时期。我们访谈了住在三叉河、六冲河、鸭池河这三河交界处的化屋基村村民杨庭木、游荣利。

化屋基村共三个组，风景如画。化屋基在苗语里的意思就是"悬崖下的村寨"，过去从化屋基经过"手爬岩"去大关镇赶场，来往就是一整天的时间。"手爬岩"就是用双手从悬崖小路爬到悬崖上面，然后步行到最近的大关镇赶场。过去，化屋基四周都是悬崖峭壁，大山大河阻隔，不通公路和水电。在党的精准扶贫政策的推动下，化屋基村由以前的深度贫困村，在 2017 年变成了脱贫村，这一变化主要依靠的是种植业、养殖业和旅游业。过去这里是穷乡僻壤，现在这里的绿水青山就变成吸引游客的美景，变成金山银山。

我们当时是在原毕节市的一位老领导和化屋村驻村干部

带领下，对乌江船工做了访谈、交流。这位船工以前既是打渔的渔民，也是造木船的水木匠。现在禁渔以后，他就不再打渔了。总书记来看望大家之后，化屋基更是成了游客争相打卡的网红旅游地，每天游客爆满。他家离河边 20 米左右，具有从事旅游业的得天独厚的条件。他开小型木船或者机动船带领游客在江上领略化屋基的美丽风光，实际上是带领游客欣赏化屋基的绿色生态文化（图 7-10）。他告诉我们：

图 7-10　游荣利在化屋基乌江边的自家院坝接受访谈

我们都会说苗话，我读到初中毕业，文化太低啰。我小时候会钓鱼，成年了跟我爸学木匠，是造船的水木匠，也是造房屋、家具的干木匠。我长大后就开始划船打渔，一直到去年禁捕。我也一直种粮食。我以前还是做木工为主，木工是老手艺。现在禁渔，没人请造木船。现在化屋基搞旅游开发，我就开木船和机动船接送游客，每年挣好几十万。（游荣利）

三、船工眼中的少数民族民俗文化

少数民族的民俗文化是少数民族文化的重要组成部分。少数民族民俗文化的存在不仅体现了各民族自身的特色，而且是社会生活丰富多彩的展现，它们的存在充实了人类文化知识宝库。南方少数民族民俗文化是中华文化的重要组成部分，在中华文化史上起着重要的作用。[①] 活态传承是文化传承的最佳方式，而民俗文化更是如此。我们加强乌江流域民族民俗文化研究，旨在铸牢中华民族共同体意识。

老船工给我们讲述了他所在的乡村社区中的散杂居苗族的民俗文化，并且用对比的方式给我们呈现：

> 他们（少数民族）过年过节不兴烧香、烧纸、放炮。苗族跟汉族人玩法不是一样，他们到上山去玩，全家人上山，在坡上烧起火烤，在坡上去就玩了。我们汉族就怎个过年，就说我们是围成一堆摆龙门阵了嘛，一家人坐起摆噻。苗族喜欢唱山歌，汉族有唱山歌的，但是少。苗族唱的山歌我唱不来，他们唱山歌的话我懂不到，他们用苗家的话唱山歌。苗族是白天家唱山歌，白天家坡上火烧起，烧一大笼火，坐起圆圈圈唱，他们就是这种生活习惯。苗族和汉族的生活都相同。他们生活上那时候还可以，他们如果喂得有年猪的杀年猪了嘛，

[①]　谢秋慧：《浅谈南方少数民族民俗中的文化体现——评〈贵州少数民族民俗文化研究〉》，《中国教育学刊》2019 年第 9 期。

有的没杀年猪就买点肉过年，或者杀个鸡公过年。（朱海龙）

船工给我们描述了苗族婚俗，即新人结婚的时候乘坐渡船，其民俗特征与一般的民族有所不同。他告诉我们：

少数民族的接亲，娶新媳妇坐这个渡船。新郎先承担责任，必须先祭，新娘后祭。（游荣利）

四、非物质文化遗产传承的断代问题

联合国教科文组织给非物质文化遗产的界定是：非物质文化遗产指的是被各社区、群体，有时是个人，视为其文化遗产组成部分的各种社会实践、观念表述、表现形式、知识、技能以及相关的工具、实物、手工艺品和文化空间。[①]

我国非物质文化遗产丰富，非物质文化遗产保护取得了不小的成绩。但是，我国的非物质文化遗产保护也存在诸多问题。我国历来强调对国粹的传承和对非物质文化遗产的保护，而少数民族非物质文化遗产在代际之间不能很好地传承，出现传承断代问题，这是一个民族非物质文化遗产传承的突出问题。其中的重要原因在于，非物质文化遗产的文化生态环境发生了变化，或者说文化生态环境不复存在造成了非物质文化遗产传承断代问题的出现。

---

① 刘朝晖：《中俄非物质文化遗产保护比较研究：基于文化空间的分析视野》，《中南民族大学学报（人文社会科学版）》2010年第1期。

（一）少数民族非物质文化遗产传承的断代问题

下面这位船工手工制造技艺的传承困境，其原因在于现在的木船几乎没有市场需求，即使有个别需求也可能被机械化造船厂所取代，所以说传统的木船手工制造技艺传承困难。且苗语也是一种重要的民族非物质文化遗产，现在的苗族青少年不说苗语，而语言只有在口头和书面交际中不停地使用方可更好地活态传承，如果不使用则可能很快消失，口语和书面语交际才是苗语传承的载体，否则"皮之不存，毛将焉附"？老船工们为我们讲述木船手工制造技艺和苗语的生存困境和传承困境：

> 我那些水木匠朋友都出去打工啦！现在禁止打渔，没得人请造船啦，没用得了嘛。造船的手艺还要失传，工具这些都全部丢在那里，工具都全部生锈啰，斧头也乱丢啰。原来老爸的斧头是不能乱丢的，都有个搁处的。不过这小的当中有的还是爱学、好学的。平时我们师兄弟都不做木工啰。他们打工，一个月几大千，现在不做木工，想到赚钱就做装修啊。小工最少的都是两三百呀；在工地上做木工、装修的话，一天不低于三百，工地上找得到钱。出去有些搞装修，有些搞技修、水电工这些，样都会做。你只要会做木工，样样都会做，砌砖啊，粉敷啊，搞哪样东西都得做了嘛。（游荣利）

集体的时候、生产队的时候，有些苗话我没懂得到。苗族四五十岁或者三十几岁那些人，我很长时间没听到他们讲苗话啦，反正没问他们，不晓得他们还讲的来讲不来。苗族小娃儿现在都讲不来苗话了。苗话要等上了年纪的老一辈那些懂得到，假如说这个杯杯啷个讲，这个锅儿啷个讲，做活路啷个讲，吃肉要啷个讲。那就要过教，现在也不教，这下辈的懂不到，实际上也讲不到了。（朱海龙）

（二）民族非物质文化遗产的文化空间破坏甚至丧失

在联合国教科文组织相关文件的阐释中，文化空间指的是"被确定为一个集中了民间和传统文化活动的地点，但也被确定为以某一周期（周期、季节、日程表等）或是一事件为特点的一段时间。这段时间和这一地点的存在取决于按传统方式进行的文化活动本身的存在"。文化空间的涵义至少有三个层面：一是一定范围内的空间区域；二是周期性的文化表现形式；三是自我和他者对其文化存在和实践的价值判断。[①] 而乌江船工号子是乌江流域内因为文化空间丧失而面临传承危机的非物质文化遗产的典型代表。关键之处在于，周期性的文化表现形式不复存在，因为木船航运业消失几十年，与木船航运业相伴而生的船工号子也逐渐消失，因为船工号子没有了生存的客观环境——周期性的文化表现形式。

---

① 刘朝晖：《中俄非物质文化遗产保护比较研究：基于文化空间的分析视野》，《中南民族大学学报》（人文社会科学版）》2010 年第 1 期。

其实，乌江流域因文化空间破坏和丧失而导致传承困境的非物质文化遗产类型，诸如船工号子这样的还非常多。

　　现在乌江航道上没有大型货运木船了，也就没有船工和船工号子了。退休后的乌江船工平时都不会哼唱号子，只有像我们这种外来者学习、了解乌江船工号子的时候，才会回忆乌江船工号子，谈论乌江船工号子，甚至哼唱几句乌江船工号子。老船工很难得地为我们哼唱了一首以前乌江船工唱的慢水号子：

　　　　哦嘿啰嚯

　　　　豁诶喂呀啦豁

　　　　嘿啰嘿嘿诶……嗨嗨

　　　　嘿啰嘿嘿诶……嗨嗨

　　　　武松打虎哦，上梁山了哦，嗨嗨

　　　　处宋江了哦，嗨嗨

　　　　会耍双刀孙二娘哦，孙二娘喔，嗨嗨

　　　　……

　　　　（彭昔非）

（三）各界保护非物质文化遗产的举措

　　对于如何保护好非物质文化遗产，论点可以说是汗牛充栋，但解决实际问题的成果却不多。研究者提出文化空间保护的一个崭新理念，即用文化生产与再生产对其进行保护，这也是文化空间可持续发展的关键。① 保护非物质文化遗产应从遗产本身的文化空间入手，不仅保护遗产本身，还应保护其生存与传承的文化空间，才能实现真正意义上的保护。② 乌江船工号子文化空间的地理要素还存在，即乌江还不舍昼夜地流淌，但周期性文化表现形式则荡然无存。

政府、学界、文化界、产业界和非物质文化遗产的持有者等各界人士，那是殚精竭虑，出主意、想办法，意图探索如何更加有效地保护非物质文化遗产。以乌江船工号子类非物质文化遗产为例，从此次田野调查获取的资料和信息来看，目前各界主要采取了三种保护、传承非物质文化遗产的举措。

第一种，舞台展演的形式。舞台演绎是对作为非物质文化遗产的原生态民歌进行传承、传播和开发利用的一种有效方式，对于原生态民歌的传承、传播和保护具有重要意义；在对原生态民歌进行舞台演绎的过程中也出现了一些问题，这就需要借助以"非物质文化遗产法"为核心的非物质文化遗产政策法规体系来进行规范，确立以传承和传播为主的保护原则和以有效保护为基础的合理利用原则。③ 乌江船工告诉我们，他们曾经到思南县、铜仁市表演号子，这些都是舞台化的表演，而且不是原生态的展现了：

---

① 李玉臻：《非物质文化遗产视角下的文化空间研究》，《学术论坛》2008 年第 9 期。

② 张博：《非物质文化遗产的文化空间保护》，《青海社会科学》2007年第 1 期。

③ 刘亚辉，胡小东：《原生态民歌舞台演绎述论——以非物质文化遗产保护为视角》，《东岳论丛》2013 年第 4 期。

它这个是随心所欲，喊号子就是。我们这个一般在铜仁啦、思南呀这些，它就是要求哎喊流行的这个号子，我们在思南人民会场。(吕胜和)

曾经到县城等地表演过号子的船工，在本次访谈中也为我们唱了乌江船工号子：

清早起来耶，喔扒水头儿哦哟

喔牵个牛儿喔，放到沟里头哦哟

喔好啊好耍沟里头喔哟

捡个鹅宝喔，做枕头喔哟

喔扯把茅草喔来把你系呃哟

(刘清茂)

第二种，通过电视台等媒体，采访和记录乌江船工号子，向大众介绍和展示乌江船工号子。这种通过大众媒体介绍和展示的活动，更多地是引起人们的关注和重视，也有可能吸引更多的人参与乌江船工号子的传承和保护实践活动。中央电视台《远方的家·北纬30°》栏目组曾经就乌江船工文化详细采访过乌江边的老船工，并且在中央电视台播放了相关采访内容，电视台向老船工赠送了纪念 T 恤衫。这种大众媒体对非物质文化遗产的采访、报道，优点是声情并茂，传播速度快，受众面广。但媒体不可能做大量的、系统的收集整理工作，也不可能长期跟踪调查、采访。老船工把 T 恤衫珍藏着，并拿出来给我们展示（图 7–11）。他还向我们详细介绍了思南船工号子和沿河船工号子的区别：

> 我们思南号子和你沿河号子不相同。你们沿河号子
> 是"哎耶……嘿……"。你们沿河开始闹是平水号这个
> "哎起、哎起、哎起、哎起"，然后是"我哟拿下来了
> 哎，嘿"，就是恁个闹。我们这思南号子和这个不一样
> 的，从我们这思南前面上高上去，一直上大乌江，都是
> 这个号子儿，我们思南号子撑船的"喔……，喔……喔
> ……喔……"。像你们沿河底下那些撑船，他就没啷个
> 喊号子，真正船到那里，它就用绞关一绞起来。（张羽
> 福）

图 7-11　老船工张羽福向我们展示中央电视台赠送的 T 恤衫

第三种，学者们对非物质文化遗产进行文献资料收集、
整理、研究和出版等工作。我们在搜集乌江船工号子文献资

料时，发现乌江船工口述史书籍记录、整理了大量原生态的乌江船工号子。船工们也是现场口述、现场演唱，然后专家、学者们进行文字和曲谱记录，整理、研究后出版发行的。老船工唱道：

凉风绕绕太阳开[①]
（平江号）
田永红　搜集整理

一

凉风绕绕太阳开，要唱号子一起来。
唱得鸡毛沉河底，唱得石头浮起来。

二

半夜三更睡不着，打开窗子望月落。
打开窗子月落了，月下无妻咋奈何？
隔山隔水看我家，波浪打船船悬着。

三

满天星星夜长长，悬在天边洗衣裳。
捞起月亮送阿哥，哥在人间断肝肠。

---

① 思南县土家学研究会编：《思南民族文化丛书——乌江船工号子》，北京：中国文史出版社，2014年，第11—13页。

四

三尺白布四两麻，做个扯扯把滩拉。

长堤平地各顾各，石旮浪里脚蹬脚。

手抠岩缝脸贴地，吆三连二都使力。

五

一声号子一把汗，一声号子一腔胆。

喊声号子加把劲，船过滩头把家还。

六

叫声妹儿听我说，今生今世苦难多。

今天你来看到我，拉起船儿往上拖。

肩膀磨成猴屁股，背心晒成乌龟壳。

你不痛我谁痛我？哥哥为你把皮脱。

七

造孽不过弄船人，夜半三更水上行。

弯头歪脑学鬼叫，路头路尾学狗爬。

八

撑篙如同猴爬树，拉纤就像牛耕田。

上岸喝上两斤酒，下河攒劲把船行。

九

大河涨水冲小河，钥匙落在回水沱。

哪个捡到交还妹？妹脱裤衩任他摸。

十

五月龙船是端阳，好耍好玩闹乌江。

吃了晌午得半天，过了端午得半年。

十一

高坡点荞不用灰，土家连娇不用媒。

不信去看峨眉豆，自己牵藤把树围。

十二

太阳落坡慢慢梭，留郎不住早烧锅。

娘问女儿做哪样？湿柴烧火烟子多。

（雷坪安家船工集体演唱，流传于邵家桥城镇雷坪一带，称为思南上河调）

小　结

千百年来，乌江船工在吸收乌江流域、武陵地区等区域性、民族性文化元素的基础上，结合乌江航运业的特点，创造、发展并形成了成熟的乌江船工文化。乌江船工文化的内涵包括红色文化、祭祀和禁忌等信仰类非物质文化、乌江船工号子、衣食和婚姻等民俗文化、节日文化、打渔弄船等生计文化、新兴的旅游文化等。我们还适当采撷了乌江船工眼中的地域民族文化，这些文化某种意义上也是乌江船工的文化，因为乌江船工生活于其中，乌江船工也是乌江流域文化的创造者和主人之一。

乌江流域红色文化遗迹、遗址众多，其中乌江沿岸的红色遗迹遗址也非常多，例如，彭水县城乌江边的红军渡口、遵义会议会址等。乌江流域是红色革命的摇篮，红色文化资源丰富。乌江船工受到红色文化的教育和影响，在革命战争年代积极参加革命斗争，他们创造了丰富的革命文化，为革命文化宝库增光添彩。

如贵州省黔西市大关镇的万正洪父子，是乌江流域众多革命船工的代表之一，还有许多参与革命、奉献革命的船工隐姓埋名，甘当无名英雄。万正洪父子用渡船将红军渡过乌江，积极投身后续的众多红色革命斗争，最后为革命英勇牺牲。他们舍生取义的革命精神传遍了乌江流域，也影响和教育着千千万万勤劳、勇敢的乌江儿女和乌江船工。

红色文化具有历史印证、政治教育、经济开发、文明传承等价值。红色文化记录的是一段革命历史，记录的是革命志士和人民群众的革命事迹和革命精神，红色文化印证了"没有共产党就没有新中国"的伟大真理。中国共产党带领人民进行革命斗争和社会主义建设，红色文化是人类文明的重要组成部分，值得我们学习、传承、发扬、光大。开发红色文化旅游，可以满足人们的旅游需求和精神文化需要，实现革命精神教育、传承与红色旅游产业开发的兼顾。

乌江船工的红色文化精神必将被乌江流域内的各族人民和全国各族人民铭记、学习、传承、发扬。黔西市大关镇正在建设红色文化陈列馆和盐业博物馆，这将为学习、传承、发扬乌江船工的红色文化提供很好的载体和阵地。乌江船工的红色文化说明：勤劳、勇敢的乌江流域各族人民对革命的认同，对革命文化的认同，对中国共产党的认同，对中华民族的认同，对社会主义制度和伟大祖国的认同。乌江船工的红色文化必将世代传扬，激励乌江流域各族人民更加自觉地铸牢中华民族共同体意识，建设更加美好的祖国。

乌江船工号子是乌江船工文化中影响较大的文化类型之一，也颇受人们关注。乌江船工与乌江航运业相伴而生，延续千百年。如今，乌江木船航运业已经消失几十年，乌江船工号子也渐行渐远，面临消失的危险。

乌江船工号子作为一种劳动歌谣，其内容和形式在 1949 年以前、1949 年以后与船工劳作相伴的过程中没有太大的变化。但随着木船航运业的消失，乌江船工号子作为劳动歌谣就戛然而止。我们现在把乌江船工号子当成一种少数民族历史文化，作为一种非物质文化遗产，作为一种铸牢中国民族共同体意识的重要文化遗产。

各界对于乌江船工号子这一宝贵的民族文化遗产如何保护，已经做了相当多的工作，如记录号子的歌词和曲谱并编辑出版，进行舞台化展演，通过电视台等媒体进行推介宣传等。但目前的保护、传承、利用效果还不尽如人意。我们在做船工田野调查之前比较着急的事就是，赶快去做田野调查，要与时间赛跑，要在这最后一批老船工健在之时去做访谈，获取乌江船工号子等乌江航运文化的第一手资料。

通过本次调查了解到，1949 年以前拉过船的船工已经很少了，那得在 20 世纪 30 年代初期以前出生才行，毕竟 1949 年以前跟 1949 年以后的拉船生活不一样，那代表了两个不同时代的特征。1949 年以后至上个世纪 60 年代大规模木船航运业兴盛时期拉过船的船工也不多了，尤其是长期拉船的专业船工就更少了。

我们一方面与时间赛跑，尽快对健在的乌江船工做调查研究，保留更多的关于乌江船工文化的第一手资料；另一方面加强理论和实践研究，取得更多保护和传承乌江船工文化的科学性、实效性、可操作性的研究成果。

乌江船工讲述了他们在伐木、造船、行船、岸上生活等方面，有众多的语言和行动禁忌，还有许多祭祀活动，包括拉船、渡船、打渔、木船制造等种类的船工都有的活动，船工们也介绍了一些他们在日常生活中的祭祀活动。这些属于普通、生产生活中的精神活动，他们的内容和实践活动是向善的。这些活动相对来说在 1949 年以前比较活跃，1949 年以后至改革开放前明显减少，与行船相关的祭祀等活动随着大规模木船航运业的消失而消失。改革开放后，少数祭祀等活动在打渔、渡船和造船等船工那里少量保存下来。这些祭祀类活动要与封建迷信等消极思想区别开来，要取其精华、去其糟粕。

乌江船工创造和传承的民族民俗文化还包括船工的饮食、服饰、婚姻、打渔活动等形态的文化类型。这些文化事项在打渔、渡船和造船等仍然存在的航运类型中，多数得到活态传承，我们要尽量保护好这些文化的文化生态环境，保护其中的非物质文化遗产的文化空间，促使这些文化事项健康、可持续发展。同时，避免这些文化在市场经济大潮中被庸俗化、过度商业化等不利局面出现，避免朝着不健康方向发展。

乌江船工介绍了与他们相关的节日文化，比如演唱苗族古歌《铸日造月》。这些民族节日文化是一种综合的文化类型，它对民族文化的保护、传承和发展起到了重要的推动作用。我们要保护好节日文化，开展好节日活动，促使其健康、可持续发展。研究者指出，我国当前出现节日泛化的社会语境。节日泛化社会语境下，传统节日出现节日资源被滥用、节日主题蜕变为世俗狂欢、内涵渐趋标准化等乱象。传统节日保护，必须遵循节日文化逻辑，尊重文化自觉，遵守适度创新原则。当前多方保护主体参与传统节日文化实践的对话、协商与博弈，使传统节日民间性、政治性、经济性与公共性等兼性并立，过去"二元对立"的思维模式已不合时宜，借助公共民俗学的想象力，公共民俗学者应以传统节日文化主体的民间立场为主，兼顾各方主体相关权益为宗旨进行协商与协调，促进各方平等交流与互利合作，使传统节日获得真正意义上的良性传承与整体保护。①

新兴的旅游文化也是乌江船工在"后航运时代"关注、参与建设的文化类型之一，人们对此的评议也颇多。旅游文化更多是一种融合的、新生的、延伸的文化，与乌江船工和

---

① 黄龙光：《当代"泛节日化"社会语境下传统节日的保护》，《原生态民族文化学刊》2019年第4期。

乌江船工文化有千丝万缕的联系。许多乌江船工文化事项被开发为旅游产品，或者融入旅游产品之中；许多乌江船工转而从事旅游业经营、管理活动，例如龚滩镇的冉茂生、龚滩镇对面刘家渡口的船工等。在这些过程中，要保护好乌江船工文化的完整性和原真性，要处理好文化保护与开发利用的关系。

乌江船工创造的各种非物质文化遗产在当下面临的发展境遇各不相同，有的非物质文化遗产传承较好；有的非物质文化遗产面临即将消失的危险，比如乌江船工号子，老船工数量越来越少，乌江船工号子的处境堪忧。目前的文献记录、媒体宣传、舞台展演等保护非物质文化遗产的方式，还没有达到很好的效果，仍然需要更好的保护方式。

总之，乌江船工文化内涵极其丰富，类型繁多。乌江船工文化传承数千年，具有强大的生命力和影响力。其一，乌江船工文化总体上包含了爱国、勤劳、勇敢、拼搏、向善等精神内涵，这当中也包含了对中华民族的认同、对伟大祖国的认同、中华文化的认同、对中国共产党的认同和对中国特色社会主义的认同。其二，当下的乌江船工文化，正处在一个大变革、大融合、大发展的时期，我们应该做更多的研究，做更多的思考和预判，促进乌江船工文化更加健康地传承、发展和利用。

第八章

结论与讨论

我国从 20 世纪 50 年代就有以革命前辈的口述史为主的零散的研究；20 世纪 80 年代逐步转向以精英人物和文化事件为中心的研究；20 世纪 90 年代以后，开始学习西方口述史，并尝试建立中国特色和中国气派的口述史理论与方法，将研究视角转向普通大众并采用一些新兴的技术手段。一些航运史等历史类文献纵向探讨了乌江船工文化，或者从文化的视角解读了乌江航运文化。已有文献对乌江船工文化研究较少运用田野调查方法，口述史研究较少关注少数民族船工生活史，船工研究则缺少主位视角和系统深入的研究。上述所言船工研究做得不够的地方，正是我们以乌江船工为案例，尝试进行船工口述史研究的理由和内容。

在撰写本专著的时候，笔者将乌江船工文化的相关内容纳入 1949 年以前、1949 年初至改革开放初、改革开放后三个时期。分期的理由是基于三个时期的不同特征，即 1949 年以前属于旧社会，1949 年初至改革开放前和改革开放后则分别是以计划经济和市场经济为主的经济体制。分为三个时期的目的是，通过纵向的分析、比较来研判乌江船工文化的发展脉络，以此证明社会主义的优越性，证明铸牢中华民族共同体意识和建设中华民族共同体是包括乌江船工在内的乌江流域各族人民的共同追求和实践目标。

乌江流域的环境是乌江船工从事航运业和生活的地理空间，乌江船工在从事航运业等生产、生活的活动中，形成了复杂多样的民族关系和社会关系并创造出丰富多彩的船工文化。这是一个从环境到人和文化、从物质到精神、从经济基础到上层建筑的内在逻辑关系，体现的实质内涵是地理环境在国家和地区社会、经济发展中的重要作用。① 经济基础与上层建筑之间的关系是一种决定与被决定的关系。这种"决定"的内涵包括：前提、条件，产生、产物、根源，制约、决定、支配，原因和内容等。②

第一节　基本结论

我们以口述史方法作为船工口述资料调查的基本方法，以铸牢中华民族共同体意识作为研究主旨。我们从文献准备到搜集尚且健在的船工的个人资料、信息，到与船工联系、商讨访谈事宜，再到现场访谈、录音、录像、参观等，又到后期将录音转换成文字资料，以及文字资料的整理、研究和书稿撰写，历时五年左右。我们跋涉在乌江流域的山山水水间，每当获得船工的口述史资料，则如获至宝。我们对这些船工口述史资料进行了认真的整理和研究，得出了如下一些基本的结论。

---

① 黄园淅，杨波：《从胡焕庸人口线看地理环境决定论》，《云南师范大学学报（哲学社会科学版）》2012年第1期。
② 黄光秋，黄光顺：《恩格斯"经济基础决定上层建筑"思想解读》，《学习论坛》2017年第3期。

一、乌江船工航运环境的根本改善得益于各族人民对党和政府的认同以及党和政府的坚强领导

乌江是西南地区的一条重要河流。在古代，其他交通方式不发达的情况下，乌江航运之利成为历代商人、官府、平民百姓联系外界的大通道。但乌江滩多、水急、水位落差很大，历来被称为"天险"乌江。1949年以前，许多朝代的官府和民间组织都对乌江航道进行过整治，但效果不甚明显。例如，乌江的险滩治理效果不佳，截止1949年以前，余庆县以下具备通航条件的乌江河道未能全线贯通，更不能进行夜航。

1949年以后，新生的人民政府加大力度整治乌江航道，截止20世纪50年代末，史无前例地实现了余庆县马骢渡至江口涪陵的全线30吨轮船通航，设置了许多绞关和信号台站，还实现了乌江的全天候通航，人民政府还整修了纤道。20世纪60年代开始推广和逐步普及机动船，开辟乌江航运新纪元。20世纪60—70年代，乌江大规模木船航运逐步退出历史舞台。20世纪90年代以后，乌江机动船航运业就此衰落。乌江进入大规模、全河段的梯级水电开发，乌江船舶需要借助升降机或者导流渠方可全线通航。乌江航道、纤道、应对恶劣天气等航运环境，在1949年以后比1949年以前有了更快的治理速度、更好的治理效果，有了质的飞越。

1949年迄今，乌江航运环境治理有如此高的效率，取得如此大的成就，首先得益于中国共产党和伟大祖国受到乌江船工、乌江流域各族人民、全国各族人民的拥护和爱戴。换

言之，包括乌江船工在内的乌江流域各族人民高度认同中国共产党，高度认同伟大祖国，他们才会更加积极、主动投入乌江航道整治的工作中来。二是社会主义制度的优越性，使我国可以集中力量办大事。

比如 1949 年初，乌江航运对西南、中南地区经济社会发展和巩固新生人民政权意义重大，人民政府调集人力、物力和财力对乌江航运环境进行有效治理。人民政府能够做到这一步的前提是，各族人民群众对社会主义制度的积极拥护。因为任何政权的确立与巩固都离不开合法性资源的支持，①我国政府因其制度的优越性而拥有了最多的、最好的合法性资源的支持，即各族人民群众的支持。

此外，经济发展和技术进步也是推动乌江航道整治、推动乌江船工航运环境改善的重要力量。1949 年后，我国的社会经济快速发展，科学技术取得极大的进步，这些都是在党和政府的领导下取得的，也是得益于党和政府的制度优势的红利释放。

二、乌江船工生计和生活质量提升是党和政府的奋斗目标

1949 年以前，乌江船工总结了他们生计和生活状况，那是千声"苦"、万声"苦"啊！不管是拉纤的船工、打渔船工，还是水木匠和渡客的船工等，都是这样的回答。

---

① 张劲松，杨书房：《群众认同：当代基层政府动员合法性路径建构》，《深圳大学学报》（人文社会科学）》2016 年第 4 期。

　　从生计的角度观察，乌江船工的生计质量有了巨大的提高：1949 年以后至改革开放后，乌江船工的航具由木船逐渐变为机动船，乌江船工的劳作方式由人力拉纤到机器动力代替人力，乌江船工运送的物资由桐油和盐巴为主变为丰富多样的物资，1949 年以后在"大集体"时期船工的收入比1949 年以前高出许多。

　　从生活的角度观察，乌江船工的生活质量大大提升：乌江船工从 1949 年以前食不果腹到 1949 年以后能够吃饱饭，从 1949 年以前的衣不蔽体到 1949 年以后的穿着改善，从1949 年以前露宿荒野到 1949 年以后逐渐住进舒适的机动船船舱，乌江船工的病患减少、病痛减轻。

　　改革开放后，我国的经济、社会、文化等各个方面都迎来了一个大发展、大繁荣的黄金时期，乌江船工的生计水平、生活质量更是大幅度提升，发生了一次翻天覆地的变化：转行从事机动船船工或者机动船老板的人，过上了富裕的日子；继续在木船上打渔或渡客的船工，日子也蒸蒸日上；转行从事其他行业的船工，也过上了幸福、富裕的日子；而此时，多数当年推桡、拉纤的木船船工都迈入了老年阶段，过上了闲适的退休生活，老船工不管是居住在城市还是农村，他们的退休生活都衣食无忧。

　　从历史纵向来观察乌江船工的生计、生活变迁，不难发现 1949 年和改革开放是两个时间节点。这两个节点之后，船工们的生计水平和生活质量都有大幅度提升，都有一个质的飞跃。我们党的宗旨是全心全意为人民服务，提升船工的生计水平和生活质量是为人民服务的应有之义。我国在建国初期，建立以公有制为主体的社会主义制度，改革开放进一步释放社会主义制度的优越性，进一步解放生产力，这些都促进了乌江船工生计水平和生活质量的改善与提高。新的制度可以释放出发展活力，刺激生产力发展，因为生产力和生产关系的辩证运动关系，既包括生产力的决定性作用，也包括生产力决定生产关系过程中人的主观能动作用，以及生产关系对于生产力的反作用中生产关系在一定限度内所起的推动作用。①

而在我国 1949 年解放和改革开放这两次伟大变革中，之所以能够取得两次飞越式的伟大成就，是生产关系和生产力的辩证关系和互促关系极大地刺激了人的活力和创造力，极大地促进了生产发展。这里面关键因素是人，即人民群众。有了全国人民对崭新的中华人民共和国、中国共产党和社会主义制度的拥护和认同，有了乌江船工对崭新的中华人民共和国、中国共产党和社会主义制度的拥护和认同，方可释放出人民群众的活力和动力，跟上党和国家的建设步伐，改善船工们的生存、生活条件，为船工们丰富多样的生计转型创造良好的条件。后来，许多船工的生计方式出现分化和多元化发展趋势，他们转行从事机动船舶运输、做石材生意、从事文化旅游业等，都获得了成功。

乌江船工在 20 世纪经历了两次大规模生计转型。这些生计转型伴随着困惑甚至是阵痛。一次是在 20 世纪 60—70 年

---

① 蔡万焕：《生产力与生产关系辩证统一视角下的现代化经济体系建设》，《马克思主义理论学科研究》2021 年第 3 期。

代，乌江木船航运业整体消失，大批木船船工不得不转行从事其他行业。另外一次就是在改革开放之后一直到今天。改革开放后，一些传统行业不景气，比如水木匠这一行业，因为今天的人们不需要这种低效率、适用性极差的传统产品，所以水木匠石本明的两个爱徒从事木船制造业就"养不活"，只好放弃水木匠这个职业而外出打工。

　　另外一种情况就是，国家为了生态保护的目的，对长江实行十年全面禁捕，以打渔为生的苗族老船工杨学文兄弟俩一下子就无事可做，短时间内还适应不过来。杨学文兄弟俩也没有再在禁渔之后打渔了，他们的子孙后代中的中青年人都出去打工谋生，适应了新的生计、生活方式。而对于杨学文的生活问题，当地政府通过低保、社保、养老等一系列的福利政策进行了帮扶（图8-1）。他们实现了另外一种新的

图8-1　扶贫搬迁后过上幸福日子的
杨学文在家用石磨豆花和苗族米酒招待考察组一行

与生态环境和谐相处的方式。

实际上，中国西部农村地区的生计转型是自然生态环境、社会文化环境与土地利用方式综合作用的结果。生计转型既可以引起生态环境问题，也可以修复生态环境，实现人与自然的和谐共生。①

三、铸牢中华民族共同体意识、建设中华民族共同体是包括乌江船工在内的乌江流域各民族人民的共同愿望和自觉行动

大力培育中华民族共同体意识，铸牢中华民族一家亲的思想基础，建设中华民族命运共同体（习近平总书记还多次强调推进构筑人类命运共同体的思想）是新时代习近平总书记关于民族工作一脉相承、不断发展的思想精华，也是中国共产党新时代民族工作的理论主线和指导方针。② 而且习近平总书记还强调，铸牢中华民族共同体意识是我国民族工作的主题主线和其他各项工作都需要遵循的重要原则。这些重要论述也是我们理解、研究乌江流域民族关系的指针。

乌江流域是一个多民族交错杂居的地区，所以船工口述史资料中所描述的各种人、事、物都包含有民族关系的成分。包括乌江船工在内的乌江流域各民族都能够做到平等相待，

---

① 包智明，曾文强：《生计转型与生态环境变迁——基于云南省 Y 村的个案研究》，《云南社会科学》2021 年第 2 期。

② 王延中：《铸牢中华民族共同体意识建设中华民族共同体》，《民族研究》2018 年第 1 期。

没有高低贵贱之分，这是乌江流域各民族处理好民族关系的前提，也是他们处理好其他关系的基石。包括乌江船工在内的乌江流域各族人民团结一心，共同抵御各种风险挑战，例如他们需要数十人甚至上百人换棕拉纤方可将船拉上大滩。包括船工在内的乌江流域各族人民具有互助合作精神，大到各种自然灾难，小到日常生活中的琐事都是互相帮助，过去乌江遇到船难的时候，大家都是第一时间奋不顾身跳下江水勇救落水群众。包括乌江船工在内的乌江流域各族人民热爱和谐的自然之美与人文之美，和谐即是乌江人民的精神追求，也是乌江人民的现实目标。乌江流域各族人民千百万年来在这一地区繁衍生息、和谐相处，组建众多和谐的家庭和社区就像一幅幅美丽、和谐的山水画卷。

包括乌江船工在内的乌江流域各民族人民能够平等、团结、互助、和谐地相处，这是他们对伟大祖国、中华民族、中华文化、中国共产党、中国特色社会主义五大认同的基础。乌江流域各族人民首先能够团结、和谐地生活在这一流域地区，能够像石榴籽一样紧紧抱在一起，然后才能够努力实现五大认同，铸牢中华民族共同体意识，建设中国民族命运共同体。

乌江船工是乌江流域各民族人民的典型代表，乌江船工对伟大祖国高度认同，当祖国需要的时候，他们都是义无反顾、冲锋在前。例如，当国家需要运送各种重要物资的时候，乌江船工们都积极参与，甘于奉献。

乌江船工对中华民族也是高度认同，他们是中华民族大家庭的一员，他们是中华民族凝聚力和向心力的重要组成部分和重要维系力量。就像贵州省沿河县老船工田宝荣所说：

> 我们这里拉船的都是土家族人，当时我也啥子都不晓得，分不清楚什么汉族人、土家族人，现在都是中国人，还是统一了好。

这是乌江船工们、乌江流域各族人民共同观念的表达。

乌江船工们对中华文化也是高度认同，他们传承和践行着"仁、义、礼、智、信"等中华优秀传统文化，他们用自己的双肩拖拽着木船艰难前行，也用双肩扛起一个家庭和家族的责任，更是扛起中华民族和国家前行的责任。

乌江船工对中国共产党也高度认同、积极追随，在革命战争年代，乌江流域涌现出成千上万的革命船工，积极投身革命、支援革命，用忠心和生命诠释了对党的无比忠诚。而且对党的忠心和认同是一以贯之的。

乌江船工对中国特色社会主义也高度认同，只有社会主义才能救中国，才能救乌江船工；只有社会主义才能发展中国，才能发展乌江流域；只有社会主义才能给包括乌江船工在内的全国各族人民创造美好生活。

一些年近百岁的跨世纪的老船工，他们饱经风霜，他们通过纵向比较，才能清楚地知道社会主义制度的优越性，才知道今天的生活是多么幸福、多么来之不易。就像重庆市武隆区的老船工冉茂吉所言：

> 总的来说，这个新社会比旧社会好百分之百，千分

之干，以前那个日子是真的难过。我们首先就是在旧社
会政治、经济、文化没翻身，现在解放了政治、经济、
文化都翻身了的啥。所以好多人呀他点点事，就对社会
不满。我说你那是错误的，翻身不忘本，永做革命人。
我只晓得那些，说不出来啥子，只晓得船囊个拉，或者
是老板做啥子，其他搞不清。1949 年以后成立工会，逐
步逐步才把反动把头呦、反封建呦，才把那些改掉的。

　　这是乌江船工的心声，也是乌江流域各族人民的心声，
更是全国各族人民的心声。
　　作为乌江流域各民族人民代表的乌江船工，对伟大祖国、
中华民族、中华文化、中国共产党、中国特色社会主义有了
高度认同，以此为基础，他们就能够更好地铸牢中华民族共
同体意识，更好地建设中华民族共同体。乌江船工对国家、
民族、文化、领导核心和制度有了高度的认同，就能够更加
自觉维护民族团结、进步、融合，更加自觉维护祖国统一事
业，自觉地在党和国家领导下，与全国各族人民一道共同团
结奋斗，共同繁荣发展。
　　乌江船工等乌江流域各族人民深刻认识到：铸牢中华民
族共同体意识是新时代民族工作主线，我们的目标是推动中
华民族走向包容性更强、凝聚力更大的命运共同体。而且，
只有坚持推动以下五大基础路径，才能为中华民族命运共同
体建设提供坚实的支撑：党的领导是中华民族命运共同体建
设的政治基础；各民族共同繁荣发展是中华民族命运共同体
建设的经济基础；各民族共有精神家园是中华民族命运共同

体建设的文化基础；各民族交往交流交融是中华民族命运共
同体建设的社会基础；依法治理民族事务是中华民族命运共
同体建设的法律基础。① 乌江船工等乌江流域各民族人民，
都是遵照上述五个方面来思考和实践中华民族命运共同体。

四、1949 年以后乌江船工建立起当家作主的全新的社会关系

1949 年以前的政府腐败无能，与各种恶势力、坏分子勾
结，欺压、剥削乌江船工，致使乌江船工没有任何权力和尊
严。而 1949 年以后，乌江船工作为无产阶级的组成部分，翻
身当了国家的主人，在党的领导下，自觉铸牢中华民族共同
体意识。如 1949 年以前，盘踞乌江流域的袍哥组织控制、压
榨乌江船工，而 1949 年以后人民政府铲除袍哥等地方黑恶势
力，天下变得清明，乌江船工无不拍手称快。1949 年以后，
人民政府在乌江流域建立众多的航运管理机构，大力发展乌
江航运业，保障船工的人身安全，提高船工的福利待遇，这
些在 1949 年以前是办不到的。

1949 年以前，乌江船工对船老板在经济上是被动的、依
附的关系，而且经济待遇极其低下，甚至都不能糊口，这都
是因为 1949 年以前的政府贪腐、不作为导致的。1949 年以
后，人民当家作主，在经济上成了自己的主人。尤其是社会
主义公有制经济体制建立以后，人民政权控制国家的经济命

---

① 郝亚明：《论中华民族命运共同体建设的五大基础路径》，《西南民
族大学学报（人文社会科学版）》2020 年第 5 期。

脉，乌江船工成为了公有制经济的主人，摆脱了 1949 年以前那种任人宰割的命运。乌江船工与流域内的其他民族群众一道，逐步走向共同繁荣、富裕，这为铸牢中华民族共同体意识和建设中华民族命运共同体奠定了坚实的经济基础。

1949 年以前至 1949 年以后，乌江船工之间都是肝胆相照、团结互助，同生死、共患难。用乌江船工自己的话说，船工之间是用命拼出来的"兄弟伙"。这主要体现了乌江船工团结、互助的精神，这既是乌江流域各民族精神的写照，也是船工们战胜"天险"乌江的必然选择。这是乌江船工共有的精神家园，这也是中华民族命运共同体建设的重要文化基础。

1949 年以前，乌江船工处于社会底层，他们的婚姻状况不佳，婚姻生活质量不高。这种状况在 1949 年以后大为改观。1949 年以前，乌江沿岸城镇、码头有比较隐蔽的卖淫场所；1949 年以后，这些场所被取缔，这就净化了乌江船工的生活环境，也净化了乌江船工的精神家园。这些措施从另一个侧面提升了乌江船工的精神生活质量和精神素养，有助于铸牢中华民族共同体意识和建设中华民族共同体。

改革开放后，木船航运业已经消失，乌江船工进入"后木船航运"时代。绝大多数当年乌江木船老船工进入晚年，他们大多数在农村或乡镇养老，少部分人在城市养老。他们在大好的社会主义时期，都过上了幸福的晚年生活。精准扶贫政策帮助少数贫困船工异地扶贫搬迁，摆脱贫困，过上富裕的生活。长江十年禁渔影响了部分打渔为生的船工，这就要个人利益服从国家利益。但仍然有少数渡客、打渔的船工在乌江的木船上劳作。转到其他行业的船工包括从事旅游业的、从事机动船运输的、从事生意买卖的等。改革开放以后，我国的经济、社会、文化等各方面的发展进入一个繁荣、辉煌的时期，改革的红利也让每一位船工都享受到。这一时期的社会发展，使乌江船工等乌江流域各族人民在政治、经济、文化、社会、法律等方面为铸牢中华民族共同体意识奠定了良好的基础，乌江流域各族人民正与全国人民一道努力建设包容性更强、凝聚力更大的中华民族命运共同体。

五、研究乌江船工文化以铸牢中华民族共同体意识

乌江船工文化种类众多，兹选取具有典型性、代表性文化类型进行论述。以黔西市大关镇万正洪父子为代表的红色文化，这是乌江船工对中国共产党高度认同的最好诠释，也是乌江流域各族人民对中国共产党高度认同的最好诠释。乌江船工号子是乌江船工文化中最具有知名度、最具有影响力的文化类型之一，它也是乌江流域非物质文化遗产传承遇到困境的代表之一。乌江船工号子目前主要是文献整理、舞台展演、媒体推介几种主要的传承、保护方式。乌江船工有诸多的语言、行为禁忌，从伐木造船到行船等都有许多祭祀活动，这些信仰类的习俗现在在现实生活中被人们运用得极少。乌江船工还创造、传承了服饰、饮食、婚姻、捕鱼等种类繁多的民族民俗文化，其中的部分文化事项仍在生产、生活中利用，在活态中传承。乌江流域还有许多民族节日文化，如

苗族船工喜爱参加的跳月活动。这些节日多保留在农村，而中青年人外出打工导致农村空心化，节日文化也几乎没有开展。

文化研究意义重大，文化是民族的魂魄，文化认同是民族团结的根脉。我们研究乌江船工文化，重点是挖掘和探讨乌江船工文化背后蕴含的人文精神、政治思想、道德规范、价值理念等。推动乌江船工文化创造性转化、创新性发展，更要揭示乌江船工文化所蕴含的中华民族的文化精神、文化自信和文化胸怀，为我们在新时代坚持和发展中国特色社会主义提供强大精神支撑。我们要加强对乌江船工文化这一民族性、地域性、行业性文化的研究，以更好地铸牢中华民族共同体意识，更好地建设中华民族共同体。

研究者将乌江流域的文化特征概括为：民族性、移民性、交融性、景观性。① 乌江船工文化既有上述共性特征，也蕴含它自身内在的文化特征。乌江船工文化既是一种行业性文化，它是由乌江船工在传统的木船航运业中创造、传承的行业性文化。同时，乌江船工文化也是一种民族性、地域性文化。乌江流域是一个多民族交错杂居的民族地区，乌江船工多数是少数民族，他们将行业特征与少数民族文化融合，形成了乌江船工文化，故而这种文化带有鲜明的民族特征。乌江船工文化也是一种地域文化，"地域文化"是指在一定空

---

① 彭福荣，李良品：《乌江流域文化概论》，重庆：重庆出版社，2016年，第16页。

间范围内特定人群的行为模式和思维模式的总和。① 这一地区是山地、丘陵为主的地区，河流纵横其间，所以它的山地文化特色明显，也兼有一些水文化特色。

上述这些是乌江船工文化的总体特征，我们将其概括为爱国、勤劳、勇敢、团结、拼搏和向善等内涵。这些文化内涵及特征与我国平等、团结、互助、和谐的民族关系原则，在总体内涵的层面上是基本相同的。

乌江船工文化是一种爱国主义的文化。众多乌江船工亲自参加了革命斗争，或者出身于革命家庭，他们保有革命的基因，传播革命的种子，践行革命的精神。忠烈父子万正洪是乌江船工革命精神的典型代表。这种精神是对中国古代劳动人民的认同和支持，也是对共产主义、社会主义思想的高度认同，也是对生生不息、永不言败的中华文化的认同，更是对民族前途和祖国命运的高度认同。尽管像万正洪父子一样牺牲的千千万万的革命志士没有能够亲眼见到新中国诞生，但是他们为之奋斗和献身的革命事业最终取得了胜利，他们所认同的系列伟大思想和精神最终都被历史证明是正确的。

乌江船工文化也是一种团结、向善的文化。乌江船工们反复强调，他们是团结的，也必须团结方可完成拉船的任务。乌江船工自己戏称他们是吃"武力饭"，即"武力找来笑和吃"，在过去的千百年中，乌江船工出门即开始闹，总是骂骂咧咧、吵吵嚷嚷，因为他们干的是最苦、最累的体力活，

---

① 张凤琦：《"地域文化"概念及其研究路径探析》，《浙江社会科学》2008 年第 4 期。

但是他们内心是友好的，有了分歧不记仇，下来之后照样一起喝酒吃肉，依然是患难兄弟。他们表现出外在的一面是"凶""武"，而内在的则是"善""文"。故而，乌江船工文化的骨子里是向善的，是友好的。团结、向善的文化特征，与我国倡导的团结、和谐的民族交往、交流原则在本质上是一致的。这些精神能够促进包括乌江船工在内的乌江流域各族人民团结、进步、融合，促进乌江流域各族人民同全国各族人民一道像石榴籽一样紧紧地抱在一起，以更好地铸牢中华民族共同体意识，更好地建设中华民族共同体。

勤劳、勇敢、拼搏是乌江船工的精神秉性。就像黔西市素朴镇打渔船工罗伦贵所说，打渔拉船磨豆腐是人生三大苦，乌江船工就占了两席，可见乌江船工以干天下最辛苦的活儿来养家糊口。勤劳精神是第一位的，打流水鱼要常年在外，风餐露宿，其辛苦程度可见一斑。而"天险"乌江拉船，被乌江船工形容为"血盆里抓饭吃"，乌江船工出门拉船则是九死一生。他们唯有辛勤劳作，勇敢地拼搏，战天斗地，战胜前行途中的重重困难方可获得成功，获取想要的幸福生活。乌江流域各民族船工辛勤劳作，谋求共同发展、进步，创造更多的物质财富和共有的精神财富，为铸牢中华民族共同体意识和建设中华民族共同体奠定更好的物质基础和精神基础。

上述乌江船工创造和传承文化事项中，绝大多数属于非物质文化遗产。跟国内外大多数非物质文化遗产类似，乌江船工创造和传承的非物质文化遗产面临传承危机。主要表现在：传承人的断代；传承环境及文化生态环境改变，亦即文化空间发生了改变；传承对象的内容和形式与现实的隔阂。

比如乌江船工的号子，乌江水木匠的木船制造工艺等，都属于此类非物质文化遗产。乌江船工号子是船工创造的非物质文化遗产中的典型代表，目前主要是文献记录、媒体推广、舞台表演三种传承、传播方式。这些保护方式在取得成效的同时，还远远满足不了现实的保护需求。我们不妨尝试在新民俗中融入乌江船工号子，发挥新乡贤在乌江船工号子传承、保护中的积极作用。非物质文化遗产的生命力，来自人民群众在实践中对优秀传统文化的传承与弘扬。保护非遗，最根本的是保护传承实践，保护传承能力，保护传承环境。传承人的传承和实践能力，直接关系非遗在环境变化中的可持续发展。①

如何在乌江船工文化中遴选合适的、优秀的文化事项，进行创造性转化、创新性发展，是一个颇值得深入探讨的问题。以乌江船工号子为主打内容的大型山水实景演出《印象·武隆》在世界自然遗产地——武隆天坑地缝演出，这是乌江船工文化创造性转化、创新性发展的典型案例。号歌在川江上激荡，号歌在峡谷中回旋，一路高歌。这歌谣就是重庆的中国非物质文化遗产的川江（乌江）号子，它彰显了巴渝人在险境中坚忍不拔、团结奋进、顽强拼搏、乐观豁达的"精、气、神"。而今的重庆人依然秉承着川江（乌江）号子中的那种豪气，那样的拼搏精神。②《印象·武隆》的演唱取

---

① 项兆伦：《关于我国当前非物质文化遗产保护工作的几个问题》，《文化遗产》2017年第4期。

② 唐松：《川江号子穿越古今历史喀斯特峡谷风光辉煌巴渝大地"印象武隆"实景演出成为文化标志》，《重庆与世界》2012年第6期。

得了骄人的成绩，研究者也对此山水实景演出的评价较高。
《印象·武隆》之所以引人注目，不仅是因为导演和演员的
付出，最主要的是《印象·武隆》的表演形式、舞台效果相
比以往的舞台表演，都有不同程度的突破和创新。① 不过，
非物质文化遗产的舞台展演，需要关注文化遗产的完整性、
真实性，也要把握好舞台演出中文化商品化的度。

第二节　讨论及后续研究

　　下面我们就乌江船工研究中的几个问题做进一步的探讨，
进而引起我们更多的关注和思考。同时，我们还要对以后进
一步的研究做预判和构想，为拓展学术视野做一些学术储备。

一、几点讨论

　　（一）关于口述史资料搜集过程中基于专业伦理的权
责关系
　　其实在以前从事民族学学习、教学和科研的过程中，也
做过一些口述史的记录和整理，此次应该是一个大型的、系
统的口述史资料收集、整理和研究工作。当我看到美国口述
史学的法律与伦理问题时，我想就此次田野调查做一些反思

---

　　① 李思颖：《从"印象·武隆"看当今舞台表演形式的发展》，《北方
音乐》2015 年第 2 期。

和检视。美国在 60 多年的口述史长期实践中，形成了一套较为规范的专业伦理规范，访谈者对于受访者应尽的责任：

> 访谈者对于受访者应尽的责任：（1）必须告知受访者正在进行的口述历史计划的目的和程序，以及该计划所要实现的特定目标与预期用途；（2）必须告知受访者口述历史过程中的双方权益，例如编辑、使用限制、著作权、优先使用权、版税，以及口述历史记录的预期处置方式和各种传播方式；（3）必须告知受访者签署法律授权协议书的必要性，以及各种法律文件拟定与填写的具体细节；（4）必须告知受访者口述历史访谈中可能出现的危害第三者的情况，比如叙述的内容涉及诽谤与隐私权侵犯等可能；（5）访谈者必须特别注意访谈过程中受访者情绪的变化，并且根据受访者因年龄、性别、种族、民族、阶级、宗教信仰、社会地位和政见等因素的差异而及时调节访谈的节奏与方式；（6）访谈者必须尊重受访者有权拒绝讨论某些特定主题，并有权对访谈中某些内容的使用加以限制，如有必要甚至可以采取匿名方式；（7）访谈者必须珍惜受访者给予的信任，不能轻易地将受访者不愿被第三者知道的信息传播出去，以维护双方建立起来的和睦关系；（8）访谈者必须谨防向受访者做出一些自己无法实现的承诺；（9）在计划结束后，访谈者应该通过一定的方式向受访者表示感谢，并且无偿向受访者赠送一份口述历史抄本或以抄本为基础

的任何出版物，以做纪念。①

我对照上面的要求，把我做口述史调查过程中的相关工作分为三类。

第一类，基本做到的事项：我在对每一位乌江船工做口述史录音、视频资料采集之前，我都会告诉他此次口述史资料收集的目的、程序、目标与用途等；访谈涪陵第一位乌江船工，他70岁左右，患有脑溢血，他说话十几分钟后双手颤抖，身体摇晃，则访谈马上终止。未向受访者承诺自己无法办到的事；向每一位受访者赠送一块价值十多元的毛巾，并承诺书籍出版以后给每一位受访者免费赠送一本。

第二类，做到了一部分的事项：对于权益没有过多的讨论，记录资料的预期处置方式和传播方式基本上告知了船工们，反复向对方表示，我们不会以盈利为目的；信息保密工作做了一些，但不够完善。

第三类，几乎没有怎么涉及的事项：对于与受访者签署授权协议书和法律文件，则没有涉及此事；没有告知受访者可能出现危害第三者的情况；受访者没有提出拒绝讨论或限制某些内容，没有提出匿名的问题。

对于我只做了一些工作，或者根本没有涉及的事项，值得我反思和改进。比如访谈双方关于法律意义上的权利和义务，关于隐私权的保护问题等，这不仅涉及我个人做口述史

① 杨祥银：《美国现代口述史学研究》，北京：中国社会科学出版社，2016年，第415—416页。

访谈时需要注意的问题，而且我国整个口述史学界也还有许多需要做的工作，甚至涉及法律意识、法律观念、隐私权意识等。而对于我所访谈的乌江船工，我非常感激、钦佩和愧疚，他们面对我就像面对滔滔乌江水一样忠义、耿直，非常配合我们的访谈工作，几乎没有提出任何质疑和要求。

（二）口述史录音、录像材料的原文及其修改问题

通过此次数量较多的乌江船工口述史资料收集、整理和研究，我们观察到访谈对象的特征：一是年龄较大，一般在60—90岁，60岁以下的为极个别。因为，像乌江中下游地区拉过木船的人，最迟也得1950年前后出生，因为20世纪六七十年代乌江大规模木船航运业就停止了。个别60岁以下的船工要么开过小木船打渔，要么是作为老船工的后代，回忆老船工当年口述的乌江航运业。二是他们口语表达不太清楚，这跟年龄较大有关系，年龄大而导致记忆模糊；人们经常说，年龄大嘴不利索，口齿不清晰，精力不济导致所说的话基本是由较短的短语构成，而且经常颠三倒四，经常重复内容、重复使用相同的词语、短语，前后内容自相矛盾等。

此外，跟年龄无关的一个问题是人的表达的碎片化。我们通过录制口述资料时的观察，以及回到办公室在电脑上反复、仔细听录音、看视频，发现人们口语交际习惯于使用词语和短语，堆砌似的表达一个完整的意思，也许这样更显得不劳累，更加轻松活泼，但这使我们的整理工作更加琐碎繁杂。老船工口述记忆中的木船航运生活，口语的碎片化更加明显。

　　在此介绍我们访谈乌江船工的口述资料的四个版本。第一个版本为录音并同步录像的原始资料。这个无甚可交代的。第二个版本为录音、视频转换为文字的"实录"版本，把录音或录像的谈话内容原封不动地转换为文字，做到一字不漏，挑选我们团队的老师和学生中来自乌江流域或者西南地区的人，总之要听得懂乌江流域的方言即西南官话。这个看似轻松，没有多少技术含量的活儿，其实做起来也很困难：一是说话速度快，有的话语内容听不懂；二是船工的口述话语中夹杂着小范围使用的方言词汇和短语，还夹杂着行业专用词汇、短语，以及夹杂着小地名词汇等，都不容易听懂；三是声音小而听不明白，可能是老船工说话声音小，可能是录音、录像距离较远的原因所致。所以说，听录音、看录像进行口述资料实录的师生也是叫苦不迭。

　　第三个版本为一问一答的"实录"的文字材料，整理、编写成乌江船工口述史以附录形式呈现的每位船工一份的访谈材料，访谈材料分为六个部分即生平、环境、民族关系、生计和生活、社会关系、习俗与文化。转换为访谈材料的过程是对"实录"材料的加工过程，对"实录"材料改动、调整内容比较多，我们的原则是尽量保留原文，又适当调整词语和语序，并适当增加、删减部分内容。例如，"来往现在都很少啦，都出去啦，打工去啦"，这句话缺少主语，则要补上主语"好朋友"。同时，我们也尽量保留语言和文化信息的真实性，呈现访谈的现场感。我们经常在保留被访谈者语言原貌与通用语言的顺畅性之间摆动，寻求平衡。例如，"那种有些还不是也不得行"一句中"也"字要不要，就很纠结。因为年纪太大、时间太久远，部分老船工表述的语言和意义是碎片化的。我们在整理为访谈材料的时候，增加一些词语，或者删除一些重复、无实在意义的词、句。这要根据被访谈船工所打算表达的意思、船工口述的前后语义、区域的方言表达习惯、船工的动作和表情等非言语信息等来进行研判。第四个版本是将船工访谈材料撰写成为专著，主要是引用大量船工的访谈原始材料作为论文中的证据材料。因为是民族学的专著，所以引用的船工访谈材料数量比较多，访谈材料占整个专著的字数比例比较大。

（三）关于流域语言、文化的一些认识

流域语言、文化值得研究和总结。我们长期关注流域文化问题，诸如流域文化的界定、流域文化的内涵与外延、流域文化的类型、流域文化的发展变迁规律、流域文化的表征和动因、流域文化的影响、流域文化的未来发展趋势等，但这些问题目前还没有得到较为公认、满意的解答。我们在乌江船工口述史收集、整理、研究过程中，对流域文化只获得了一些比较粗浅的认识。

古代，乌江是这一地区的交通大动脉，是人流、物流、信息流进行交流互动的主要通道。很多词汇和语言，尤其是与船工相关的词汇和语言，因为长时间的交流互动，整个流域差别不是很大。整个文化亦然。现在以陆路和航空为主要交通方式，加之乌江梯级水电开发，乌江水路运输基本废弃，通过乌江航道进行的人流、物流、信息流互动交流急剧锐减，甚至在部分河段完全消失。这对于新时代的语言、文化又会产生怎样的影响，是一个亟待阐释的、意义重大的命题。

此外，还有一些语言方面的问题需要处理。如方言与书面语、普通话的转换问题。我们做到尽量保留方言，包括地域与民族特色的语言和语序。那些保持原样的乌江船工方言，有的可能不符合当下汉语普通话的表达标准，甚至可能是"病句"，比如语序不对，多用衬音词等现象。所以我们在附录的访谈材料和专著中的方言注释比较多，但方言注释可能有疏漏。我们对于汉语词汇里面没有的乌江船工方言词汇，采用同音生僻字代替，然后用注释注明其意义。这种做法可能不够专业，尚待以后改进。而且，对待方言词汇的注释还存在信息不对称的现象，即我们认为不需要注释即可看懂的词语，可能对阅读者而言是生僻的方言词汇而难懂；我们认为需要注释的方言词汇，而阅读者却明白其词意。但是，很多方言词汇和短语是如此的丰富、生动、准确、精彩，我们有时还真舍不得修改。做的度如何，还真难拿捏。

乌江船工号子多用圆唇音。乌江船工弄船、喊号子，要使劲用力、拼命拉船，喊号子嘴张得很大，多用圆唇 o，e 也变成了 o，如"呃（e）"变成了"喔（o）"。其他非圆唇音也变成了圆唇音。

（四）关于乌江船工口述史资料的真实性

口述史资料的真实性问题，是一个长期争议不休、至今尚无定论的问题。口述历史档案作为一个特殊的档案种类，其真实性由于叙述者个人因素的存在而常常受到业内专家的质疑。对于口述历史档案真实性的质疑归根结底来自对记忆的不信任，这种不信任来自两个层面。在浅表的层面上，这同记忆与"想象"的关系有关；在较深的层面上，这同先于口述者记忆的前理解有关。研究者认为记忆的"欺骗性"和"前理解"不会对档案真实性造成妨害，它们反而共同构建着多元化的档案价值论的真实。确定档案真实的价值论特征及其多元性，其目的不仅是要确认口述历史档案同一般档案一样具备真实性，而且是要进一步揭示档案"面向将来"的特质。档案价值论意义上的真实具备开放性，这种开放性就要求研究者以开放的态度来看待档案真实。①

熊卫民在实践基础上提出提升口述史可信度的方法：找多人谈，找聪明人谈；找记忆力强的人谈；录音并加问一些问题、一些人物信息；分四步整理访谈：誊录稿、访谈初稿、访谈定稿、修订确认稿。②

我们在做乌江船工口述史资料记录、整理和研究工作时发现，每个乌江老船工是部分地讲述乌江船工的航运生活，部分地展示乌江船工文化。相对于整个乌江船工文化，每一个船工的讲述具有碎片化的特征。本书要做的，就是将多个乌江老船工的讲述内容汇聚到一起，以此来还原、描绘整个乌江的船工文化。

我们也尝试了找多个人谈同一个问题，这些不同的个体可能是一个地方的人，也可能是相隔千里、万里的人。他们

---

① 洪佳惠：《档案真实的价值论特征研究——兼论口述历史档案的真实性问题》，《档案学通讯》2018年第2期。

② 丁俊杰主编：《口述历史在中国》，桂林：广西师范大学出版社，2016年，第92—93页。

在不同的时间、地点谈论同一个话题，得出相同或者相似的看法，这些"公因数"一般来说更具有真实性。即大家都这么说的是比较可信的，如乌江船工们对袍哥、制造木船的木材、常患的疾病等问题，都有相同或相似的看法。

（五）乌江船工口述史研究中的"上下""纵横"关系

民族学的访谈习惯多是以自下而上的方式进行，即研究者直接到一个陌生的社区，然后从零开始建立人际关系，逐步获得社区居民的信任，在社区生活以参与观察社区，并在这期间按预定计划进行访谈。这种自下而上的方式，获取的资料真实性更强，但效率可能不高，无法进行大规模的田野调查工作。

我们在研究乌江船工口述史的时候，关注访谈线索获取方式和访谈顺序的"上下"问题，即是自上而下还是自下而上地进行。我们在对乌江船工进行访谈以获取口述史资料的时候，多是采取自上而下的方式找寻健在的船工，这种相对更加容易找到访谈对象，效率更高一些。因为乌江老船工散布在乌江流域，或者在乌江流域以外的地方居住，而且年事已高。要找到当年拉过船、身体状况允许且愿意接受访谈的老船工十分困难，这是我们的最初想法。我们是通过当地市县、乡镇、村（社区）、居民小组的自上而下的方式寻找乌江老船工。但是，我们在潮砥古镇夜宿的时候，旅馆老板跟我们也互不相识，他的父亲是一位地道的乌江老船工，不过已经离世，但老板是60后出生的人，能够熟练讲述他父亲的船工故事，而且他本人也曾经开小木船打过鱼，他很乐意接受我们的访谈，并且邀请了潮砥镇上的四位老船工接受我们的访谈，还介绍他老家即思南县大溪口的四位老船工接受了访谈，我们一天做了九位老船工的访谈工作，是效率最高的一天。所以做田野调查时，寻找访谈线索的难度没有我们想象那么大，效果也没有我们预计得那么差。

在进行乌江船工口述史研究的时候，我们反复思索如何兼顾民族学研究的内在逻辑性和史学研究的纵向时间性，这就是我们关注的"纵横"问题。我们对乌江船工口述史研究主要从民族学的角度进行资料收集和剖析，我们对民族性的乌江船工文化从环境、生计和生活、民族关系、社会关系、文化五个方面进行口述史资料收集、整理和研究，我们在做访谈资料和撰写专著时都是按照这种内在的逻辑关系来组织材料和安排结构。我们在做访谈资料的时候，先简要介绍船工的生平，这是其纵向时间性的体现。我们在撰写专著的时候，将船工研究划分为1949年以前、1949年至改革开放初、改革开放以后三个阶段，以此体现"史"的纵向性特征。所以，我们在乌江船工口述史研究中，既关照了史学的纵向性，又关照了民族学的横向性，做到纵横交错、纵横融合。

二、进一步研究的方向

我们在乌江船工口述史研究过程中，发现如下几个问题需要进一步研究、推动，即把船工研究推向深入，把船工研究推向更加广大的范围。

（一）更多学科介入船工研究

我们是从民族学的学科视野切入乌江船工研究，更多是从民族、文化的角度解读乌江船工口述史资料。每当我录制完成一位乌江老船工的口述史资料，我都如获至宝，为获得如此生动、鲜活的老船工访谈资料而兴奋不已。如果仅仅从民族学的角度来研究、利用这些乌江老船工的口述史资料，则非常可惜。其实，这些口述史资料运用于语言学、历史学、民俗学、社会学等学科的研究，也是非常好的材料，也会产生高质量的研究成果。所以，需要更多的学科介入船工口述史研究。

（二）研究范围扩大

我们曾经向资深专家请教乌江船工研究，得出如下一些共识：从事更大范围的乌江船工口述史研究，访谈更多数量的乌江船工，收集更多乌江船工的口述史资料；尤其是有的乌江船工居住在乌江流域以外，可将他们纳入研究范围；将船工口述史研究的地域范围扩大，比如研究长江流域的船工口述史，研究西南地区的船工口述史，乃至于研究南方船工口述史……开展一系列船工口述史比较研究，如国内不同区域船工口述史比较研究、国内外船工口述史比较研究等。

参 考 文 献

一、中文专著

［1］陈伯超、刘思铎主编：《中国建筑口述史文库抢救记忆中的历史》，上海：同济大学出版社，2018年。

［2］重庆人民广播电台、重庆电视台编：《乌江游记》，重庆：重庆出版社，2003年。

［3］戴伟、李良品、丁世忠主编：《乌江流域非物质文化遗产研究》，重庆：重庆出版社，2008年。

［4］戴伟、杨欣、丁世忠主编：《乌江经济文化研究第2辑》，重庆：重庆出版社，2005年。

［5］邓应明主编：《铜仁旅游文化集萃》，贵阳：贵州人民出版社，2010年。

［6］丁俊杰主编：《口述历史在中国》，桂林：广西师范大学出版社，2016年。

［7］定宜庄，汪润：《口述史读本》，北京：北京大学出版

社，2011 年。

[8] 段明、胡天成主编：《川江号子（上册）》，贵阳：贵州人民出版社，2007 年。

[9] 段明、胡天成主编：《川江号子（下册）》，贵阳：贵州人民出版社，2007 年。

[10] 方大怀主编：《航道文化》，北京：人民交通出版社，2008 年。

[11] 《涪陵辞典》编辑委员会：《涪陵辞典》，重庆：重庆出版社，2003 年。

[12] 龚锐，胡洪成，田永红等著：《乌江盐油古道文化研究》，北京：民族出版社，2014 年。

[13] 顾家熊、聂宝璋编：《中国近代航运史资料第 1 辑》，上海：上海人民出版社，1983 年。

[14] 贵州大学中文系《奔腾的乌江》写作组编著：《奔腾的乌江》，贵阳：贵州人民出版社，1979 年。

[15] 贵州广播电视台文艺制作中心：《贵州非物质文化音乐遗产赏析》，贵阳：贵州人民出版社，2014 年。

[16] 贵州省政协文史与学习委员会编：《花灯之乡》，贵阳：贵州人民出版社，2007 年。

[17] 贵州省土家族研究会编：《贵州土家族百科》，贵阳：贵州民族出版社，2018 年。

[18] 韩庆编著：《中国近代航运发展史晚清篇》，大连：大连海事大学出版社，2012 年。

[19] 韩万斋主编：《中国音乐名作快读》，成都：四川文艺出版社，2004 年。

［20］ 黄健雄，陈青豹，何立为，汤柱国：《千里乌江行》，成都：成都科技大学出版社，1991年。

［21］ 和少英：《人类学、民族学与中国西南民族研究》，昆明：云南大学出版社，2015年。

［22］ 何志标、江天凤编著：《长江航运史》，武汉：长江出版社，2019年。

［23］ 黄大勇等著：《长江三峡库区旅游文化资源开发与利用发展战略研究》，重庆：重庆出版社，2002年。

［24］ 黄节厚编注：《乌江古代诗词译注》，成都：四川人民出版社，1994年。

［25］ 黄节厚：《天险乌江奇趣录》，成都：四川大学出版社，1997年。

［26］ 黄健民：《乌江》，成都：四川科学技术出版社，1992年。

［27］ 黄健民：《乌江流域研究》，北京：中国科学技术出版社，2007年。

［28］ 江天凤主编：《长江航运史》（近代部分），北京：人民交通出版社，1992年。

［29］ 江源，胤忠：《乌江山水风情》，重庆：重庆出版社，1990年。

［30］ 贾银忠主编：《中国少数民族非物质文化遗产教程》，北京：民族出版社，2008年。

［31］ 贾银忠：《西南民族地区历史文化与旅游经济发展研究》，北京：民族出版社，2018年。

［32］ 李良品、莫代山：《乌江流域民族史》，重庆：重庆出版社，2009年。

［33］李良品、彭福荣、崔莉：《乌江流域民族地区教育发展史》，重庆：重庆出版社，2010 年。

［34］李良品、祝国超等著：《乌江流域民族史》，北京，中央文献出版社，2007 年。

［35］李绍明、周蜀蓉选编《葛维汉民族学考古学论著》，成都：巴蜀书社，2004 年。

［36］李向平、魏扬波：《口述史研究方法》，上海：上海人民出版社，2010 年。

［37］刘冰清，田永红编著：《乌江文化概览》，武汉：崇文书局，2008 年。

［38］刘达成：《民族学的实践与探索》，昆明：云南民族出版社，2008 年。

［39］刘娜：《人类学视阈下乡村旅游景观的建构与实践》，青岛：中国海洋大学出版社，2019 年。

［40］刘晓晨主编：《四川改革开放口述史》，北京：中共党史出版社，2018 年。

［41］罗传栋主编：《长江航运史》（古代部分），北京：人民交通出版社，1991 年。

［42］罗树杰主编：《走进民族学田野》，南宁：广西民族出版社，2002 年。

［43］罗中玺、田永国：《乌江流域历史文化研究以黔东北地区为个案》，杭州：浙江大学出版社，2011 年。

［44］廖国平主编：《贵州航运史》（现代部分），北京：人民交通出版社，1999 年。

［45］马曜：《民族学与民族工作论文集》，昆明：云南民族

出版社，2001 年。

［46］马志义主编：《长江航运史大事记》，北京：中国文史出版社，1994 年。

［47］（美）唐纳德·里奇编；宋平明，左玉河译：《牛津口述史手册》，北京：人民出版社，2016 年。

［48］（民国）柯仲生：《彭水概况》，成都：巴蜀书社，2013年，第 225 页。

［49］彭福荣，李良品：《乌江流域文化概论》，重庆：重庆出版社，2016 年。

［50］彭福荣、李良品、付小彪：《乌江流域民族地区历代碑刻选辑》，重庆：重庆出版社，2007 年。

［51］彭继宽主编：《土家族传统文化小百科》，长沙：岳麓书社，2007 年。

［52］彭岚嘉主编：《西北文化资源大典》，北京：民族出版社，2018 年。

［53］彭水县志编撰委员会：《彭水县志》，成都：四川人民出版社，1998 年。

［54］漆春生：《山水情》，贵阳：贵州人民出版社，1985 年。

［55］瞿扬：《乌江之子》，北京：中国工人出版社，2008 年。

［56］任志平主编：《乌江文化高峰论坛论文精选》，北京：团结出版社，2016 年。

［57］士伏，邓晓筇：《巴渝古镇——龚滩》，重庆：重庆出版社，2003 年。

［58］思南县土家学研究会编：《思南民族文化丛书——乌江船工号子》，北京：中国文史出版社，2014 年。

［59］ 宋蜀华、白振声主编：《民族学理论与方法》，北京：中央民族大学出版社，1998 年。

［60］ 苏有义主编：《荆州航运史》，北京：人民交通出版社，1996 年。

［61］ 孙光圻，张后铨，孙夏君，姜柯冰编著：《"一带一路"系列丛书中国古代航运史（上）》，大连：大连海事大学出版社，2015 年。

［62］ 田永国、罗中玺：《乌江盐殇》，贵阳：贵州教育出版社，2008 年。

［63］ 田永红：《一个民族的生存与复兴——土家族文化与乌江经济开发研究》，北京：中国文史出版社，2002 年。

［64］ 汪文学主编：《中国乌江流域民国档案丛刊　沿河卷县政府档案 450》，贵阳：贵州人民出版社，2018 年。

［65］ 王隆毅主编：《巴文化史话》，成都：四川人民出版社，2016 年。

［66］ 王庆：《中国·涌动的乌江》，北京：中国经济出版社，2006 年。

［67］ 王仁湘，张征雁：《盐与文化中国滋味》，沈阳：辽宁人民出版社，2007 年。

［68］ 王绍荃主编：《四川内河航运史》（古、近代部分），成都：四川人民出版社，1989 年。

［69］ 王绍荃主编：《四川内河航运史》（现代部分），成都：四川人民出版社，2000 年。

［70］ 王文光、朱映占、赵永忠：《中国西南民族通史下》，昆明，云南大学出版社，2015 年。

［71］王文章主编：《非物质文化遗产概论》，北京：教育科学出版社，2008年。

［72］王轼刚主编：《长江航道史》，北京：人民交通出版社，1993年。

［73］威廉·A·哈维兰著；瞿铁鹏，张钰译：《文化人类学》，上海：上海社会科学院出版社，2006年。

［74］文传浩、程莉、马文斌等著：《流域生态产业初探——以乌江为例》，北京：科学出版社，2013年。

［75］吴传清、黄磊、万庆等编著：《黄金水道长江经济带》，重庆：重庆大学出版社，2018年。

［76］席宁，何立高，沈海波：《沿河土家山歌》，北京：中国文联出版社，2010年。

［77］夏鹤鸣，廖国平主编：《贵州航运史》（古、近代部分），北京：人民交通出版社，1993年。

［78］熊正贤：《乌江流域民族文化资源开发与文化产业发展研究》，北京：经济科学出版社，2014年。

［79］徐杰舜：《人类学教程》，上海：上海文艺出版社，2005年。

［80］许可主编：《长江航运史》（现代部分），北京：人民交通出版社，1993年。

［81］许蓉生：《水与成都城市水文化》，成都：巴蜀书社，2006年。

［82］夏述华主编：《涪陵港史》，武汉：武汉出版社，1991年。

［83］杨坤：《民族学概论》，昆明：云南大学出版社，

2018 年。

[84] 杨铭：《西南民族史研究》，重庆：重庆出版社，2000 年。

[85] 杨祥银：《美国现代口述史学研究》，北京：中国社会科学出版社。

[86] 杨学新：《根治海河运动口述史》，北京：人民出版社，2014 年。

[87] 余继平编著：《乌江流域民族民间文化研究文集》，成都：四川美术出版社，2006 年。

[88] 余继平、洪业应：《乌江流域特色文化产业创新发展研究》，北京：经济日报出版社，2016 年。

[89] 禹玉环：《遵义市红色文化遗产保护与开发利用问题研究》，成都：西南交通大学出版社，2016 年。

[90] 俞国平：《田野调查》，北京：作家出版社，2007 年。

[91] （英）约翰·托什：《口述史》。（转引自定宜庄，汪润：《口述史读本》），北京：北京大学出版社，2011 年。

[92] 赵炜：《乌江流域人居环境建设研究》，南京：东南大学出版社，2008 年。

[93] 郑敬东：《长江三峡交通文化研究》，北京：中国文史出版社，2005 年。

[94] 郑敬东主编：《中国三峡文化概论》，北京：中国三峡出版社，1996 年。

[95] 政协铜仁市委员会编：《铜仁文化旅游丛书铜仁百俗》，贵阳：贵州人民出版社，2015 年。

［96］张进：《徜徉在乌江文化边缘》，沈阳：白山出版社，2016年。

［97］张世友：《变迁与交融乌江流域历代移民与民族关系研究》，北京：中国社会科学出版社，2012年。

［98］张耀南、吴铭能编著：《水文化》，北京：中国经济出版社，1995年。

［99］张泽城、郭松义：《中国航运史》，北京：文津出版社，1997年。

［100］钟华：《乌江歌》，贵阳：贵州人民出版社，1984年。

［101］《中国民间歌曲集成·贵州卷》编辑委员会：《中国民间歌曲集成·贵州卷》，北京：中国ISBN中心出版社，1995年。

［102］中国社会科学院语言研究所词典编辑室编：《现代汉语词典》（第5版），北京：商务印书馆，2005年。

［103］中国西南民族研究会编：《西南民族研究》，成都：四川民族出版社，1983年。

［104］庄孔韶主编：《人类学概论》，北京：中国人民大学出版社，2006年。

二、中文期刊论文

［1］安聪：《乌江上飘荡着船工号子》，《文化月刊》2013年第1期。

［2］保健行：《1949年以前五百年间我省民族关系试析》，《贵州民族研究》1981年第4期。

［3］包智明，曾文强：《生计转型与生态环境变迁——基于云南省Y村的个案研究》，《云南社会科学》2021年第2

期。

［4］陈国勇：《云南船工帮助红军抢渡金沙江》，《百年潮》
　　　2018 年第 4 期。

［5］陈梅旺：《女船工的代表情》，《人民政坛》2000 年第
　　　9 期。

［6］蔡万焕：《生产力与生产关系辩证统一视角下的现代化
　　　经济体系建设》，《马克思主义理论学科研究》2021 年
　　　第 3 期。

［7］崔宇：《西双版纳勐龙地区傣族禁忌文化内涵探讨》，
　　　《红河学院学报》2020 年第 4 期。

［8］陈世扬：《论澧水船工号子的艺术特征与审美价值》，
　　　《中国音乐》2013 年第 3 期。

［9］陈文武：《消逝的风景——三峡纤夫（3）》，《三峡论
　　　坛》（三峡文学·理论版）2019 年第 1 期。

［10］陈晰：《浅谈巴东纤夫的组织结构演变》，《法制与社
　　　会》2009 年第 34 期。

［11］陈远鹏：《抗洪英雄之韩集船工支援搜救队——搜救转
　　　移 400 多灾民》，《小康》2016 年第 19 期。

［12］戴鞍钢：《清代漕运盛衰与漕船水手纤夫》，《安徽史
　　　学》2012 年第 6 期。

［13］邓光华：《乌江船工号子研究》，《中国音乐》1989 年
　　　第 4 期。

［14］邓平：《船工　船工号子　船工精神——关于重庆形象
　　　与精神的思考和建议》，《重庆社会主义学院学报》
　　　2002 年第 2 期。

［15］邓晓：《川江航运文化初探》，《中华文化论坛》2002
年第 2 期。

［16］邓晓：《川江流域的物产、木船与船工生活》，《重庆师
范大学学报》（哲学社会科学版）2005 年第 4 期。

［17］杜晓利：《富有生命力的文献研究法》，《上海教育科
研》2013 年第 10 期。

［18］凡春喜，谈海红：《澧水船工号子的音乐艺术与文化内
涵研究》，《音乐创作》2016 年第 9 期。

［19］方良：《莫让"非遗"功利化》，《中国戏剧》2012 年
第 6 期。

［20］方娟：《八旬船工的作家梦》，《公民导刊》2008 年第
3 期。

［21］范金民：《睦邻友好的杰出使者——郑和》，《中国民
族》2005 年第 5 期。

［22］韩希梁：《渡江船工群英谱》，《党史天地》1999 年第
5 期。

［23］郝亚明：《论中华民族命运共同体建设的五大基础路
径》，《西南民族大学学报》（人文社会科学版）2020
年第 5 期。

［24］何俊芳：《赫哲人的族际婚姻——关于同江市街津口赫
哲族乡赫哲人族际婚姻的典型调查》，《中央民族大学
学报》（哲学社会科学版）2004 年第 2 期。

［25］洪佳惠：《档案真实的价值论特征研究——兼论口述历
史档案的真实性问题》，《档案学通讯》2018 年第 2 期。

［26］侯小琴，郑定荣：《解读三峡纤夫文化新概念》，《民族

大家庭》2007 年第 4 期。

[27] 胡开锭：《川江纤夫》，《今日四川》1999 年第 1 期。

[28] 胡一三：《潼关水文站船工协作精神好》，《黄河建设》1965 年第 8 期。

[29] 黄光秋，黄光顺：《恩格斯"经济基础决定上层建筑"思想解读》，《学习论坛》2017 年第 3 期。

[30] 黄龙光：《当代"泛节日化"社会语境下传统节日的保护》，《原生态民族文化学刊》2019 年第 4 期。

[31] 黄永林：《"文化生态"视野下的非物质文化遗产保护》，《文化遗产》2013 年第 5 期。

[32] 黄园浙，杨波：《从胡焕庸人口线看地理环境决定论》，《云南师范大学学报》（哲学社会科学版）2012 年第 1 期。

[33] 李丽莉：《淄博地名文化及其传播价值》，《管子学刊》2012 年第 3 期。

[34] 蒋立松：《中国共产党的民族识别政策及其在民族关系结构中的意义》，《黑龙江民族丛刊》2008 年第 2 期。

[35] 纪书台：《为完成溢水堰工程而奋斗的船工们》，《新黄河》1952 年第 4 期。

[36] 赖永兵：《三峡纤夫文化价值论析》，《长城》2010 年第 4 期。

[37] 李斌，李小云，左停：《农村发展中的生计途径研究与实践》，《农业技术经济》2004 年第 4 期。

[38] 李思颖：《从"印象·武隆"看当今舞台表演形式的发展》，《北方音乐》2015 年第 2 期。

［39］李玉臻：《非物质文化遗产视角下的文化空间研究》，《学术论坛》2008 年第 9 期。

［40］李志萍：《澧水船工号子及其保护浅说》，《科技信息》2008 年第 33 期。

［41］梁斌：《纤夫》，《文史月刊》2011 年第 8 期。

［42］梁佶中：《歌曲〈船工号子〉的艺术特色及其演唱举要》，《四川戏剧》2005 年第 5 期。

［43］林荃：《郑和下西洋的基本条件与科技保障》，《回族研究》2017 年第 3 期。

［44］刘高扬：《巴渠船工号子的生存语境与文化内涵》，《天府新论》2014 年第 5 期。

［45］刘红伶：《嘉陵江船工号子的文化记忆——来自四川省蓬安县睦坝乡的田野报告》，《中国民族博览》2018 年第 3 期。

［46］刘丽娜：《论织金县官寨苗族乡小妥倮村跳花坡民俗及其音乐研究》，《北方音乐》2016 年第 20 期。

［47］刘佳昊，戴学锋：《民间自组织在景区治理中的作用研究——以白洋淀船工自组织为例》，《旅游学刊》2019 年第 9 期。

［48］刘妮娜：《互助与合作：中国农村互助型社会养老模式研究》，《人口研究》2017 年第 4 期。

［49］刘清，曾旭虹：《国内外内河航道发展阶段对比分析》，《水运工程》2014 年第 1 期。

［50］刘朝晖：《中俄非物质文化遗产保护比较研究：基于文化空间的分析视野》，《中南民族大学学报》（人文社

会科学版）2010 年第 1 期。

[51] 刘笑岩：《蓬安县非物质文化遗产保护与传承的反思——访谈"嘉陵江船工号子"传承人有感》，《西华师范大学学报》（哲学社会科学版）2013 年第 4 期。

[52] 刘亚辉，胡小东：《原生态民歌舞台演绎述论——以非物质文化遗产保护为视角》，《东岳论丛》2013 年第 4 期。

[53] 罗剑：《内江"沱江船工号子"音乐的艺术魅力及地域文化特色》，《音乐创作》2017 年第 1 期。

[54] 罗中玺：《"乌江船工号子"的来源与美学探析》，《铜仁学院学报》2010 年第 2 期。

[55] 马丽，李德山：《清代东北流人方志文献资料特点分析》，《古籍整理研究学刊》2013 年第 2 期。

[56] 马戎：《如何看待当前中国的民族关系问题》，《理论视野》2011 年第 3 期。

[57] 马率帅，李良品：《从"边地"到"一体"：乌江流域各民族融入中华民族共同体的历史进程》，《民族学刊》2021 年第 3 期。

[58] 马率帅：《明清时期乌江流域民族关系影响因素研究》，《云南民族大学学报》（哲学社会科学版）2020 年第 4 期。

[59] 明杰，华迅：《<船工号子>的艺术特色》，《人民音乐》1983 年第 2 期。

[60] 纳日碧力戈：《作为操演的民间口述和作为行动的社会记忆》，《广西民族学院学报》（哲学社会科学版）

2003 年第 3 期。

[61] 彭福荣，吴昊：《水木匠·血盆饭·水和尚——乌江船夫文化解读》，《广西民族大学学报》（哲学社会科学版）2016 年第 6 期。

[62] 青觉：《当前我国民族关系的主要内涵和发展趋势》，《中南民族大学学报》（人文社会科学版）2005 年第 5 期。

[63] 青觉，徐欣顺：《中华民族共同体意识：概念内涵、要素分析与实践逻辑》，《民族研究》2018 年第 6 期。

[64] 仇峥：《论新闻采写技巧在口述史中的应用》，《新闻研究导刊》2021 年第 5 期。

[65] 任红军：《巴渠船工号子的美学思想》，《民族音乐》2013 年第 6 期。

[66] 任云仙：《1952～1953 年江西省水上民主改革研究》，《当代中国史研究》2019 年第 6 期。

[67] 任媛媛：《旅游文化及相关概念思辨》，《河北大学学报》（哲学社会科学版）2012 年第 5 期。

[68] 施国庆，王晨：《断裂与替代：退湖渔民生计的转型》，《南京农业大学学报》（社会科学版）2014 年第 4 期。

[69] 侣栗栗，石长顺：《生命船工——纪录片〈船工〉评析》，《中国电视》2006 年第 3 期。

[70] 苏敏：《试论乌江船工号子的土家族民间音乐特性》，《民族音乐》2011 年第 4 期。

[71] 盛梅：（歌剧剧本）《盐船调》，《戏剧文学》2019 年第 12 期。

[72] 沙平：《彭德怀与四川船工帅士高》，《四川统一战线》2011 年第 2 期。

[73] 沈胜群：《"泊船祭祀"与"人神互惠"——清代漕运旗丁崇祀文化的规制与功效》，《民俗研究》2018 年第 5 期。

[74] 唐松：《川江号子穿越古今历史 喀斯特峡谷风光辉煌 巴渝大地"印象武隆"实景演出成为文化标志》，《重庆与世界》2012 年第 6 期。

[75] 田永红：《乌江船工号子初探》，《鄂西大学学报》（社会科学版）1989 年第 1 期。

[76] 田永红：《乌江船工号子在实用性基础上的文学性》，《铜仁学院学报》2012 年第 6 期。

[77] 魏登云，曹先东：《论乌江船工号子的文化内涵》，《遵义师范学院学报》2017 年第 6 期。

[78] 王成文：《略论传承人口述史的基本特征》，《喀什大学学报》2021 年第 1 期。

[79] 王铭铭：《主持人语：说口述史》，《西南民族大学学报》（人文社科版）2008 年第 1 期。

[80] 王铭铭：《口述史·口承传统·人生史》，《西南民族大学学报》（人文社科版）2008 年第 2 期。

[81] 王楠：《资源、技术与政策：妇女的角色转变——以近现代的胶东渔村为例》，《妇女研究论丛》2016 年第 2 期。

[82] 魏顺平：《技术支持的文献研究法：数字化教育研究的一个尝试》，《现代教育技术》2010 年第 6 期。

［83］ 王延中：《铸牢中华民族共同体意识建设中华民族共同体》，《民族研究》2018 年第 1 期。

［84］ 伍长云：《文化遗产存在价值论》，《社会科学战线》2015 第 11 期。

［85］ 吴久灵，雷文斌：《乌江纤夫张氏人家》，《大自然探索》2000 年第 5 期。

［86］ 吴远华：《基于田野调查的澧水船工号子研究》，《音乐探索》2016 年第 3 期。

［87］ 肖佳法，任红：《沿渡河镇的非常纤夫》，《中国三峡》2010 年第 12 期。

［88］ 肖萱安，于翔汉：《三峡纤夫：20 世纪末的绝唱》，《中国三峡建设》2008 年第 2 期。

［89］ 胥必海：《巴渠船工号子消亡原因探析》，《四川文理学院学报》2013 年第 2 期。

［90］ 徐国利，王志龙：《当代中国的口述史学理论研究》，《史学理论研究》2005 年第 1 期。

［91］ 谢秋慧：《浅谈南方少数民族民俗中的文化体现——评〈贵州少数民族民俗文化研究〉》，《中国教育学刊》2019 年第 9 期。

［92］ 谢云秀：《永宁河船工号子的音乐艺术特征》，《四川戏剧》2010 年第 5 期。

［93］ 项兆伦：《关于我国当前非物质文化遗产保护工作的几个问题》，《文化遗产》2017 年第 4 期。

［94］ 袁东升：《论民族和谐的形成要件及文化生态》，《广西民族研究》2017 年第 6 期。

[95] 杨国山，张海林：《渡江战役中的无为县船工动员研究》，《安徽史学》2015年第5期。

[96] 佚名：《宁化船工的抗战生涯》，《珠江水运》2015年第18期。

[97] 岳谦厚，吕轶芳：《河路·渡口·船工——偏关黄河关河口渡社会变迁的历史人类学考察》，《山西档案》2014年第2期。

[98] 姚松平，朱军华：《传达心灵的感动——纪录片〈船工〉创作手记》，《电视研究》2005年第12期。

[99] 杨祥银，夏小娜：《西方口述史学理论与方法的发展趋势——基于对几部重要西方口述史学著作的述评》，《国外社会科学》2011年第4期。

[100] 袁玥：《峡江船工号子研究》，《文艺争鸣》2017年第7期。

[101] 张博：《非物质文化遗产的文化空间保护》，《青海社会科学》2007年第1期。

[102] 张成，许宪隆，郭福亮：《省际结合部民族因素群体性事件调查报告》，《西南民族大学学报》（人文社会科学版）2012年第4期。

[103] 张朝满，刘邦琨：《毛主席在金沙江畔——访老船工张朝满》，《党史纵览》2016年第5期。

[104] 张凤琦：《"地域文化"概念及其研究路径探析》，《浙江社会科学》2008年第4期。

[105] 张广翔：《伏尔加河大宗商品运输与近代俄国经济发展（1850-1913）》，《历史研究》2017年第3期。

[106] 张广翔，范璐祎：《18世纪下半期至19世纪初欧俄水运与经济发展——以伏尔加河-卡马河水路为个案》，《贵州社会科学》2012年第4期。

[107] 周健，丛松日：《用辩证统一的历史眼光看待改革开放前后两个三十年》，《中共石家庄市委党校学报》2017年第10期。

[108] 章金罗：《欧洲三大河流的内河运输》，《中学地理教学参考》1999年第4期。

[109] 郑建山，常富尧：《通州运河船工号子》，《北京观察》2017年第10期。

[110] 钟梅燕：《当代裕固族的族际婚姻——以肃南县红湾寺镇和明花乡为例》，《云南民族大学学报》（哲学社会科学版）2012年第3期。

[111] 左明章，向磊，马运朋，杨登峰：《扶志、扶智、扶学：信息化促进教育精准扶贫"三位一体"模式建构》，《电化教育研究》2019年第3期。

[112] 张劲松，杨书房：《群众认同：当代基层政府动员合法性路径建构》，《深圳大学学报》（人文社会科学）2016年第4期。

[113] 张嘉友，叶宁：《四川袍哥内幕探秘》，《兰台世界》2015年25期。

[114] 张向阳：《语言禁忌现象的立体透视》，《1949年以军外国语学院学报》1999年第4期。

[115] 赵永康：《历史上的川江船工与木船》，《中华文化论坛》2016年第11期。

[116] 邹雪姣：《重任与愿景：沱江船工号子传承人李远辉口述史》，《黄河之声》2019 年第 17 期。

[117] 邹振环：《晚清航海探险史研究中的郑和》，《学术研究》2005 年第 12 期。

[118] 周洪宇，蔡幸福：《从船工之子到教育大师——牧口常三郎的人生历程》，《河北师范大学学报》（教育科学版）2007 年 5 月。

[119] 周谢：《澧水船工号子的音乐人类学研究述评》，《当代教育理论与实践》2015 年第 10 期。

[120] 周玉屏：《澧水船工号子的保护、传承与弘扬对策研究》，《黄河之声》2012 年第 9 期。

[121] 周玉屏，陈瑾：《澧水船工号子的艺术特点和文化价值研究》，《大舞台》2013 年第 5 期。

[122] 周祖君，谢添：《会山苗胞当上漂流船工》，《今日海南》2001 年第 10 期。

三、英文文献

[1] Anthropology and Ethnology; Study Findings on Anthropology and Ethnology Discussed by a Researcher at Center for Research (From regional society to migrant society: a study on urban transformation in China) [J]. Science Letter, 2020.

[2] Balling Steven S., Resh Vincent H.. Life History Variability in the Water Boatman, Trichocorixa reticulata (Hemiptera: Corixidae), in San Francisco Bay Salt Marsh Ponds [J]. Annals of the Entomological Society of America, 1984, 77(1).

[3] Bernhard Tschofen. The Habit of Folklore: Remarks on Lived Volkskunde and the Everyday Practice of European Ethnology after the End of Faith[J]. Journal of Folklore Research, 1999, 36(2/3).

[4] Chambers, R., and R. Conway, 1992, Sustainable Livelihoods: Practical Concepts for the 21st Century, IDSDiscussion Paper, No. 296

[5] D. Buisseret, The Oxford Companion to World Exploration, Vol. 2, Oxford, New York: Oxford University Press, 2007, p. 5.

[6] Engineering; Research from Hunan University in Engineering Provides New Insights (Precipitation forecast of the Wujiang River Basin based on artificial bee colony algorithm and backpropagation neural network) [J]. Network Weekly News, 2020.

[7] Ethnology; Reports from University of Colorado Highlight Recent Findings in Ethnology (Refusal as political practice: Citizenship, sovereignty, and Tibetan refugee status) [J]. Science Letter, 2019.

[8] Grauberger Shelby E. E.. A Body without a Story: The Immortal Spectacle in The Ballad of Little Jo[J]. Western American Literature, 2021, 56(1).

[9] H. G. Hungerford. Life History of a Boatman[J]. Journal of the New York Entomological Society, 1917, 25(2).

[10] Haixia Qi, Xiefei Zhi, Tao Peng, Yongqing Bai, Chunze

Lin. Comparative Study on Probabilistic Forecasts of Heavy Rainfall in Mountainous Areas of the Wujiang River Basin in China Based on TIGGE Data[J]. Atmosphere, 2019, 10(10).

[11] Ines Prica. Good Place for the Crisis of Ethnology. Some Aspects of the Development of Croatian Ethnology under the Aegis of the Institute of Ethnology and Folklore Research, Zagreb [J]. Etnološka tribina / Ethnological Forum, 1999, 29(22).

[12] James Malcolm. Ballad of the bullet: gangs, drill music, and the power of online infamy [J]. Ethnic and Racial Studies, 2021, 44(8).

[13] Jinsheng Zhi, Yunqiao Zhang, Xu You, Qing Long, Yun Zhu, Jianping Liu, Jie Wu, JinTao Zhang, TingTing Wang, Zhaowei Teng, Yong Zeng. An epidemiological cross-sectional study of prevalence of mental disorders in Dulong nationality of Southwest China [J]. Medicine, 2020, 99(38).

[14] Johannes Neurath, Donald Bahr. Cosmogonic Myths, Ritual Groups, and Initiation: Toward a New Comparative Ethnology of the Gran Nayar and the Southwest of the U. S. [J]. Journal of the Southwest, 2005, 47(4).

[15] Kevin Bowen. LESSONS IN ART HISTORY: LESSON I, "THE BOATMAN'S LUNCHEON" BY PIERRE AUGUSTE RENOIR[J]. The Poetry Ireland Review, 2012(106).

［16］ Michael Kammen，The Past Before Us：Contemporary Writings in the United States，Cornell University Press，1980，p. 394.

［17］ Richard Pfeilstetter. The Anthropology of Entrepreneurship：Cultural History，Global Ethnographies，Theorizing Agency［M］. Taylor and Francis：2021-05-25.

［18］ Sallie Han，Cecília Tomori. The Routledge Handbook of Anthropology and Reproduction［M］. Taylor and Francis：2021-05-10.

［19］ Susan Kent. Book Reviews and Notes：Ethnology Handbook of North American Indians，Vol. 10：Southwest . Alfonso Ortiz［J］. University of New Mexico，1984，40 （2）.

［20］ Wenjuan Hou，Jiangbo Gao. Simulating runoff generation and its spatial correlation with environmental factors in Sancha River Basin：The southern source of the Wujiang River ［J］. Science Press，2019，29(3).

［21］ Yongtao Wang，Jian Liu，Rong Li，Xinyu Suo，Enhui Lu. Precipitation forecast of the Wujiang River Basin based on artificial bee colony algorithm and backpropagation neural network［J］. Alexandria Engineering Journal，2020，59(3).

四、其他文献

［1］关于申报重庆市人文社科基地——乌江经济文化研究中心的论证报告，内部资料。

[2] 农业农村部慰问渔民和渔政执法人员，农业农村部网站，2021 - 2 - 1，http://www. moa. gov. cn/xw/zwdt/202102/t20210210_ 6361632. htm.

[3] 哈正利，杨胜才：《中华民族共同体意识基本内涵探析》，中国社会科学网，2021 - 1 - 2，http://www. cssn. cn/mzx/201710/t20171017_ 3670716. shtml.

后　记

　　我是生长在长江之滨、乌江之畔，而比较专业、深入地关注乌江流域的文化旅游则有二十余载。在获得了国家社科基金项目资助以系统研究纤夫为主的乌江船工口述史，使我有机会深入地挖掘、研究乌江航运文化。

　　作为长江重要支流的乌江，江上大规模老船工（纤夫）在20世纪60年代以后即基本退出历史舞台。健在的木船老船工已经很少了，要找寻到他们进行访谈并辑录口述史资料，难度是比较大的。我们主要是自上而下，通过各级政府文旅部门提供老船工的联系线索，然后去做乌江老船工的访谈和口述史资料辑录。

　　从乌江源头石缸洞到德江县这一段乌江的老船工的访谈

和口述史资料辑录，我请了一位驾驶员师傅开车，他也协助我做访谈，我们不间断地把这一区域的老船工访谈完成。在威宁县境内的乌江沿线，威宁县司法局的陈国忠局长提供了老船工的访谈线索，并陪同做访谈。在黔西市的乌江沿线，毕节市的资深领导孔祥君、好朋友陈忠志等提供了众多的老船工访谈线索，并且全程陪同做访谈。在乌江中上游的乌江老船工访谈中，贵州民族大学的张旭博士和同仁学院的梁正海教授直接或者间接提供了很多访谈线索和帮助。位于乌江下游地区的涪陵、武隆、彭水、酉阳等区县内的乌江老船工，由涪陵区文旅委的杨哲主任、曾经在酉阳县工作过的我的学生吴晓等提供了访谈线索，我就抽出节假日等时间，分多次进行访谈，每次访谈一个或者几个老船工，原工作单位的在校本科生、曹文译老师、晚辈杨云皓硕士等协助做了老船工访谈。把辑录的老船工口述史视频或录音"实录"地转换成文字，则主要由原工作单位的众多在校本科生完成，这些同学克服了方言、语速太快、语音模糊等众多的困难才完成任务。然后，我对这些"原真性"的口述史资料进行筛选，将合适的材料用于撰写关于乌江船工口述史的专著之中。

本书在 2021 年国家社科基金结题书稿的基础上修改而成。书稿的撰写主要在 2021 年的四、五月份。写作的材料基本准备就绪后，由于当时时间比较紧迫，我就开启了"疯狂写作"模式，写作期间白天黑夜都在办公室吃住，写作一段时间困了就躺下休息一会儿，然后又来写作，如此循环往复。用了一个月左右的时间，将每一位船工的访谈资料整理出来，并且撰写完成专著书稿，共完成 35 万余字的结题材料。

　　本书的口述史资料部分全部是实录自乌江流域各民族船工，具有绝对的原创性和优先权。笔者在 2021 年上半年提交国家社科基金课题结题材料之前，已经直接或者间接地将本书的乌江船工口述史资料展示出来，但在当时这些丰富的乌江船工口述史资料还没有来得及整理出版专著或者发表文章。

　　关于乌江船工口述史的专著书稿完成于 2021 年的长江之畔，出版则是在我现在的工作单位四川旅游学院。离开了熟悉的家乡，来到新的地方工作生活，有新的希望和收获，也有几多对家乡的留念和不舍。远离了父母，也会时常感到愧疚！

　　拙作的出版发行，得到了众多老师、同学和朋友等的支持和帮助。在乌江船工口述史的课题申报、田野调查、资料整理和书稿写作等过程，深深感谢前述提供帮助的众多亲朋师友！也非常感谢四川旅游学院王川校长、王冲副校长，以及科技处周相兵处长、王真真副处长、文旅学院王汝辉院长等！也非常感谢四川人民出版社的赵静、荆菁等老师的反复修改订正！我们要访谈乌江流域的最后一批老船工（纤夫），收集第一手田野资料，难度是真的很大。我对帮助过我的亲朋师友，总是心怀感激之情！我深深体会到两句话：在家千日好，出门半步难！在家靠父母，在外靠朋友！

　　拙作还有很多不足之处，主要是如下几个方面。第一，访谈的老船工数量不够。尤其没有注意"点"的深入，即与少数代表性的老船工建立频繁深度的联系，甚至建立深厚的友谊，从而获得更多深入、细致的关于乌江船工文化的访谈资料，更好地"深描"乌江船工文化。第二，关于乌江船工访谈音频、视频转换为文字资料的不足。由于工作量太大，请了一些学生做此项工作，由于航运文化、地域文化和方言的特殊性，转换后的文字难免有失真的成分。我们在整个调查研究过程中，发现乌江船工的一些方言在汉语书面语中没有对应的字词，我们的标注、解释可能不够科学、准确。第三，现存文献资料与乌江船工口述史资料之间的互证不足。将口述史料和文本资料进行多重互证核实。口述内容只是叙说者的记忆，而事实或历史研究者要对口述内容进行"建构性"批判，在采撷叙说者个人记忆的同时，敏锐地捕捉个人叙事和宏大叙事之间的差异，在"身心——社会——历史"的框架中审视乌江船工口述记忆①。这本书及其所运用的材料，它实际上是民族学、人类学性质的。如果用历史学的视角来阅读和评判这本书，它的纰漏和不足之处则更多。

我和很多有形、无形的手，都在努力将这本书做得更好。但鉴于我的能力有限，学识浅薄，书中谬误和不足之处肯定不少。恳请各位专家、读者批评指正！

陶少华　于东安湖畔

2024 年 10 月 30 日

---

① 侯勇，肖洋. 思想政治教育学口述史研究方法的三维探究 [J]. 学校党建与思想教育，2024（17）：36-40.